Ich weine und ich lache Tränen

Ich weine und ich lache Tränen

Von Lebensräumen und Lebensträumen
traumatisierter Kinder

Gunda Fleischhauer

 Westkreuz-Verlag GmbH Berlin/Bonn

Umschlagentwurf: Mauro Prantl

Bibliografische Information der Deutschen Bibliothek
Die Deutsche Bibliothek verzeichnet diese Publikation in der
Deutschen Nationalbibliografie; detaillierte bibliografische Daten
sind im Internet über http://dnb.ddb.de abrufbar.

ISBN 978-3-939721-23-9

© 2010 Westkreuz-Verlag GmbH Berlin/Bonn
53902 Bad Münstereifel

Herstellung: Westkreuz-Druckerei Ahrens KG Berlin/Bonn
12309 Berlin

Ich möchte von Kindern und Jugendlichen berichten, die mit sehr schlimmen Erlebnissen belastet wurden. Mit bewundernswerter Kraft, mit aller Neugier, mit Mut und vor allem dem Einlassen auf eine neue Situation schaffen sie den Anschluss an das Leben wieder. Ihre psychische Instabilität, ihre Angst, ihre Traurigkeit, ihr Rückzugsverhalten und ihre Ablehnung kleinster emotionaler Gesten sind oft unendlich groß. Ein ums andere Mal brauche ich selbst Hilfe. Ich werde als Mensch und als Erzieher erheblich gefordert.

Gunda Fleischhauer

Das Riesenspielzeug

Eins habt ihr leider nicht bedacht:
daß Kinderhaben auch verpflichtet.
Ihr wart auf uns nicht eingerichtet,
ihr habt uns nur zur Welt gebracht. (...)

Ihr habt uns in die Welt gesetzt.
Wer hatte euch dazu ermächtigt?
Wir sind nicht existenzberechtigt
und fragen euch: Und was wird jetzt? (...)

Einst wußtet ihr noch euren Text,
als ihr uns noch für Puppen hieltet
und wie mit Spielzeug mit uns spieltet.
Doch wir sind Spielzeug, welches wächst! (...)

Die Zeit ist blind und blickt uns an.
Die Sterne ziehn uns an den Haaren.
Das ganze Leben ist verfahren,
noch ehe es für uns begann. (...)[1]

ERICH KÄSTNER

---

[1] Erich Kästner: Bei Durchsicht meiner Bücher. Eine Auswahl aus vier
    Versbänden. Atrium Verlag 1946. S. 36/37

ERICH KÄSTNER

I.

Es ist mehr als ein Schmerz

In das Erich Kästner Kinderdorf kommen kleine Menschen, deren Wille zum Leben nicht mehr erkennbar ist. Sie sind traurig und ich habe den Eindruck, dass sie eigentlich nicht anwesend sind. Weil sie nicht „da" sind, erscheint auch nichts wichtig für sie. Es gibt nichts, was sie trägt. Wenn ein Kind nicht mehr kämpfen kann oder will, dann hat es ein wichtiges Stück seiner selbst verloren.

Es ist in dieser Zeit des Ankommens besonders wichtig, dass diese jungen Menschen lernen, wieder an Menschen zu glauben und an ihre humanen Handlungen. Sogar körperliche Nähe ist oft ein Problem. Es ist wichtig, dass unsere Kinder diese Nähe wieder zulassen können. Sie müssen das Schritt für Schritt lernen, liebevoll lernen und aktiv lernen. Jede Kleinigkeit bedarf der Beachtung und Belohnung. Unsere Kinder müssen erfahren: Auch so kann Leben sein!

☆

Oliver

Diese Geschichte berichtet von Oliver. Er kam im Alter von 3,5 Jahren wie ein kleines Päckchen Elend zu uns: unterernährt, mit wundem Po, er konnte sich kaum bewegen, fiel ständig hin, er konnte nicht sprechen. Sein Äußeres war geprägt von ganz großen Augen in tiefen Höhlen und einer ausdruckslosen Mimik. Dazu kam ein ständig fließender Schnupfen. Er wirkte, als ob er seinen Lebenswillen verloren habe.

In uns mischten sich Mitleid und Wut angesichts dieses Kindes, seiner Teilnahmslosigkeit und seiner tief greifenden Abkapselung. Wir spürten aber auch Angst vor der großen Aufgabe, die mit ihm vor uns stand. Immer wieder überlegten wir: Ist das leistbar? Können wir dieses Kind mit unseren Möglichkeiten noch erreichen? Wie weit gehen die körperlichen und seelischen Verletzungen dieses Jungens? Liegt bei Oliver eine Verzögerung der Entwicklung vor oder eine organische Schädigung?

Als erstes stellten wir dem Jungen eine Einzelbetreuung in unserer Berghütte in Osttirol zur Verfügung, da Oliver überhaupt keinen Kontakt aufnahm und hilflos vor sich hin wimmerte. Bei der Auswahl des Fahrzeuges gingen wir auf seine Bedürfnisse ein. So nahmen wir einen kleinen Wagen, dessen Innenraum durch seine Polsterung einer kleinen Höhle ähnelte. Das Schaukeln und die Wärme des Autos ließen ihn ruhiger werden.

In unserer heimeligen Hütte wollten wir ihn das erste Mal baden, alles war gut vorbereitet: ein kuschelig warmer Raum, duftendes Badewasser, angewärmte Handtücher, Badetiere, schöne Musik. Doch Oliver konnte die Situation nicht ertragen. Er kroch unter eine Ofenbank und war nicht dazu zu bewegen, wieder hervorzukommen. Auf Sprache und unseren Versuch, ihm kleine Geschichten über uns und die anderen Kinder zu erzählen, reagierte er überhaupt nicht. Auch das Zeigen von Spielzeug, von Schokolade, von Keksen und Getränken interessierte ihn nicht. Hilflos saß ich vor der Bank und wartete. Ich summte leise vor mich hin und dachte, dass er vielleicht Kinderlieder wiedererkennen würde. Auch darauf kam keine Reaktion, er lag nach wie vor eingerollt wie ein Embryo und bewegte sich nicht. Irgendwann schlief er schließlich ein. Daraufhin nahm ich ihn hoch, wickelte ihn in warme Tücher und legte ihn in mein Bett. Ich dachte, dass ihm meine Körperwärme einfach gut tut.

Nach einiger Zeit atmete er im Schlaf tief durch. Seltsam war: Er schlief, doch seine Augen blieben die ganze Nacht offen und sein Körper blieb angespannt, er wirkte wie in sich verdreht. Meine Nähe und meine Wärme schienen ihm Schutz zu geben. Schutz, dem er zwar noch nicht traute, aber den er annahm. Schwierig wurde es, wenn ich mich bewegen musste, Oliver begann sofort wieder leise zu wimmern.

Der Junge nahm nichts zu sich, jedes Angebot an Nahrung oder Getränken verweigerte er. Das von ihm mitgebrachte Babyfläschchen missachtete er. Wir kauften Babynahrung im Gläschen, machten Schokoladenpudding und Grießbrei, kochten Spaghetti mit Tomatensauce, holten aus einer Wirtschaft Pommes frites. Er drehte seinen Kopf immer zur Seite. Schließlich besorgten wir in der Apotheke Astronautennahrung, die wir ihm löffelweise einflößten. Dabei stellten wir fest, dass er ungewöhnlich kleine Zähne hatte.

Bei jedem lauten Geräusch zuckte Oliver zusammen. Sprach oder lachte jemand lauter, erstarrte er und zog sich in sich selbst zurück. Seine einzige Aktivität in dieser Zeit lag darin, sich anzuklammern und Wärme zu suchen.

Auch beim Wickeln lag er eigenartig verkrümmt auf dem Tisch. Er wedelte mit den Händen und Armen wie ein Baby. Die Händchen waren zu Fäusten geschlossen und die Daumen eingezogen. Das Baden erwies sich weiterhin als undurchführbar, jeglicher Versuch der Reinigung mit Wasser führte zu heftigen Schreiattacken. Erst als wir auf die Idee kamen, ihm bunte Plastikbälle mit in die Badewanne zu geben, mäßigte sich sein Schreien. Ich spielte mit den Bällen, ging selbst mit ins Wasser und konnte ihn so bewegen, die Badewanne langsam anzunehmen. Das Waschen und Baden blieb jedoch für Wochen und Monate ein großes Problem.

Auffallend war ebenfalls, wie unkoordiniert er sich bewegte. Seine Gleichgewichtsunsicherheit ließ ihn ständig stolpern, er stieß überall an, er fiel über die eigenen Füße, er brauchte seine Arme, um sich überhaupt halten zu können, er lief gegen jedes Hindernis und jede Tür. Es schien, als könne er sich selbst im Raum überhaupt nicht einschätzen oder wahrnehmen. Er reagierte auf bestimmte Reize in seiner Umgebung nicht.

In dieser Zeit konnten wir weder ein Lächeln, noch ein Weinen, kein Plappern und kaum eine Regung seines Gesichtes wahrnehmen. Oft zuckte er nur unkontrolliert mit dem Mund und streckte seine Zunge heraus. Seine Augen schienen oft ins Leere zu gehen, nur manchmal erregte das Geschehen in seiner unmittelbaren Umgebung seine Aufmerksamkeit und er folgte

Personen und Dingen mit den Augen. Sein Gesicht wirkte alt und eingefallen.

Oliver brauchte Zeit. Zeit, Zeit, Zeit ...
Zeit zum Füttern, Zeit um berührt zu werden, Zeit, klitzekleine Schritte zu gehen. Für uns hieß das: Stehen zu bleiben, sitzen zu bleiben, ihn auszuhalten, auf ihn zu warten, mit ihm zu sprechen, wobei das Sprechen sehr einseitig war, Dinge zu suchen, die ihm Freude machten, wie einen bunten Ball rollen zu lassen, ihn mit einem Kuschelbären zart zu berühren, erste Trainingsprogramme zur Sauberkeitserziehung, Stimulation des Muskelbereiches um den Mund, viele Kilometer Autofahren, dadurch die Situation seiner geschützten Höhle wieder herstellend, wenn er zu erschöpft war von den Anstrengungen des Tages und nicht einschlafen konnte. Es hieß, bemalen mit Körperfarbe und eincremen, immer wieder eincremen, bis er selbst in das Cremetöpfchen griff und Freude daran zeigte, sich selbst einzucremen. Wir mussten unser Leben verlangsamen und das Leben reizärmer gestalten, um ihm seine Zeit zur Verfügung zu stellen, um offen zu werden für seine Bedürfnisse. Schon ein schnelles Laufen zum Telefon, wenn es klingelte, konnte ein Zuviel sein.

Trotz all unserer Zeit, trotz all unserer Mühe, trotz kleiner Erfolge hatten wir oft das Gefühl, auf der Stelle zu treten. Zu unserem Hausarzt fuhren wir sechsmal, um zu erreichen, dass Oliver sich ein erstes Mal untersuchen ließ. Unser Besuch im Frühförderzentrum endete allerdings in Verweigerung.

Fachleute von außen, die Oliver vorgestellt bekamen, sprachen von Behinderung oder zuckten mit der Schulter.

Was war nur mit Oliver passiert? Haben seine Auffälligkeiten organische oder psychische Ursachen? Stellten wir ihm genug zur Verfügung? Was konnten wir noch machen, was noch anbieten? Unsere Geduld wurde auf eine harte Probe gestellt.

Eines Tages stellten wir ein Trampolin im Hof auf. Wir beobachteten, dass Oliver davor stand und eine wippende Bewegung machte. Wir legten ihn vorsichtig auf das Trampolin und setzten uns mit dazu. Mit sanften Bewegungen brachten wir das Tuch in eine kaum wahrnehmbare Schwingung. Wir ernteten das erste kleine Lächeln. Dieses kleine Lächeln war wie ein Gruß ans Leben, ein Zeichen dieses kleinen Wesens, dass er teilnehmen konnte, dass er Freude hatte, dass er neugierig war. Diese Geste barg eine unendliche Hoffnung für uns in sich.

In den Sommerferien am Meer legte ich ihn in ein kleines Boot mit Sonnensegel. Ich schwamm Kilometer um Kilometer mit ihm, immer mit einer Schnur am Bein als Schleppleine. Wenn wir losfuhren, lag er oft lange Zeit wie ein Säugling im Boot, mit den Händchen nach oben. Wenn er genug davon hatte, lugte er plötzlich mit großen Augen über den Bootsrand. Außerdem stellten wir ein Schwimmbecken auf, darin waren alle bunten Plastikbälle und Wassertiere, die wir besaßen, und warmes Wasser. Plötzlich legte er los: Wir hörten von ihm erstes Plappern, Gackern, Glucksen, Gurren, er begann, alle möglichen Laute auszuprobieren. Er lachte immer mehr und nahm mit der Welt Kontakt auf. Er schaute sich neugierig um, er begann, die Menschen um sich wahrzunehmen und kennenzulernen. Wir hatten das Gefühl, jetzt holt er mit Siebenmeilenstiefeln auf. Und er holte auf. Unsere Kinder bekamen die seltsamsten Namen: BLLL, Mimi, Didi, Assi, Binde, Ani, Bär, Piefen Poof (für einen Jungen, der ihn oft ärgerte). Die Steigerung hieß später: „Piefen arg poof!"

Der Osterhase wurde zum Oberassi, Traktor und Motorrad hießen Torktork, und so manches Mal hielten wir Teamsitzungen mit allen kleinen und großen Menschen in unserem Haus ab, um herauszufinden, was er uns sagen wollte. Verstand man ihn nicht sofort, konnte er plötzlich sogar lautstark seinen Zorn herausbrüllen. In den vergangenen elf Monaten wollten wir manchmal verzagen. Umso glücklicher waren wir jetzt.

In dieser Zeit begann er auch richtig zu essen. Wir mussten ihn nicht mehr füttern. Allerdings wollte er nun zu allen möglichen und unmöglichen Zeiten essen. Sein eigener Speiseplan war allerdings höchst merkwürdig, er probierte Erde, Sand, Hundekekse und alles, was er erreichen konnte. Mit viel Energie zeigte er uns, was er wollte. Seine Neugier wuchs, er entdeckte die Vielfältigkeit der Welt. Er probierte und probierte. Oliver war nun ständig in Bewegung.

Das Trampolin zog ihn weiterhin magisch an. Er entwickelte Ausdauer und Willenskraft, um das „Zaubertuch" alleine zu erreichen. So schob er unter höchsten Anstrengungen Stühle daneben oder einen Spielzeugtraktor, um alleine hochklettern zu können. Trotz mancher Rückschläge gab er dabei nicht auf, ebenso wenig wie beim Springenüben selbst.

Oliver forschte und entdeckte. Es schien, als ob er mit allen Sinnen und Muskeln ständig neue Erfahrungen machte. Er hatte in dieser Zeit besonders an den Beinen immer blaue Flecke, wie sich das für „Kinderdorfbeine" gehört.

Seinen Augen, seine Mimik, sein gesamtes Äußeres wurde immer lebendiger. Er wurde ein „ansprechendes" Kind. Seine allgemeine Aufgeschlossenheit verleitete jeden Gast oder Besucher, ihn anzusprechen, ihn auf den Arm zu nehmen, ihn zu knuddeln, ihm zu helfen. Oliver reagierte darauf oft mit Weinen und sichtbarer Wut. Er schien uns sagen zu wollen, dass er alles alleine schaffen will. Besonders Erwachsene verstanden es in dieser Zeit oft nicht, dass Oliver aufgrund seiner Vorgeschichte seinen eigenen Weg gehen muss, dass er selbst auf die Menschen zugehen muss, dass er Zeit und Raum und die Intensität der Beziehung bestimmen muss. Seine Grenzen wurden in seiner frühen Kindheit zu oft verletzt, umso wichtiger schien es uns nun, sie besonders zu achten und zwar so lange bis er selbst dazu in der Lage war.

Oliver wurde zugänglich und großzügiger in seinen Beziehungen. Er schenkte auch anderen Menschen seine Aufmerksamkeit und Zuneigung. Er differenzierte jetzt auch nach Lust oder Unlust. An manchen Tagen begrüßte er eine Mitarbeiterin sehr freundlich und spielte mit ihr und am nächsten Morgen sagte er ihr, dass sie wieder fortgehen sollte. Er spielte mit Nähe und Distanz. Er ging bis zum Tor und kehrte wieder zurück. In dem Maß, wie sich sein Handlungsspielraum ausdehnte, erweiterten sich auch sein Sprachvermögen und seine Kompetenz. Er teilte seine Welt ein in oben und unten, draußen und drinnen. Wie ein Schwamm saugte er alle Informationen auf, über Namen, Wohnorte, Personen. Immer wieder mussten wir ihm zum Beispiel erzählen, wer in welchem Zimmer wohnt. Er entwickelte Charme und Witz. Er probierte sich in verschiedenen Rollen aus. Uns fiel auf, dass Oliver ein besonders gutes Gedächtnis entwickelte. Ein einmal gegebenes Versprechen führte dazu, dass Oliver es auch nach Wochen für sich in Anspruch nahm.

Oliver begann die Musik zu entdecken. Kleine, einfache Kinderlieder wollte er immer wieder hören und der Taler, der wandern muss und „Hoppe, hoppe, Reiter" wurden seine Lieblingsstücke. Spieluhren gehörten jetzt zum Ritual des Einschlafens und das Mäuslein, das aus dem Häuslein kommt, brachte ihn so manches Mal zum Lachen.

Und dann kam „Lola". Sie ist eine Holzeisenbahn und sie eroberte sein Herz im Sturm. Lola kann pfeifen, und Oliver kann spielen. Allerdings konnte er erst mit Lola spielen, nachdem wir eine Holzplatte ins Wohnzimmer stellten und Oliver und Lola einen begrenzten Raum hatten. Jetzt baute er sie auf und ab und um. Oliver beschäftigte sich gerne mit Lola, aber eine vertraute Person musste dabei in der Nähe sein.

Oliver wurde mobiler. Wenn wir zum Tanken fuhren, dann schaute er sich um und er entdeckte, dass es Regale mit Spielzeug gab. Wer hat sich wohl mehr gefreut, ich, dass ihm ein Spielzeug ins Auge fiel, oder er, weil er das Spielzeug bekommen hat? Es war ein weißer zotteliger Hase, der den Namen „ANSTHASE" erhielt und fortan mit ihm schlafen durfte und ihn überall hin begleitete.

Seine Spielpartner waren inzwischen nicht nur Erwachsene, sondern Oliver wandte sich nun auch den anderen Kindern und Jugendlichen aus unserem Haus zu. Fremden Menschen gegenüber blieb er reserviert und viele Menschen konnte er nicht aushalten. Doch im geschützten Bereich unseres Hofes konnte er seinen Radius ständig erweitern. Er baute im Sand, kletterte auf allen möglichen Dingen herum, rutschte Treppengeländer herunter, erfreute sich an Bilderbüchern und Märchen, doch es mussten stets dieselben sein, drehte mit seinem Auto Runden im Hof, sammelte Steine und Stöcke und Blätter, patschte mit Sand und Wasser und hatte immer etwas zu tun. Oliver bekam einen Kletterbaum und er freute sich, dass ein Schild daran war, mit seinem Namen. Er war den ganzen Tag aktiv und schaffte seinen Mittagsschlaf ab: „Bin schon groß!", meinte er. Tagsüber war er jetzt trocken.

Um seine soziale Entwicklung weiter zu fördern, bereiteten wir den Besuch eines Kindergartens vor. Oliver und ich schauten uns Bilderbücher an, die das Thema Kindergarten hatten. Wir sangen Kinderlieder und übten kleine Verse. Wir besuchten mehrmals eine Gruppe im Kindergarten. Wir kauften Sachen für den Kindergarten ein wie Pantoffeln, Tasche, Flasche. Stolz berichtete Oliver von all diesen Dingen und wir hatten das Gefühl, dass er sich auf den Kindergarten freute. Auch die ersten Tage im Kindergarten zeigten wenig Veränderung. Zwar fiel uns auf, dass Oliver matt und müde war nach vier Stunden im Kindergarten, doch wir dachten, das läge an der neuen Situation. Dann rückte das Kindergartenfest näher. Oliver hatte im Kindergarten mitgetanzt. Doch am Tage der Aufführung wollte er nicht mitmachen. Er weinte und versteckte sich wieder. Von diesem Tag an war er nicht mehr zu bewegen, den Kindergarten zu besuchen.

Er klammerte sich fest und stellte auch das Spielen mit den anderen Kindern der Kinderdorffamilie ein. Es schien, als ob die alte Angst wieder eingezogen wäre. Ich musste wieder in seiner Nähe sein. Selbst vertraute Mitarbeiter akzeptierte er nicht. Seine Höschen wurden wieder nass. Der ganze kleine Kerl hatte an irgendeiner Stelle seine Sicherheit verloren. Es schien, als sei seine Welt wieder voller Gefahren und nicht mehr warm und rund. Abends wollte er nicht ins Bett, und alleine schlafen kam für ihn nicht mehr in Frage. Seine Augen blieben beim Schlafen wieder geöffnet. Tagsüber wurde er unruhiger. Er wedelte wieder mit Armen und Händen und mein Hosenbein schien sein Festhaltegurt zu sein. Beim Essen lief er im Esszimmer umher. Mit Worten erreichte ich ihn überhaupt nicht. Am besten kam ich in solchen Situationen mit ihm klar, wenn ich ihn vor mich auf den Tisch setzte, eine Hand hielt immer Kontakt zu ihm, aber hielt ihn auch, und von Zeit zu Zeit streichelte ich ganz zart seine Wange. Da blinkten manchmal seine Äuglein auf und ich wusste, ich hatte ihn erreicht.

Trotzdem sahen wir seine Veränderung mit Schrecken. Doch wir mahnten uns zur Ruhe. Wer bist du? Was haben wir dir getan?

Wir nahmen uns unglaublich viel Zeit für Oliver, gingen auf seine Wünsche ein und nahmen all die Maßnahmen und Angewohnheiten wieder auf, die schon einmal zum Erfolg geführt, die ihm damals Schutz und Geborgenheit und die Möglichkeit zur Entwicklung gegeben hatten. Während einer Supervision stellte sich vor allem die Frage, ob Oliver geistig und seelisch schon so weit war, dass er das Kindergartenalter erreicht hatte. Es klingt unglaublich, aber das Ergebnis zeigte, dass wir ihn überfordert hatten.

Wir brauchten fast ein Jahr, bis wir die Sicherheit von Oliver auf allen Ebenen wieder spüren konnten. Besonders große Fortschritte machte Oliver immer in unserer Berghütte in Österreich. Es scheint, als ob der Rhythmus des Lebens dort seinen elementarsten Bedürfnissen entspricht. Er beobachtet und probiert aus. Er mag Winter und Schnee, Rodeln und Skifahren, Schneemänner bauen und sich im Schnee herumkugeln, danach am warmen Ofen sitzen und heißen roten Tee trinken. In Österreich bietet sich ihm die Natur in all ihrer Vielfalt an: mächtige

Bäume, Steine und Fels, fließendes Wasser im Bach und am Wasserfall, Matsch, Sand, Wiesen und Gras, Wind und Sterne. Diese Umgebung wirkt zutiefst heilend auf ihn. Er kann hier die Welt erfahren und erfassen in einer Geschwindigkeit, die er bestimmt. Das einfachere Leben in der Berghütte schenkt ihm viel mehr Raum und Zeit als der normale Alltag mit seinen Pflichten, Ablenkungen und Gefahren. In der Berghütte aber gibt es kein Telefon, keinen Strom, keine Autos. Hier gibt es nur eine märchen- und mythenhafte Natur – die Sterne sind zum Pflücken nah!

Und wir erleben, wie gut ihm das tut, wie sehr er unmittelbar davon berührt wird, wie viel er dadurch aufholen kann in seiner gesamten Entwicklung.

Eine besondere Hochachtung haben wir vor seinem unbeugsamen Willen, alles alleine schaffen zu wollen. Wie oft ist er beim Skifahren umgefallen und auf seinem Hosenboden gelandet und wieder aufgestanden, und wieder ging es den Berg hinauf und wieder und wieder.

Zur Stärkung seiner Persönlichkeit und zum Abbau seiner Ängste wurde auch heilpädagogisches Reiten eingesetzt. Erst besuchten wir mehrmals die Therapeutin und die Pferde, erhielten Gummibärchen und fuhren wieder nach Hause. Eines Tages war Oliver so weit, dass er neugierig die Hufe der Pferde sehen wollte und was darunter ist, und damit war das Eis gebrochen und die Therapie konnte beginnen.

Im Umgang mit den Pferden wurden seine existenzielle Angst und seine damit verbundenen übergroßen Wahrnehmungsschwächen immer wieder deutlich. Er verfügte über ausgeprägte Schutzmechanismen, die er unentwegt anwendete. Bei der kleinsten Bewegung des Pferdes reagierte er sprungbereit und wog mit großen Augen blitzschnell ab, ob er flüchten muss. Aufgrund seiner Verunsicherung führte Oliver unzählige, schnelle Bewegungen aus, um nicht aus dem Gleichgewicht zu geraten. Doch langsam wuchs sein Vertrauen zum Pferd. Er stellte körperliche Berührungskontakte her und kurze Ruhepausen.

Neben dem heilpädagogischen Reiten erhielt er Logopädie und Ergotherapie.

Oliver erhielt die Therapien bei uns im Kinderdorf und eine vertraute Person war immer dabei. Nach mehreren Stunden Spiel und Therapie traute er sich dann plötzlich auch zu, alleine mit den Therapeuten zu spielen. In einem nächsten Schritt begleiteten wir ihn in die jeweilige Praxis. Die ersten Stunden verbrachten wir mit im Raum, eines Tages meinte er plötzlich: „Heute kannst du draußen warten."

Ein nächster Termin in der Frühförderstelle stand an. Wir freuten uns, dass Oliver diesmal nicht verweigerte; gleichwohl wirkte er sehr verschüchtert und ängstlich. Nur mit viel Motivation und Verstärkern gelang es ihm, alle Tests mitzumachen. Wir erhielten die Empfehlung, ihn in die schulvorbereitende Einrichtung der Sprachheilschule einzugliedern. Die kleinere Gruppengröße und die dadurch besseren Fördermöglichkeiten würden seiner deutlichen Entwicklungsverzögerung entsprechen.

Doch wie sollten wir ihm dies schmackhaft machen?

„Kindergarten!" Für ihn ein Schlüsselwort, das eindeutig mit schlimmen Vorstellungen verbunden war. „Nein, nein, nein!", schrie er. Seine Haltung war eindeutig, das Thema mit großer Angst besetzt. Wir brauchten ein halbes Jahr, bis er sich bewegen ließ, die „Kinderschule" überhaupt einmal zu besuchen. Geholfen haben uns dabei seine Neugierde und sein Ehrgeiz. Sein jüngerer Freund innerhalb unseres Hauses begann nämlich in dieser Zeit in den Kindergarten zu gehen. Wir merkten, dass Oliver immer interessierter zuhörte, wenn sein Freund davon erzählte.

So fingen wir mit Besuchen im Sprachheilkindergarten an. Wir sahen uns alle Räume und den Garten an. Wir sprachen immer wieder über die „Kinderschule". Wir vereinbarten, dass wir Oliver die ersten Tage begleiten, bis er alle Erwachsenen und alle Kinder kennengelernt hat. In einem nächsten Schritt warteten wir draußen vor der Tür, damit er sich bei Unsicherheiten jederzeit Rat und Mut holen konnte.

Und schließlich wetteten wir, dass er es alleine schafft. Wie stolz kam er an jenem Tag aus seiner Gruppe. Dani holte ihn ab. Danach gingen die beiden einkaufen: Eine Rose für die Mama war sein Wetteinsatz. Er suchte lange Zeit und wählte schließlich eine weiße Rose aus. Zuhause lief er schnell ins Haus, fürs Auspacken war keine Zeit mehr. Mitsamt Papier knallte er die Rose auf den Tisch und meinte stolz: „Da!"

☆

Miteinander leben und noch ein Stückchen weiter
„Ich will dir gerecht werden, Oliver! Ich will dich mit meiner Fürsorge und meiner Liebe umgeben. Ich suche mit dir deine Fähigkeiten und baue dir eine Straße, damit du sie leben kannst! Wenn dir diese Straße nicht passt, baue ich dir eine andere, vielleicht eine Nebenstraße oder einen Seitenweg. Du kannst schauen, ob du dort mit mir gehen kannst!"[2]

Liebevolle und konsequente Erziehung bedeutet Sicherheit. Nur das Kind, das sich geliebt und geborgen fühlt, wird sich positiv entwickeln. Unsere Kinder brauchen ungeteilte Aufmerksamkeit, Zuwendung und viel Zeit. Ja, Zeit ist so ein Faktor. Zeit, Zeit, Zeit! Wie erreichen wir die Kinder? Wir achten darauf, dass sie sich umsorgt und geliebt fühlen. Dabei müssen wir oft einen Panzer aus Angst, aus nicht gelebten oder nicht vorhandenen Gefühlen durchbrechen. Erlebte Gewalt im Elternhaus kann auch zu aggressivem Verhalten führen. Es ist ihre Form, Beziehung zum anderen aufzunehmen.

[2] Tagebuchauszug von Gunda Fleischhauer

„Er schlug aus Verzweiflung. Er verstand nicht, dass wir nicht verstanden, was er verstand."[3]

Die Seele unserer Kinder hat gelitten. Für unsere Kinder bedeutet Einschlafen, die Kontrolle abzugeben. Die Kontrolle über unkalkulierbare Träume und Erinnerungen. In ihren Träumen weinen unsere Kinder immer wieder ihre ungeweinten Tränen oder sie schreien ihr Leid heraus. Sie empfinden das Unerklärliche, das Grauenvolle, das Unaussprechliche. Und sie leiden weiter in den Tag hinein, ohne dass sie sich erklären können, warum. Sie leiden bei einem Wort, das jemand spricht, sie leiden bei Gerüchen, sie hören Musik und sie leiden. Ein Fremder hilft ihnen, weil sie gestolpert sind, und sie rennen schreiend davon.

Ein Teil unserer Kinder hat viel Demütigendes erfahren durch Missbrauch, Nichtbeachtung, Nichtversorgung, Gewalt. Ist es nicht unsere vornehmste Aufgabe, sie zu beschützen und vor weiterem Schaden zu bewahren? Müssen wir nicht in allen Bereichen des täglichen Lebens dieser Kinder darauf achten, schützt diese Maßnahme auch das Kind? Gibt sie ihm Sicherheit und hilft sie ihm? Mit den Augen eines verletzten Menschen sehen viele unserer Handlungen vollkommen unterschiedlich aus. Gut gemeinte und liebevoll gemeinte Aktionen schlagen ins Gegenteil um. Wir denken, dass eine Berührung diesem Kind gut tut, dabei erschreckt sich das misshandelte Kind und kann unsere Berührung gar nicht zulassen. Wir schenken einem Kind eine Puppe und denken, dass es sich freut. Dieses Kind aber hat vor jedem geplanten sexuellen Übergriff eine Puppe geschenkt bekommen. Es sieht die Puppe und gerät in Panik. Es ist eine furchtbare Situation, wenn man auf einer Fahrt in einem Rasthaus anhält, um den Kindern eine Freude zu machen und ein Kind versteckt sich schreiend in der Toilette und ist nicht mehr zu bewegen, diesen „sicheren" Ort zu verlassen.

---

[3] Erich Kästner: Als ich ein kleiner Junge war. Atrium Verlag 1957. S. 181

Warum reagieren Kinder so? Sie haben kein Vertrauen erwerben können und sehen unsere Handlungen oft unter dem Gesichtspunkt möglicher Gefahren für sich und für ihr Leben.

Unsere Kinder müssen in der Betrachtung an erster Stelle stehen. Sie haben das Recht auf unsere beste Sorge. Wir haben die Pflicht, das Leben der verletzten Kinder leichter zu machen, damit Leid weniger wird und Liebe und Zuneigung sanft die Führung übernehmen. Unsere Brücke kann nur die Liebe sein. Wenn ich mir die Frage stelle: „Was sind die wichtigsten Werte für meine Tätigkeit im Erich Kästner Kinderdorf?", so würde die Antwort lauten: „Liebe und Respekt". Diese beiden Werte verkörpern für mich die philosophische Grundlage unserer Arbeit auf allen Ebenen. Es ist unsere Herausforderung, die stillen, die aggressiven, die zerstörenden, die Kot schmierenden, einnässenden, ängstlichen, sexualisierten, schreienden, klopfenden, traurigen Kinder mit den Augen der Liebe zu sehen. Unsere Frage muss daher lauten: „Was braucht das Kind in dieser Situation?"

Sie brauchen vor allem Zeit! Ihr Schicksal hat sie zu sehr in Anspruch genommen. Es war in ihrem bisherigen Leben wenig Zeit für Entwicklung oder Motivation zur Leistung. Ihre Erinnerungen sind kein Schatz, der für glückliche Tage steht. Sie wurden dem Kindsein entfremdet, entfremdet meist von selbst unglücklichen, aber verantwortungslosen oder keine Verantwortung tragen könnenden Erwachsenen, die im Kind alles zerstörten, noch ehe sein Leben wirklich begann.

Mit dem Ankommen von Oliver begann eine schwierige Zeit für unsere Mia. Auch Mia war als kleines Mädchen mit einem schweren Trauma zu uns gekommen. Auch sie brauchte all unsere Liebe und Aufmerksamkeit, genauso wie jetzt Oliver. Sie hatte am Tisch neben mir gesessen, sie hatte ihr Bett neben meinem, sie war gewohnt, im Fokus meiner Aufmerksamkeit zu stehen und sie hatte, aus ihrer Lebensgeschichte heraus, das Recht auf meine ganze Aufmerksamkeit. Jetzt kam ein kleiner Mensch, der ihr diese Nähe nicht nur streitig machte, sondern der Nähe und Fürsorge genauso brauchte. Es war schwer für sie, das zu akzeptieren. Aber sie brachte inzwischen, nach all den Jahren der intensiven Zuwendung, auch Kraft mit. Eine Kraft, die für die Übertragung in andere Bereiche, z.B. die Schule, wichtig war. Während ich dachte, dass Mia und Oliver sich viel Streit liefern und uneins sind, hatte ich ein völlig anderes Erlebnis mit den beiden: Ich kam einmal schnell die Treppe zu meiner Wohnung hoch, weil ich dringend einen Schlüssel brauchte. Ganz große Augen bekam ich da: Mia hatte Oliver auf dem Arm und trug ihn liebevoll herum. Sie hatte etwas verstanden, was nicht zu verstehen ist. Sie hatte Erlebnisse, die sie sensibel machten für das, was Oliver fehlt.

„Wenn (...) Menschen nicht nur neben-, sondern miteinander leben wollen, kommt es (...) auf jeden und auf jede an, nicht auf die Instanzen. (...) Wir müssen unseren Teil Verantwortung für das, was geschieht, und für das, was unterbleibt, aus der öffentlichen Hand in die eigenen Hände zurücknehmen. (...) Wenn Hilfe verweigert wird – stets ist jeder einzelne zur Abhilfe mitaufgerufen, nicht nur die jeweils ‚zuständige' Stelle."[4]

Rolf Zuckowski, der wunderbare Liedermacher und ein treuer Freund unserer kleinen und großen Kinder, hat Mia und Oliver erlebt und ein Lied über die beiden geschrieben.

---

[4] Erich Kästner: Die vier archimedischen Punkte. Kleine Neujahrs-Ansprache vor jungen Leuten. In: Die kleine Freiheit. Chansons und Prosa 1949-1952. Atrium Verlag 1952. S. 135-138

Mein neuer Bruder

Musik und Text: ROLF ZUCKOWSKI

Mein neuer Bruder wohnt bei mir in meinem Zimmer,
er hat sein eignes Bett, doch da schläft er nicht immer.
Er schleicht sich nachts noch oft zu meiner Mama hin.
Dann nimmt sie ihn in den Arm
und hält ihn sicher und warm.
Da wo er herkommt, war so was niemals drin.

Mein neuer Bruder, der erzählt mir manchmal Sachen,
dass ich nicht weiß, soll ich nun weinen oder lachen.
Bevor er zu uns kam, ist ihm schon viel passiert.
Oft nahm er einfach Reißaus,
hielt es vor Angst nicht mehr aus.
Jetzt wohnt er hier, damit er seine Angst verliert.

Mal ist er frech, mal ist er lieb,
und er ist irgendwie ein richtig guter Typ.
Hat mir schon manchen Trick gezeigt
und mir erzählt, woran er denkt,
wenn er beim Spielen plötzlich schweigt.

Neue Geschwister sind wir,
nie mehr alleine sind wir,
unsere Familie ist ab jetzt ein bisschen bunter.
Neue Geschwister sind wir,
unser Zuhause ist hier,
ein kleiner Glücksstern fiel für uns vom Himmel runter.[5]

© MUSIK FÜR DICH Rolf Zuckowski OHG, Hamburg

---

[5] Rolf Zuckowski: Mein neuer Bruder. In: Leben ist mehr – 5 Jahre Mai – Meine persönlichen Erinnerungen. Hamburg 2007. S. 107

II.

Meine Hand soll führen und begleiten – nicht belasten!

Das Leben im Erich Kästner Kinderdorf von der Aufnahme eines Kindes bis es auf eigenen Füßen stehen kann und noch ein Stückchen weiter.

*Kinderheime ähneln einan-
der wie Vierpfundbrote oder
Hundsveilchen. Wer eines
kennt, kennt sie alle. Und wer
an ihnen vorüberspaziert,
könnte denken, es seien riesengroße Bienenstöcke. Es summt
von Gelächter, Geschrei,
Getuschel und Gekicher.*[6]

[6] Erich Kästner: Das doppelte Lottchen. Atrium Verlag 1949. S. 6

1. Eine Tür geht auf ...

Die ersten Wochen im Erich Kästner Kinderdorf sind wesentlich. Es ist wichtig, dass sich nicht eine Türe schließt – sondern, dass eine Türe aufgeht. Diese Türe soll sich öffnen zu einem Leben in Sicherheit und Geborgenheit! Gerade in dieser ersten Zeit müssen wir besonders sorgfältig arbeiten. Wir haben die einmalige Gelegenheit eine neue Beziehung zu dem jungen Menschen aufzubauen, die von Vertrauen zueinander getragen wird. Die Kinder sollen erleben, dass es hier Menschen gibt, die sich bedingungslos für sie einsetzen.

Trotzdem ist es eine schwere Zeit für uns alle. Es ist eine Zeit der Umorientierung, eine Zeit der Unterstützung, der ständigen Aufmerksamkeit und Anwesenheit, aber auch eine Zeit, in der neue Hoffnung in den Kindern aufkeimen kann.

Ein wesentlicher Faktor ist die Bedeutung, die der Erwachsene dem jungen Menschen in dieser Zeit gibt: „Du bist mir wichtig, es ist schön, dass es dich gibt, dass du bei uns bist!" Es ist Mühe,

die dann manchmal belohnt wird, mit dem ersten zaghaften Lächeln – als eine erste kleine Antwort auf meine ständige Präsenz und auf das hohe Maß an persönlichem Engagement. So kann Beziehung entstehen. Jetzt ist es wichtig, die Empfindsamkeit und Achtsamkeit für dieses eine Kind zu bewahren, denn sie sind ein Band in dem wachsenden Prozess des Miteinanders.

Es ist schon so:
Die Fragen sind es, aus denen
das, was bleibt, entsteht.
Denkt an die Frage jenes
Kindes: „Was tut der Wind,
wenn er nicht weht?"[7]

[7] Erich Kästner: Fragen und Antworten. In: Die kleine Freiheit. Chansons und Prosa 1949-1952. Atrium Verlag 1952. S. 40

2. Sicherheit und Schutz

Jedes Kind sollte einen Menschen haben, der zu ihm steht, bedingungslos! Es ist das Wesentliche, von dem Antoine de Saint-Exupéry in seinem „Kleinen Prinzen" spricht. Es ist das Einmalige, das seine Rose über die anderen Rosen erhebt. Der kleine Prinz hat sich um seine Rose gekümmert.

Es ist aber auch die Vertrautheit des Fuchses. „Du bist zeitlebens für das verantwortlich, was du dir vertraut gemacht hast."[8] Jeden Tag zur selben Stunde soll der Prinz zum Fuchs kommen und seine Zeit und sein Dasein dem Fuchs widmen. Und unsere Kinder? Wie viel Zeit benötigen unsere Kinder, um so eine intensive Beziehung aufzubauen?

„Die Zeit, die du für deine Rose verloren hast, sie macht deine Rose so wichtig."[9] Das eine Kind, um das du dich kümmerst, dem du deine Liebe und deine Vertrautheit gibst, sie macht dein Kind so wichtig. Das ist für mich die Bedeutung einer verantwortlichen Beziehung.

Bei uns kommt es darauf an, dass jedes Kind einen Erwachsenen findet, der dem Kind seine besondere Aufmerksamkeit schenkt. Es wird viel vom mütterlichen Herz gesprochen. Ist es nicht so, dass eine Mutter ihr Kind in Schutz nimmt? Ja – und unsere Kinder hier bei uns im Erich Kästner Kinderdorf?

Auch unsere Kinder, sie brauchen diese Art der Zuwendung. Ich halte zu dir, immer ein wenig mehr zu dir als zu dem anderen Kind. Das tut einfach gut und hilft, gerade in der Phase des Schutzes, in der das Kind die Sicherheit der Beziehung braucht. Es ist das Extraplätzchen oder vielleicht einmal mehr die Kuchenschüssel ausschlecken, einmal mehr Beifahrer sein oder als

---

[8] Antoine de Saint-Exupéry. Der Kleine Prinz. Düsseldorf 2008. S. 95
[9] ebenda S. 93

erstes beim Ballspielen drankommen. Es gibt jemanden, für den ich wichtig bin.

Für dieses eine Kind ist plötzlich eine ganz neue Idee da: „Ich bin wertvoll! Ich werde gesehen." Wird diese Idee stärker werden als die schlechten Erfahrungen mit anderen Menschen, die dieses junge Menschenkind gemacht hat?

Es ist das Herz des Erziehers, das dem Kind seinen Wert verleiht. Auch wenn ein junger Mensch Probleme gehabt hat oder macht, ich halte zu ihm. Es ist meine Aufgabe. Es ist meine Aufgabe, trotzdem zu hoffen („… und morgen ist ein neuer Tag", wie viele neue Mitarbeiter habe ich mit diesem Satz schon irritiert). Es ist meine Aufgabe, dem Kind die Hände zu reichen und sie manchmal auch zu trösten. Viele Jugendliche, die Mist gebaut haben, sind über ihre Taten entsetzt und traurig. Ich habe Hoffnung, und ich gebe nicht auf! Ich webe den Faden der Liebe in meine Handlungen ein. „Auch in dir ist die Fähigkeit, dein Leben zu bewältigen."

Unsere Kinder brauchen Sicherheit, die alltägliche, selbstverständliche Sicherheit. Sie werden immer wieder durch Angst destabilisiert und benötigen äußere und innere Sicherheit und immer wieder Sicherheit.

☆

Markus lebte mit seiner Mutter in einer kleinen Wohnung. Der Vater hatte die Familie nach einem Streit verlassen. Eines Tages wollte sie verreisen. Sie ließ Markus alleine in der Wohnung und sagte ihrem ehemaligen Partner Bescheid, dass er sich um seinen Sohn kümmern solle. Der Vater nahm die Nachricht nicht ernst. Die Nachbarn hörten das Kind schreien. Zu diesem Zeitpunkt war die Mutter schon zwei Tage unterwegs.

☆

Die Angst, die Markus in dieser frühen Zeit erlebt hat, sie bricht immer wieder durch. Wohlbehütet? Sicherheit? Vertrauen? Was bedeutet das für Markus und wann wird das erreicht sein?

Angst ist der Faktor, der unsere Kinder nachts nicht einschlafen lässt. Sie haben Angst vor dem Kindergarten, vor der Schule. Sie sind aufgeregt vor unbekannten Ereignissen. A n g s t! Gravierende Enttäuschungen und Erfahrungen! Schockerlebnisse! Traumatisierung! Vor lauter Angst können einige Kinder an den Klassenfahrten nicht teilnehmen, manchmal auch, weil sie noch einnässen und es Angst vor Entdeckung gibt. Aus Angst sitzen sie in den Pausen auf den Toiletten und scheuen sich vor der Klassengemeinschaft im Pausenhof. Aus Angst, in die Hose zu machen, können sie auf ihrem Platz im Klassenzimmer nicht sitzen bleiben, man könnte merken, dass sie stinken.

Angst ist auch der Faktor, der über schulischen Erfolg oder Misserfolg entscheidet. Es ist die Angst, die ihre Leistungen in der Schule erheblich reduzieren kann. Ich rede von „eigentlich" begabten Schülern. Über eine lange Zeit hinweg können sie kein ausreichendes Vertrauen zu sich selbst aufbauen. Sie lernen und lernen und beherrschen den Stoff, und dann kommt in der Mathearbeit wieder die Angst und sie versagen. Manchmal konnten sie auch nicht einschlafen oder sie wurden in der Nacht von ihren alten Erlebnissen im Traum heimgesucht. So stehen sie sich oft selbst im Wege und es ist nicht ihr mangelndes Wissen.

Allein das Wort Verselbstständigung löst manchmal Angst aus. Eine Jugendliche zum Beispiel wird regelmäßig von ihrer Tante besucht. Die Tante begleitet ihre Fortschritte mit Wohlwollen und Freude. Eines Tages erwähnt die Tante, dass die Jugendliche „schon richtig selbstständig ist und dass sie bald auf eigenen Beinen stehen kann". Am Abend dieses Tages hat die Jugendliche eine erste „Essattacke". Wahllos stopft sie noch Wochen nach dem Treffen mit ihrer Tante alles in sich hinein. Eine Mitarbeiterin beobachtet, wie sie pure Butter isst.

Mir ist es wichtig, dass Sie die Angst dieses Kindes verstehen können. Jeder trägt Angst in sich. Angst ist etwas Irrationales, ist einfach nur Gefühl, sie überfällt einen, und es gibt die „komischsten" Auslöser. Man kann Angst nicht erklären, man kann sie nur fühlen, sie kann ganz tief sitzen und sie wird plötzlich nach oben katapultiert und lässt einen sich selbst nicht mehr erkennen. Manche Ängste von Erwachsenen stammen noch aus der Kindheit. Dort wurden sie von den Großen oft nicht ernst genommen und es wurde einem nur schlicht geraten, sich zusammenzureißen. Manche Ängste verwuchsen sich so, aber andere Ängste wurzeln noch immer tief. Manche Ängste übernehmen die Kontrolle über einen. Und bei manchen Ängsten hat man gelernt, sie zu grüßen und mit ihnen zu leben, sie zu überleben. Und die Angst unserer Kinder? Sie haben die Angst, die du und ich haben, doch dazu kommen ihre schrecklichen traumatischen Erlebnisse und dann wird die Angst zu etwas Lebensbedrohlichem. Können sich in ihrem Leben immer wieder neue Türen öffnen? Können sie diese neuen Türen irgendwann angstfrei und mutig durchschreiten?

Oft wird die Angst auch hervorgerufen durch Hinweise auf Vater und Mutter oder behutsame Kontaktversuche. Auch Besuche von Eltern und Familienangehörigen lassen die Angst manchmal wieder übermächtig werden. Manchmal ist der Leidensweg der Kinder im Erich Kästner Kinderdorf noch nicht zu Ende. Die folgende Geschichte ist ein Beispiel dafür.

☆

Tina wurde vom Jugendamt nach vielen vergeblichen Versuchen, die häuslichen Zustände zu verändern, in Obhut genommen. Das Familiengericht stützte sich beim Sorgerechtsentzug auf ein Gutachten, das der alleinerziehenden Mutter neben katastrophalen hygienischen Verhältnissen in der Wohnung eine erheblich eingeschränkte Erziehungsfähigkeit attestierte. Der Vater war zwei Jahre vorher an einer alkoholtoxischen Lebererkrankung verstorben. Die Mutter konnte aufgrund einer Persönlichkeitsstörung (massive Antriebsstörung und emotional instabile Persönlichkeitsstruktur) nicht einmal die Grundversorgung von Tina gewährleisten. In der Mutter-Kind-Beziehung wurde das Kind unterdrückt (verbal und mit körperlicher Gewalt), als persönliche Stütze für die Mutter missbraucht und mit Schuldzuweisungen belastet.

Der Gutachter schrieb weiterhin: „Tina ist in ihrer persönlichen Identität bereits massiv verletzt, ihr Selbstwertgefühl ist schwer erschüttert, sie zeigt tief greifende Ängste und fühlt sich unterlegen und wertlos. Sie selbst scheint als Person nicht mehr existent zu sein, als Mensch hat sie sich völlig aufgegeben. Sie hat verlernt, an sich zu glauben und zeigt keine Hoffnung mehr, etwas Positives an sich zu entdecken. Sie wirkt teilnahmslos, gleichgültig und antriebslos. Kontakt nach außen hat sie keinen, sie wird in der Schule oft als ‚Stinketina" beschimpft."

Behutsam näherten wir uns dem neunjährigen Mädchen. Die ersten Wochen und Monate waren davon bestimmt, ihr Zeit zum Ankommen zu geben und Schutz zu gewähren. Wir vermittelten ihr immer wieder, dass sie ohne Vorbedingungen von uns angenommen wird und dass wir sie achten und respektieren. Nach einiger Zeit zeigten wir ihr in kleinen Schritten, wie man sich wäscht und pflegt. Durch schöne Kleidung und altersentsprechende Accessoires veränderten wir ihr Äußeres. Gemeinsam machten wir uns auf die Suche nach Dingen und Aktivitäten, die ihr Spaß und Freude machen und die sie mag. Wenn einmal etwas nicht sofort klappte, ermunterten wir sie, trotzdem weiterzumachen. Es war wichtig, dass sie spürte: Wir schätzen sie als Mensch und Person und mögen sie, unabhängig von jeder Leistung oder Anforderung. Die Erfahrung, beachtet und geachtet zu werden, war neu für Tina. Es dauerte einige Monate, bis sie darauf reagieren konnte.

Wesentlich für ihre Öffnung waren unsere Ferienmaßnahmen. In der Intimität der Kinderdorffamilie fernab vom Alltag konnte sie sich der Gruppe leichter nähern und ihre übergroße Schüchternheit und Zurückgezogenheit überwinden. Beispielweise war sie im Winter mit allen anderen den ganzen Tag draußen im Schnee. Nach Schlittenfahren, Schneeballschlachten, Wanderungen und wilden Spielen kam sie am Abend kichernd ins Haus. Noch mehr gefielen ihr die ersten Ferien am Meer. Das Spiel mit den anderen in und am Wasser taten ihr sichtlich wohl. Hier konnte sie auch zum ersten Mal einen körperlichen Kontakt zulassen, z. B. beim Einölen nach dem Baden und Duschen. Tina begann aufzublühen wie eine kleine Blume. Oft erinnerten wir uns bei ihrem Anblick an eine Weisheit von Hans Christian Andersen, der schrieb:

„Ich blühe vor Freude, weil ich nicht anders kann. Die Sonne scheint so warm, die Luft ist so erfrischend. Ich atme, ich lebe!"[10]

Das Mädchen ließ sich auf uns ein und nahm Beziehung zu uns und damit zu sich selbst auf. Sie begann dem Leben wieder zu vertrauen. Diese Bindung bildete die Grundlage für alle weiteren Entwicklungsschritte, beispielsweise im psychomotorischen Bereich:

Als Tina zu uns kam, konnte sie nicht richtig laufen. Ständig stolperte sie, fiel hin oder prallte gegen etwas, das im Weg stand. Einmal brach sie sich sogar die Nase, weil sie einfach mit voller Wucht gegen eine Tür lief. Wir dachten zuerst an orthopädische Beeinträchtigungen, so sehr schien der Bewegungsablauf von Tina gestört. Der Facharzt meldete uns jedoch zurück, dass ihr Bewegungsapparat völlig in Ordnung sei. Er führte ihre „Tolpatschigkeit" eher auf fehlende Übung und fehlendes Selbstvertrauen zurück.

Auf der Basis unserer gewachsenen Beziehung begannen wir, Tina behutsam zu fordern. Wir suchten uns gemeinsam ein

---

[10] Annie von der Heide, Bernard Nollen: „... und eine kleine Blume muss man haben". Blumenzauber aus der Zeit Hans Christian Andersens. DuMont Buchverlag. Köln 1984. S. 42

Tanzprogramm zur psychomotorischen Entwicklungsförde-
rung aus und übten und übten. Danach leiteten wir für sie heilpädagogisches Reiten in die Wege. Wir versprachen uns neben
dem Aufbau eines positiven Körpergefühles und der Förderung
der Motorik vor allem auch ein Mehr an Sicherheit und Vertrau-
en, an Selbstwertgefühl und Wahrnehmung. Tina fielen diese
intensiven Trainingseinheiten nicht leicht. Oft wollte sie aufgeben und die Flinte ins Korn werfen. Hatte sie es dann allerdings
geschafft, strahlte sie eine tiefe und unbändige Freude aus.

Selten hatten wir erlebt, dass sich ein Kind so vorbehaltlos und
offen auf die neue Situation in der Kinderdorffamilie einlassen
konnte. Mit zunehmender Sicherheit beobachteten wir bei Tina
deutliche positive Fortschritte auf allen Ebenen. Besonders be-
eindruckend war ihre Verwandlung im schulischen Bereich. Sie
integrierte sich gut in die Klasse und genoss jedes Lob und jede
Unterstützung, die wir ihr schenkten. Ihre Noten verbesserten
sich so rasant, dass sie binnen Kurzem ohne Aufnahmeprüfung
an die Realschule wechseln konnte.

Sie wagte immer neue Schritte, sie wirkte selbstbewusster und verständiger, sie schenkte uns ihr Vertrauen und genoss das Vertrauen zu sich selbst, das sich Tag für Tag mehr entwickelte. Sie begann, behutsam für sich selbst Verantwortung zu übernehmen und sie achtete differenzierter auf ihre eigenen Befindlichkeiten. Gleichzeitig ging sie liebevoll auf andere Menschen zu und nahm deren Stimmungen wahr. Ihr Nachholbedarf war in ihrem ganzen Wesen zu spüren und machte uns und den Mitarbeitern des Jugendamtes, die eine solche Entwicklung nicht für möglich gehalten hatten, große Freude.

Eines Tages erreichte uns ein Anruf. Tina sollte zu einer Anhörung vor dem Familiengericht erscheinen.[11] Ihre Mutter hatte nach drei Jahren ohne irgendeinen Versuch der Kontaktaufnahme zu Tina die elterliche Sorge wieder beantragt. Sie verband diesen Antrag mit dem Wunsch, dass Tina zu ihr zurückkehre. Das Gericht hatte einen Verfahrenspfleger bestellt, der zu uns kam, um mit Tina die Situation zu erörtern. Als „Anwalt des Kindes" hat ein Verfahrenspfleger die Aufgabe, die Kindesinteressen wahrzunehmen und zu gewährleisten, dass die authentischen Wünsche, Vorstellungen und Bedürfnisse des Kindes nachvollzogen und von allen am Verfahren Beteiligten in ausreichendem Maß zur Kenntnis genommen werden können. Tina äußerte sich klar und bestimmt, sowohl in Gesprächen mit uns als auch in Gesprächen mit dem Verfahrenspfleger. Sie wollte im Erich Kästner Kinderdorf bleiben, das stand für sie außer Frage. Zudem formulierte sie ihre große Angst vor der Anhörung, denn sie wollte ihre Mutter auf keinen Fall sehen.

Wir baten um eine Verschiebung des Termins, um sie besser vorbereiten zu können. Wir baten um getrennte Anhörungen, damit Tina vor Gericht nicht auf ihre Mutter treffen musste.

---

[11] Nach § 50 b FGG ist das Kind ab Vollendung des 14. Lebensjahres vom Gericht anzuhören. Eine Nichtanhörung des Kindes kommt nur ausnahmsweise dann in Betracht, wenn das Kindeswohl nachhaltig gefährdet ist (§ 50 b III FGG).

Der Richter lehnte beide Bitten ab. Die Begründung war, dass die Konfrontation mit der Realität unabdingbar und vielleicht sogar heilsam sei, trotz der Gefahr eines Rückfalls. Der Verfahrenspfleger versprach daraufhin, wenigstens dafür zu sorgen, dass Tina bei der Anhörung von einem von uns begleitet werden darf und nicht alleine mit dem Richter sprechen muss.

Wir machten uns große Sorgen und wir äußerten diese Sorge dem Verfahrenspfleger. Wir schilderten den Zustand von Tina bei der Aufnahme in das Erich Kästner Kinderdorf. Wie würde sie die Anhörung und die Konfrontation mit Teilen ihrer Vergangenheit verkraften können?

Trotz intensiver Vorbereitung und Begleitung zeigte sich Tina beim Zusammentreffen mit ihrer Mutter im Flur des Gerichtsgebäudes völlig schockiert und überfordert. Sie atmete kaum noch, ihr Gesicht wurde fleckig, sie erstarrte und versteckte sich hinter uns. Der Richter bestand darauf, Tina alleine anzuhören und nicht wie vorher besprochen, gemeinsam mit uns. Der Verfahrenspfleger war krank und konnte Tina nicht zur Seite stehen. Nach der Anhörung rannte Tina weinend nach draußen, sie stolperte und lief gegen die Tür, sie wirkte erschöpft, traurig und völlig in sich gekehrt und verschlossen. Auch in den Tagen nach der Anhörung veränderte sich dieser Zustand trotz all unserer Bemühungen kaum. Jeder Funken Lebendigkeit schien erloschen. Wir hüllten das Mädchen in intensiver Einzelbetreuung ein in ein Netz aus Zuneigung, Wärme, Schutz und Behaglichkeit. Doch sie wirkte wie erstarrt und eingefroren.

Tina begann vor unseren Augen zu verwahrlosen. Sie kümmerte sich nicht mehr um ihre körperliche Hygiene. Ihr Zimmer verwandelte sich in kürzester Zeit in eine Müllhalde. Sie roch schlecht und muffig. Ihre Haut entzündete sich. Sie nahm stetig zu, weil sie heimlich in unbeobachteten Momenten immer mehr und unkontrollierter aß und sich gleichzeitig kaum mehr bewegte. Schulisch verlor sie jedes Interesse, sie verschlechterte sich in allen Fächern, war aber auch nicht dazu zu bewegen, irgendetwas für die Schule zu tun. Wenn wir gemeinsam mit ihr lernen wollten, gab sie die Hausaufgaben einfach nicht ab oder verlegte die Hefte und Bücher.

Wir hatten oft das Gefühl, dass Tina nicht mehr am Leben teilnahm, ihre Wahrnehmung funktionierte nur noch völlig eingeschränkt. Sprach man sie an, reagierte sie überhaupt nicht oder sie wurde aggressiv oder sie weinte. Sie nahm plötzlich auch Dinge an sich, die ihr nicht gehörten. Dies stritt sie allerdings vehement ab, selbst wenn sie dabei beobachtet wurde.

Innerhalb der Kindergruppe wirkte sie wie abgeschaltet, leblos und abwesend. Nur im Einzelkontakt war sie überhaupt zu irgendeiner Reaktion oder Handlung zu bewegen. Wurde der Einzelbezug unterbrochen, blieb sie einfach bewegungslos stehen und starrte vor sich hin.

☆

Ihr dramatischer Rückfall erschreckte uns zutiefst – und er machte uns sehr zornig. Trotz unserer Befürchtungen und Sorgen gelang es uns zum damaligen Zeitpunkt nicht, Tina vor dieser schmerzhaften, ja gar bedrohlichen Konfrontation zu schützen. Wir fühlten uns wie Verräter, denn wir hatten ihr ja Schutz und Sicherheit versprochen, unser Versprechen aber nicht halten können.

„Dein kleines Leben"

Halb elf – und du kannst wieder mal nicht schlafen.
Zu groß sind die Gedanken für deinen kleinen Kopf,
verirren sich, wie Schiffe ohne Hafen,
im Ozean der Stille, wo nur dein Herz noch klopft.

Du weißt, dass der Mond am Himmel steht,
die Erde sich um die Sonne dreht,
und allen Sternen wurde ihre Bahn gegeben.
Wer immer sich all das ausgedacht,
er wird es behüten Tag und Nacht,
und auch sein größtes Wunderwerk,
dein kleines Leben.

Aus Angst, du könntest morgen nicht erwachen,
hältst du die Augen offen, bis dich der Schlaf besiegt,
und jeder, der es wagt, dich auszulachen,
hat nie den Stein gespürt, der jetzt auf deinem Herzen liegt.

Du weißt, dass der Mond am Himmel steht,
die Erde sich um die Sonne dreht,
und allen Sternen wurde ihre Bahn gegeben.
Wer immer sich all das ausgedacht,
er wird es behüten Tag und Nacht,
und auch sein größtes Wunderwerk,
dein kleines Leben.

Wer weiß, wozu es gut ist, wachzuliegen
und nur auf das zu hören, was in dir selber klingt,
um dann mit deinen Träumen fortzufliegen,
in einen neuen Morgen, der auch diese dunkle Nacht bezwingt.[12]

[12] Rolf Zuckowski: Dein kleines Leben. In: Meine Lieder – meine Freunde.
   Texte, Begegnungen, Erinnerungen 1974-1994. Hamburg 1994

Aus aktuellen Forschungsergebnissen der Neuropsychologie und Traumapädagogik wissen wir heute, wie langfristig und nachhaltig sich Kindheitstraumata auswirken:

„Wenn die Organisation des Gehirns dessen Erfahrungen widerspiegelt, und wenn die Erfahrungen eines traumatisierten Kindes aus Angst und Stress bestehen, dann werden die neurochemischen Antworten auf Angst und Stress zu den wichtigsten Baumeistern des Gehirns. Wenn man immer wieder die Erfahrung macht, überwältigt zu werden, verändert dies die Struktur des Gehirns."[13]

„Der Körper hat sein eigenes Gedächtnis, woran auch eine noch so nette und fachlich kompetente Begleitung von Besuchskontakten nichts ändert und ändern kann. Zum Zeitpunkt der Pubertät, wenn die Kinder sich mit ihrer Herkunftsfamilie auseinandersetzen wollen und müssen, und wenn sie Kontakt zu ihrer Ursprungsfamilie wollen, sollte er ihnen ermöglicht werden. Bis dahin aber sollte ihnen die Chance gegeben werden, ein Stück ihrer Kindheit in der Ruhe verbringen zu dürfen, die nötig ist, den Teufelskreis zwischen Stresserleben und dem organisierten Stress im Gehirn eventuell durchbrechen zu können."[14]

Gerade die seelisch verletzten Kinder, die hier bei uns leben, haben ein Recht auf Schutz, Sicherheit, Stabilität, Respekt, Kontinuität, Identität, positive emotionale Bindungen und die Entwicklung einer gesunden Lebensperspektive! Sie haben das Recht, sich in einem sicheren Haus, in ein sicheres Bett zu legen und zu wissen, sie werden behütet.

[13] Susanne Lambeck: Was ist los im Kopf des Kindes beim Besuchskontakt? In: Paten. Heft 1/1999
[14] Ebenda

Jeder ist mitverantwortlich
für das, was geschieht, und für
das, was unterbleibt. Und jeder
von uns und euch – auch und
gerade von euch – muß es
spüren, wann die Mitverant-
wortung neben ihn tritt und
schweigend wartet. Wartet,
daß er handle, helfe, spreche,
sich weigere oder empöre, je
nachdem. Fühlt er es nicht, so
muß er's fühlen lernen, beim
einzelnen liegt die große Ent-
scheidung.
Aber wie kann man es lernen?
Steht man nicht mit seinem
Bündel Verantwortung wie in
einem Wald bei Nacht? Ohne
Licht und Weg, ohne Laterne,
Uhr und Kompaß?[15]

[15] Erich Kästner: Die vier archimedischen Punkte. Kleine Neujahrs-Ansprache
vor jungen Leuten. In: Die kleine Freiheit. Chansons und Prosa 1949-1952.
Atrium Verlag 1952. S. 135-138

3. Was braucht dieses Kind?

In unserer Betrachtung steht immer der einzelne kleine Mensch, das einzelne verletzte oder vernachlässigte Wesen. Dieses Kind und unsere anderen Kinder brauchen schlicht genau das gleiche oder nichts anderes als andere Kinder auch. Nur müssen unsere Kinder vieles neu erlernen, vieles neu erspüren und vieles neu erfahren, weil ihr Leben zuvor in schwierigen Bahnen verlief. Sie erfuhren viel Leid, waren auf sich selbst gestellt, ohne Hilfe oder Führung an ihrer Seite.

Hier bei uns im Erich Kästner Kinderdorf fängt ein neues Leben an. Manchmal erleben sie zum ersten Mal, was Verlässlichkeit, Mut und Erfolgserlebnisse bedeuten. Manchmal erleben sie zum ersten Mal eine tägliche Mahlzeit zur gleichen Zeit. Sie erleben, was Wärme und Zuwendung sind. Es sind lebenswichtige Bereiche, die unseren Kindern oft abhanden gekommen sind. Es sind Gefühle, die sie immer wieder verwirren. Es sind Ängste, die sie immer wieder leben.

Sie brauchen Vertrauen und viel Zeit.

Wenn unsere Kinder die stetige Erfahrung machen und verinnerlichen können, diesem Menschen kannst du vertrauen, sind sie irgendwann bereit, sich darauf zu verlassen. Und sie prüfen uns oft! Und sie prüfen uns immer wieder! Das Vertrauen eines seelisch verletzten Kindes in das Leben und die Welt wächst nur langsam wieder neu. Zu tief die Enttäuschung, zu tief die Resignation, zu tief die Verzweiflung und das Gefühl ausgeliefert, hilflos und ohnmächtig zu sein. Zu tief das Gefühl der Wertlosigkeit, des Nicht-Geliebten, des Nicht-Beachteten. Das ertragene und erlebte Leid und die Angst bestimmen das Sein unserer Kinder. Unsere Zusicherung, dass nun ein neues hoffnungsvolleres Leben beginnt, muss vom Kind tausendmal hinterfragt und überprüft werden, bis die zarten Wurzeln neuer Hoffnung und Lebensmut tragfähig werden.

Sie brauchen Mut und Neugier, um neue Erfahrungen zuzulassen.

Wir können beobachten, dass es besonders häufig an Körperwahrnehmung und Gleichgewichtssinn mangelt. Manche Kinder haben große motorische Defizite. Unsere Kinder werden von uns unterstützt, viel draußen zu spielen und zu toben, die Umwelt zu erforschen und miteinander Abenteuer zu bestehen.

☆

Es war der letzte Tag der Pfingstferien. Ich hatte für meine Kinder einen Karton mit blauem Wassereis mitgenommen. Kurz vor der Abreise bat ich Tanja, noch einige von diesen Tüten in das Gefrierfach meines Wohnwagens zu legen. Ich wollte damit den Kindern am letzten Abend vor der Abreise eine kleine Freude machen.

Am Tag darauf ging ich, als wir mit dem Abendessen fertig wa-

ren, an mein Gefrierfach und fiel vor Schreck fast um. Das ganze Gefrierfach war voll mit blauem Wassereis. Die Kinder freuten sich natürlich darüber. Ich bat meine „Großen", das Eis gerecht zu verteilen.

Wir saßen noch einige Zeit beieinander, bis ich mich dann mit den Kleinen in meinen Wohnwagen zurückzog. Ich erzählte ihnen noch Geschichten, machte meinen Kontrollgang und legte mich dann selbst zur Ruhe.

Plötzlich hörte ich leises Getrappel. „Da schafft es mal wieder einer nicht zur Toilette und geht stattdessen sein Geschäft ins Meer entledigen", dachte ich und beschloss, weiterzuschlafen. Das ging aber nicht, also nahm ich mein Buch zur Hand und begann zu lesen.

Das Getrappel wiederholte sich, dazu hörte ich ein Flüstern.

Während ich beschloss nachzuschauen, was los ist, hörte ich leises Rufen: „Gunda, bist du wach?" Ich verließ leise den Wohnwagen, nahm meine Taschenlampe und ging zu einer aufgeregten kleinen Gruppe. „Gunda, ich glaube, ich habe zu viel Wassereis gegessen. Zugegeben, ich habe nicht richtig geteilt!" „Ich auch!", sagte Torben. „Wieso, habt ihr Bauchweh?" „Schlimmer, unser Pipi ist leuchtend blau!"

Es war eine helle Vollmondnacht. Ich zog mir Badesachen an und ging mit meinen Kandidaten ins Meer. Das Wasser leuchtete bei jeder Bewegung, die wir machten, in herrlicher blauer Farbe. Es ist „Silbernes Meeresleuchten", erklärte ich meinen Kindern und es ist wunderschön und selten zu beobachten.

☆

Als „Silbernes Meeresleuchten" werden Lichter, die durch Kleinlebewesen hervorgerufen werden, im Meer bezeichnet. Das Meer schillert bei Bewegung oder Berührung blau bis grün und leuchtet. Dieses Phänomen tritt vor allem bei Vollmond auf.

☆

Es sah wirklich wunderschön aus. Die Luftblasen im Wasser sahen aus wie kleine silberne Perlen. Das Meer hatte sich von uns verabschiedet.

☆

„Erinnerungen an schönere Zeiten sind kostbar wie alte goldene Münzen. Erinnerungen sind der einzige Besitz, den uns niemand stehlen kann und der, wenn wir sonst alles verloren haben, nicht mitverbrannt ist."[16]

Eigene Erfahrung und eigene Eindrücke sind wichtige Begleiter, um ihnen Orientierung zu geben. Lassen sie sich mit Mut und Neugier auf neue Erfahrungen ein, so ist ein wichtiger Grund-

---

[16] Erich Kästner: Der tägliche Kram – Chansons und Prosa 1945-1948.
In: Wir sind so frei. Carl Hanser Verlag 1998. S. 21

stein schon gelegt. Trotzdem sind unsere Kinder länger auf Hilfe und Schutz angewiesen.

Schwierig für ein Kind ist die Erkenntnis, dass ein gleichaltriges Kind schon weiter in der Entwicklung ist und mehr kann. Ein Kind, das drei Jahre seines Lebens im Laufstall meist unbeachtet und unversorgt verbracht hat, wird nicht so schnell sein in seiner Entwicklung wie ein Kind, dass eine umsorgte und behütete Kindheit hatte.

An dieser Stelle ist es wichtig, Verlässlichkeiten zu entwickeln. Ich denke an ein Kind, dass mit dem Fahrrad stürzt. Es braucht die Erfahrung, wenn ich zu Gunda gehe, dann geht es mir besser. Sie hilft mit einem Pflaster und sie weiß, was sonst noch zu machen ist.

„Mut beweist man nicht mit der Faust allein, man braucht den Kopf dazu."[17]

Sie brauchen Anerkennung und Wertschätzung.

Unsere Kinder bringen ihre Leistungen oft unter schwierigen Ausgangssituationen. Ich habe schon von den Nächten geschrieben, in denen unsere Kinder eben nicht den nötigen Schlaf bekommen und doch ist es für sie wichtig, am nächsten Tag in die Schule zu gehen und dort „ihren Mann" zu stehen. Es hilft ihnen nicht, sie zu ermutigen, zu Hause zu bleiben. Sie wollen Normalität, die Nächte und ihre Albträume sind schon schlimm genug! Sie brauchen die Anerkennung ihrer selbst, sie brauchen Wertschätzung für jeden Schritt, den sie wagen, für jede Leistung, die sie zeigen, für jeden erfolgreichen Lösungsversuch, den sie schaffen. Sie haben immer wieder die Angst, nicht geliebt zu werden und nicht genug zu sein. Wir müssen immer wieder erleb- und spürbar machen, dass wir sie mögen und achten.

---

[17] Erich Kästner: Pünktchen und Anton. Atrium Verlag 1985. S. 151

49

Sie brauchen Inseln des Vertrauens.

Viele unserer Kinder haben Chaos in sich, wenn sie zu uns kommen. Alles ist schwierig: die neue Umgebung, unser Haus, ihr neues Zimmer. Auch die Kinder, die schon länger bei uns sind, überlegen sich, wie sie dem neuen Kind helfen können. Sie helfen mit bei der Gestaltung des neuen Zimmers, sie geben oft ein geliebtes Kuscheltier ab, um es dem Neuankömmling leichter zu machen. Sie erzählen, wie es ihnen bei uns geht und erleichtern damit die Ankunft.

Unser Tagesablauf ist sehr strukturiert. Ein Ablauf, an den sich das neue Kind sehr schnell gewöhnen kann. Denn: Er ist immer gleich! In gleicher Reihenfolge liegt auch die Kleidung auf dem Stuhl. Erst kommt der Pullover, dann die Hose, dann die Strümpfe, dann die Unterhose, dann das Unterhemd. So können sie jeden Morgen mit dem Unterhemd beginnen und sind schon einmal ein wenig gewärmt. Wir kommen berechenbar jeden Morgen in ihr Zimmer, wir lesen jeden Abend vor und wir sagen auch den Großen jeden Abend in ihren Zimmern gute Nacht.

Alle Kinder wissen, dass ich jede Nacht Runden drehe und nach dem Rechten sehe. Und wenn wir etwas vorhaben, dann sagen wir ihnen das Tage zuvor, damit sie sich einrichten können. Wenn wir in die Ferien mit ihnen fahren, dann steht lange vorher fest, wer mit welchem Auto mitfährt. Es klingt so klein und fast schon unwichtig, aber es sind die berechenbaren Strukturen und Rituale, die ihnen Halt und Orientierung, einen Kokon aus Verlässlichkeit, geben. Das Leben besteht für jeden Menschen aus Strukturen und Ritualen. Am Morgen ist es hell, das bedeutet aufstehen und den Tag beginnen. Am Abend ist es dunkel, das bedeutet schlafen gehen. Selbst diese einfache Struktur durften manche Kinder nicht erleben, ihr Schlaf- und Wachrhythmus ist gestört.

✭

Ein Junge macht nach dem Abendritual „Geschichte, Gute Nacht sagen, Kopf strubbeln, richtig zudecken und Licht ausmachen" wieder das Licht an, bleibt aber ruhig im Bett liegen. Hat er Angst vor Dunkelheit? Viele Wochen später gibt er sein „Geheimnis" preis: „Wenn das Licht brennt, kommt Verena immer noch einmal und schaut nach mir!"

☆

In unseren anderen Häusern ist es ebenso berechenbar. In einem Haus backt die „Oma" jeden Samstag Kuchen und lädt alle Kinderdorfkinder zum Kaffee ein, in einem anderen Haus repariert der „Opa" alle Fahrräder immer und immer wieder und in einem anderen bringen die Omas und Opas Gemüse und Obst aus dem Garten mit und vor allem herrliche selbst gemachte Marmelade.

Und doch gibt es für unsere Kinder immer wieder eine Station, an der sie das Berechenbare verlieren oder ihm nicht vertrauen.

☆

Bei Oliver erlebten wir sogar Panik. In seinem Leben gibt es Sicherheiten durch verschiedene Menschen. Er hat erst nur mich akzeptiert, dann irgendwann eine zweite Person, dann konnten wir den Kreis um zwei weitere Vertraute erweitern. Einer von uns Vieren ist immer um ihn herum und das gibt ihm Schutz und Sicherheit und Vertrauen. An diesem Nachmittag, wir hatten im KästnerHof eine kulturelle Veranstaltung, ergab es sich, dass wir alle dort beschäftigt waren. Wir hatten vorher mit Oliver verabredet, wann wir gehen, wann wir wiederkommen und wer bei ihm in der Steinmühle bleibt. Als wir fortgehen wollten, erlebten wir, wie Oliver erstarrte, sich wie ein Embryo zusammenfaltete und nicht mehr ansprechbar war.

☆

Sie brauchen Grenzen.

Grenzen sind für unsere Kinder Vertrautheiten, Verlässlichkeiten. Es sind Seile, an denen sie entlanggehen können. Es ist die Schutzzone, die ihnen Sicherheit gibt. Grenzen spüren sie und damit geben sie ihnen Halt. Manche Grenze wird schon sichtbar im Bau der Kinderdorfhäuser und in der Anlage der Kinderdorfgärten. Schutz- und Trutzburgen, mit Toren und Öffnungen nach außen. Natürlich rütteln sie manchmal ganz gewaltig an diesen Grenzen und wollen ihren Radius mächtig erweitern, aber auch das sind wichtige Entwicklungsschritte.

Sie brauchen eine stabile Gemeinschaft um sich.

Jedes unserer Kinder braucht einen Menschen, der fest und unabänderlich zu ihm hält. Außerdem ist es wichtig, auch Teil einer größeren Gemeinschaft zu sein. Eine größere Gemeinschaft und eine erweiterte Familie für unsere Kinder sind auch meine Verwandten und meine Freunde, ebenso ist es bei anderen Mitarbeitern. Meine Schwiegermutter strickte zu Weihnachten für die Jüngsten in unserem Haus warme Pullover und immer war etwas Süßes noch dabei. So ein Päckchen von der „Oma" zu bekommen, ist für alle Kinder ganz schön wichtig. Im Umgang mit unserem Umfeld und unseren Freunden lernen die Kinder, dass es auch andere Ideen, andere Auffassungen und andere Sichtweisen gibt.

Früher konnten wir oft erleben, dass Jugendamtsmitarbeiter in die Rolle von entfernten Verwandten oder Freunden für die Kinder geschlüpft sind. An Geburtstagen und an Weihnachten gab es Post und manchmal ein Spiel oder ein Buch. So erlebten die Kinder eine Beziehung außerhalb des Heimes, die sie mitgetragen hat.

☆

Bernhard kam aus einem anderen Heim zu uns. Die Erzieher der dortigen Gruppe hatten erklärt, dass sie nicht mehr mit ihm fertig werden. Er sei aggressiv, zerstöre alles, was ihm in die Hände falle, schlage andere Kinder, zündele, stehle – kurz, er sei nicht mehr tragbar für die Gruppe. Zu den getrennt lebenden Eltern gäbe es keinen Kontakt. Besonders der Vater lehne Bernhard völlig ab. Der Junge schlug trotz dieser Belastungen einen guten Weg bei uns ein. Er war beliebt. Die schulischen Leistungen verbesserten sich derart, dass er die „Mittlere Reife" ablegen konnte. Eine Lehrstelle rundete das erfolgreiche Bild ab.

Eines Tages meldete sich der Vater bei Bernhard. Auf die Frage von Bernhard, weshalb er sich nicht früher gemeldet habe, erklärte der Vater, das habe ihm der Mitarbeiter des zuständigen Jugendamtes verboten. Aber er hätte ihm ja trotzdem jeden Monat einen Brief geschrieben, um mit seinem Sohn Kontakt zu halten. Außerdem habe er ihm jeden Monat Geld geschickt. Aber, die Briefe und das Geld seien wohl nie an Bernhard ausgehändigt worden, so meinte der Vater.

Bernhard war total entsetzt! Seine Welt brach zusammen! Der Vater durfte ihn nicht besuchen? Er hatte geschrieben und

Bernhard hatte doch keine Post bekommen? War er angelogen worden? Was war nur los? Wem sollte er jetzt glauben? Glücklicherweise traf er die Entscheidung, den vertrauten Mitarbeiter seines Jugendamtes anzurufen.

Und der Vater? Er hatte weder Briefe noch Geld an Bernhard geschickt, das Jugendamt hatte nie ein Besuchsverbot erteilt. Der Vater hat sich danach nie wieder gemeldet!

☆

Übrigens, das Vertrauen, das Bernhard durch die Vermittlung des Jugendamtsmitarbeiters wieder in uns und unsere Handlungen erlangen konnte, es wirkt weiter. Bernhard besucht uns immer wieder. Längst hat er eine eigene Familie. Die Bindung an seine Kinderdorffamilie wurde im Laufe der Zeit zwar schwächer, aber sie ist nie ganz abgebrochen. An allen wichtigen Stationen seines Lebens lässt er uns bis heute teilhaben. Vor allem dann, wenn bei uns größere Vorhaben zu bewältigen sind, hat er uns stets zur Seite gestanden.

Geben und Nehmen: Wenn Bernhard Sorgen hatte, kam er zu uns und wir sprachen über seine Schwierigkeiten und manchmal waren sie dann schon etwas weniger.

Leider sind die Beziehungen unserer Kinder zu „ihrem" Jugendamt und einem vertrauten Mitarbeiter jetzt meist nicht mehr so stabil, denn mit der Einführung des Kinder- und Jugendhilfegesetzes am 1. Januar 1991 ändert sich die Zuständigkeit des Jugendamtes mit jedem Umzug der Eltern. Und manche Eltern ziehen oft um! Und bei Jugendämtern wird umstrukturiert! Und so müssen die Kinder ohne Bindung und Hoffnung auch hier immer wieder Abschied nehmen und die Vertrautheit zu ihrem Jugendamtsmitarbeiter, als eine wichtige Instanz außerhalb eines Heimes, ist nicht mehr vorhanden.

Viele der Kinder, die in der Jugendhilfe untergebracht sind, ha-

54

ben traumatische Erlebnisse in ihrer Kindheit erlitten. Sie sind sehr oft Opfer von Gewalt gewesen oder mussten Gewalt zwischen den Eltern oder entsprechenden Partnern miterleben. Sie erlebten Eltern, die die natürliche Elternschaft nicht leben können, besonders Mütter, die der Mutterrolle nicht gerecht werden können. Es ist eine wichtige Aufgabe aller Träger der Jugendhilfe mit aller Kraft an diesen Belastungen zu arbeiten und Sorge dafür zu tragen, dass die Narben gemildert werden.

Daher an dieser Stelle ein Dank an die Mitarbeiter vieler Jugendämter, die mehr als ihre Pflicht tun und die hinter den Kindern stehen und ihnen helfen.

☆

Unvergessen ist bei mir die Aufnahme eines fünfjährigen Mädchens. Unsere Kinder hatten in der Vorbereitung das Zimmer für dieses Kind schön eingerichtet. Kuscheltiere und Puppen der anderen Kinder hatten den Weg auf das Bett des Mädchens gefunden. Der Aufnahmetag verlief freundlich und ohne Probleme. Die Kinder gingen aufeinander zu und das Mädchen schien gleich bei uns zu Hause zu sein. Doch dann kam der Abend. Erst suchte das Kind, dann begann es zu weinen, es konnte nicht getröstet werden. Irgendwann begriffen wir, dass es ein Bär war, den das Kind vermisste. Wir riefen den Mitarbeiter des entsprechenden Jugendamtes an. Zwei Stunden später und viele Tränen mehr, stand er vor der Tür und hatte den geliebten Bären mitgebracht.

☆

Aber schon die Tatsache, dass seit 1991 die Mitarbeiter der Jugendämter wechseln und wieder eine neue fremde Situation entsteht, die sie nicht einschätzen können, fällt den Kindern schwer. Die neuen Fremden sind ihnen nicht vertraut und dann sollen sie noch mit ihnen über ihre Probleme reden! Das bereitet ihnen Schmerzen. Einige Kinder konnten kein Vertrauen in ihrem Leben aufbauen, ihnen ist das Hilfeplangespräch nicht Hilfe und Stütze, sondern es bereitet Ängste. Manche Kinder und hier besonders unsere Jugendlichen möchten einem Fremden nicht ihr Inneres offenbaren und betrachten Hilfeplangespräche mit ständig wechselndem Mitarbeiter nicht als hilfreich. Es gehen nicht immer alle Aktenteile an die nächste Behörde. So kommt es zu Fehleinschätzungen. Manchmal werden durch dieses Fremdsein in einem Gespräch Emotionen in dem Kind oder Jugendlichen hervorgerufen, die Rückfälle auslösen und zu neuen, alten Problemen führen.

Ich wünsche mir an dieser Stelle eine kooperative Zusammenarbeit unter Fachleuten, die kompetent und feinfühlig die Belange unserer Kinder zum „Kindeswohl" vertreten.

Ein indianisches Sprichwort sagt: „Um einen Menschen zu verstehen, muss man drei Monde in seinen Mokassins gegangen sein", um ein Gefühl dafür zu bekommen, wo der Schuh drückt. So wünsche ich mir Menschen, die die Mokassins des Kindes in Not zumindest innerlich anziehen und dann vielleicht verstehen können, wie groß diese innere Not manchmal sein kann: Es gibt die Nächte, die dunklen Stunden, es gibt die bösen Träume und es gibt die unsichtbaren Narben.

Was will das Herz?
Man denkt: wenn es das wüßte,
dann wär es laut, damit man
es versteht.
Dann riefe es, bis man ihm
folgen müßte!
Was will das Herz, daß es so
leise geht?[18]

[18] Erich Kästner: Er weiß nicht, ob er sie liebt. In: Ein Mann gibt Auskunft.
      In: Kästner für Erwachsene. Atrium Verlag 1983. S. 180

4. Wie viel Berührung kann dieses Kind aushalten?

Warum haben unsere Mädchen und Jungen so Probleme mit Körperkontakt? Sie sehnen sich nach Kuscheln, nach einem Menschen, nach Zärtlichkeiten und zucken doch zurück als ob sie sich verbrannt hätten.

Die Haut eines Babys zart zu berühren und den Duft des Kindes einzuatmen, ist eine innige Erfahrung für eine Mutter, eine innige und sehr intime. Die Kinder hören den Herzschlag der Mutter und spüren, wie sie „be-rührt" werden. Diese Berührung ist ein grundlegendes Bedürfnis für uns Menschen. Es ist sehr schwer zu verstehen, dass schon hier in diesem frühen Alter die Schwierigkeiten für unsere Kinder anfangen, sie abgelehnt, misshandelt, nicht versorgt werden und ungeliebt aufwachsen. Sie sind wie ein Baum, dessen Wurzeln keine Nahrung bekommt.

Geben und Empfangen von Berührung ist nach schmerzhaften Erfahrungen sehr schwer zuzulassen. Wir wissen darum, aber

wir kennen auch ihre Sehnsucht nach Nähe. Unsere Antwort ist das spielerische Berühren. Manchmal, wenn die Hand eines Kindes in meiner Nähe liegt, dann nehme ich meinen kleinen Finger und stupse ein wenig diese Hand an. „Hallo, bist du da?" Manchmal antwortet das Kind und eine kleine Stupsschlacht geht los. Oder ich nehme eine kleine Feder, toll ist es, wenn ich sie gemeinsam mit dem Kind gefunden haben, berühre zart und weich den Arm oder ich nehme ein Matchboxauto und fahre am Bein entlang. Was kann das Kind zulassen? Wann bekommt es Angst vor der ungewohnten Handlung?

„Berührt, gestreichelt und massiert werden, das ist Nahrung für das Kind. Nahrung, die genauso wichtig ist wie Mineralien, Vitamine und Proteine. Nahrung, die Liebe ist. Wenn ein Kind sie entbehren muss, will es lieber sterben. Und nicht selten stirbt es wirklich."[19]

Ich darf in dieser Zeit keine Angst zeigen, wenn ein Kind traurig wird und weint oder wenn es sein Leid herauswürgt. Dabei erinnern mich die Tränen eines Kindes und seine Verlassenheit an meine eigene Traurigkeit und meine eigene Verlassenheit und meine eigene Not nach dem Tod meiner Mutter in meiner Kindheit. Da drehe ich mich manchmal um und gehe weg und wünsche mir, dass ich noch rauchen würde. Jetzt täte eine Zigarette zur Beruhigung gut. Ich muss trotz alledem in dieser Zeit handlungsfähig bleiben, egal, wie mir zumute ist, und das ist manchmal ganz schön schwer. Wann schafft es dieses Kind, dass ich ihm nach dem Baden die Haare trocken rubbeln, dass ich es eincremen kann?

„Unsere Hände übertreffen oft unser Wissen, mit ihnen sehen wir einfach besser." Professor Wolfgang Mahlke hat während meiner heilpädagogischen Ausbildung diesen Satz erklärt. Manchmal muss man den Kopf abschalten. Denn wenn ich meine Kinder mit dem Herzen betrachte, weiß ich, wann ich strei-

[19] Frédérick Leboyer: Sanfte Hände. Kösel Verlag München 2007. S. 19

cheln darf. Doch manchmal bin ich zu ungeduldig und meine, dass ich schon viel weiter sein müsste. Dann erschrecke ich ein Kind. Dabei ist es ein Urbedürfnis der Kinder achtsam und liebevoll berührt und gestreichelt zu werden, nur es braucht seine Zeit und es braucht seinen Raum.

„Lotte schluchzt vor sich hin. Plötzlich streicht eine kleine, fremde Hand unbeholfen über ihr Haar! Lottchen wird stocksteif vor Schreck. Vor Schreck? Luises Hand streichelt schüchtern weiter. Der Mond schaut durchs große Schlafsaalfenster und staunt nicht schlecht: Da liegen zwei kleine Mädchen nebeneinander, die einander nicht anzusehen wagen, und die eine, die eben noch weinte, tastet jetzt mit ihrer Hand ganz langsam nach der streichelnden Hand der anderen. ‚Na gut‘, denkt der alte, silberne Mond. ‚Da kann ich ja beruhigt untergehen!‘ Und das tut er denn auch.“[20]

[20] Erich Kästner: Das doppelte Lottchen. Atrium Verlag 1949. S. 21

*Wo sind die Tage, die so
traurig waren und deren
Traurigkeit uns so bezwang?*[21]

[21] Erich Kästner: Prima Wetter. In: Ein Mann gibt Auskunft. In: Kästner für
Erwachsene. Atrium Verlag 1983. S. 175

5. Wie viel Beziehung kann dieses Kind zulassen?

Mangelndes Vertrauen sorgt bei Kindern dafür, dass der Aufbau einer gesunden Beziehung sehr lange dauert. Sie sind misstrauisch und abweisend.

☆

Es ist ein herrlicher Sommertag. Alle Kinder spielen draußen auf der Wiese. Nur ein Junge steht hinter einem Baum und schaut dem Geschehen zu. Er wirkt hilflos, ohnmächtig, frustriert, einfach klein. Nie hat er gelernt, wie Spielen geht. Nie hat er erlebt, was Gemeinschaft ist.

Sein Überleben war bestimmt von der Notwendigkeit auf sich aufmerksam zu machen. Wie macht er auf sich aufmerksam? Nun, er hat Mittel und Wege gefunden, doch die sind für seine Umwelt nur schwer aushaltbar. Er streitet und wird ausfällig oder er weint. Er bricht oder er kotet oder nässt ein. Er schlägt seinen Kopf gegen die Wand. Er schubst andere Kinder weg. Er versteckt sich. Er starrt leer vor sich hin. Er stiehlt. Er trinkt alles aus, was er erreichen kann. Er verweigert Nahrung. Er bettelt bei fremden Menschen und Besuchern. Er verletzt sich selbst und beschuldigt andere. Er ist völlig distanzlos, zu jedem nett und zu jedem böse. Er bringt sich selbst, aber auch andere oft in Gefahr. Er zeigt keinerlei Schmerzempfinden.

Wenn wir seine bizarren Verhaltensweisen nur verstehen würden! Warum muss er so stinken, so wüten, so schreien – worum geht es ihm? Es herrscht Unklarheit darüber, was wirklich in seiner Ursprungsfamilie passiert ist.

☆

Es ist unendlich schwer, den Geruch auszuhalten, den der Junge verbreitet. Die Wasserkosten im Kinderfamilienhaus sind um das Doppelte gestiegen. Die Wäsche muss mindestens zweimal gewaschen werden, damit sie den Geruch verliert. Er wird morgens und abends geduscht. Seine Bettwäsche wird täglich gewechselt. Er macht es uns allen schwer, positive Beziehung anzubieten und durchzutragen. Wir haben manchmal sogar das Gefühl, dass liebevolle Beachtung und Zuwendung ihn so erschrecken, dass er erst recht anfängt mit seinen originellen Verhaltensweisen.

Erst wenn dieser Junge erleben wird, dass er bei uns geschützt und sicher ist und dass wir ihn sehen und achten und lieben, auch wenn er uns nicht durch spektakuläre Verhaltensweisen auffällt, erst dann kann er sich auf eine tragfähige, stabilisierende Beziehung einlassen. Erst dann hat er die Chance, aus der heraus er sich weiterentwickeln kann. Er muss über sehr, sehr lange Zeit spüren und erfahren, dass unser Beziehungsangebot ernst und echt gemeint ist. Er muss gesunde Beziehungserfahrungen machen und verinnerlichen, um seine „verdrehten" Ideen lassen zu können.

Dieser Drahtseilakt ist auch für uns nicht immer leicht, um wie viel schwerer mag er für so ein Kind sein?

Indes sie forschten,
röntgten, filmten, funkten,
entstand von selbst die
köstlichste Erfindung:
der Umweg als die kürzeste
Verbindung zwischen zwei
Punkten.[22]

[22] Erich Kästner: Ganz nebenbei. In: Kurz und Bündig. Epigramme. Atrium
Verlag 1950. S. 16

6. Wie können wir dieses Kind be-greifen?

Diagnostik ist für uns ein Weg, Informationen zu erhalten, die uns helfen, das Kind in seiner besonderen Lebenssituation zu verstehen. Die Ergebnisse beeinflussen uns bei unserer Entscheidung über Aufgaben und Methoden. Unser Ziel ist es, die Situation des Kindes dauerhaft zu verbessern.

„Die höchste Form menschlicher Intelligenz ist die Fähigkeit zu beobachten, ohne zu bewerten."[23]

Von so hoher Intelligenz möchten wir zwar sein, aber sind wir es immer? Trotzdem beobachten wir sorgfältig das Verhalten unserer Kinder und geben uns Mühe, Bewertungen herauszulassen. Das gelingt uns vor allem mit den Mitteln eines Beobachtungsplanes, in dem festgelegt ist, welche Aufgaben der Beobachter unter welcher Prämisse zu erledigen hat. Immer auch beobachten mehrere Mitarbeiter das Kind. In der Fallbesprechung mit unserem Diplom-Psychologen werten wir dann unsere Beobachtungen und Erfahrungen gemeinsam aus, um das Erleben und Verhalten unserer Kinder besser zu verstehen. Wir wollen dadurch ihre ganz individuellen Entwicklungsmöglichkeiten, ihre Stärken und ihre Schwächen herausfiltern.

Ausgewählte Testverfahren helfen uns, über die reine Beobachtung der Kinder hinweg, differenzierte Kenntnisse über den individuellen Hilfebedarf des jeweiligen Kindes zu erlangen. Sie helfen uns besonders, die Thesen, die wir durch das Kennenlernen der Kinder und ihrer Geschichte entwickelt haben, zu bestätigen oder auch zu widerlegen und zeigen uns Handlungswege auf, wie wir mit den Kindern arbeiten können und müssen.

Die heilpädagogische Diagnostik ist also ein wichtiger Weg für uns, möglichst viele bedeutsame Informationen zu sammeln

---

[23] Nach Jiddu Krishnamurti, indischer Philosoph

und zu einem ganzheitlichen Bild zu verknüpfen. Wichtig ist es dabei, die Besonderheiten unserer Kinder und Jugendlichen zu beachten und Kenntnisse über den „normalen" Entwicklungsstand zu haben.

In bestimmten Abständen wiederholen wir Testungen und überprüfen damit, ob wir uns auf dem richtigen Weg befinden. Wir können so im Bedarfsfall korrigierend eingreifen und unsere Handlungsweise immer wieder abstimmen.

Einmal im Monat kommt ein Kinder- und Jugendpsychiater zu uns. Er berät uns, begleitet die Kinder, er untersucht und beobachtet sie in ihrem vertrauten Umfeld.

Um den Gesundheitszustand unserer Kinder und Jugendlichen beurteilen zu können, arbeiten wir eng mit Ärzten und Fachärzten zusammen. Ein äußerst vielseitiges Geschehen ist zum Beispiel das Bettnässen. Hier muss immer erst nach einer körperlichen Ursache geforscht werden. Erst wenn die organische

Fragestellung ohne Befund bleibt, kann von einer seelischen Problematik ausgegangen werden. Schulische Schwierigkeiten korrelieren oft mit Hörproblemen oder schlechten Augen. Ein Kind, das im Schulzimmer unruhig auf- und abläuft, kann Probleme mit dem Schließmuskel haben, weil es sexuellen Übergriffen ausgesetzt war.

Für unsere Kinder ist es wesentlich, zu den Ärzten Vertrauen aufzubauen. Je misstrauischer ein Kind ist und je mehr es erdulden musste, desto schwieriger ist es oft, dass diese Kinder Auskunft über sich geben oder sich gar untersuchen lassen. Deshalb achten wir sehr darauf, dass die Kinder Vertrauen zu uns entwickelt haben und dann mit dem Gefühl unseres Schutzes einen weiteren Schritt ihres Weges gehen können.

Ich habe eine Unmenge an „Gummibärchenfahrten" hinter mir. Die Aufgabe unseres Hausarztes besteht in der Zeit des Vertrauensaufbaus darin, Gummibärchen zu verteilen, kleine Autos oder kleine Figuren aussuchen zu lassen, um dann allmählich das Untersuchungszimmer zu zeigen, die Geräte vorzustellen, und endlich eines Tages darf er das Kind untersuchen. Wohlgemerkt, er darf es untersuchen, mehr noch nicht, bis zur ersten Blutabnahme ist es meist noch ein langer Weg.

Aber wir kennen auch das andere Extrem. Wir haben Kinder, die es großartig finden, zu einem Doktor zu gehen. Sie haben eine Unmenge an Wehwehchen und können darüber so klagen, dass ich in dem Gedanken: „Es könnte ja diesmal stimmen" umsonst die Zeit unseres Hausarztes und manchmal gar eines Arztes im Krankenhaus in Anspruch nehme.

Als Linus, der eine lange Krankheitsgeschichte erlebte und Ärzte und Pfleger über alles liebt, es eines Tages schaffte, in der Praxis eine Limonade von unserem Hausarzt geholt zu bekommen, da freute er sich und ich hatte rote Ohren. „Ich habe so einen Durst und ich habe schon so lange nichts getrunken!" Glücklicherweise kennt unser Hausarzt uns. Er ist ein Engel im Stillen. In der besonderen Situation um unsere Kinder können wir auch nachts und an Feiertagen mit ihm rechnen. Viele der Kinder würden zu einem fremden Menschen nicht gehen und sich vor allem nicht behandeln lassen.

Unser Hausarzt kennt auch unsere Lebensweise, die viel Sport und Bewegung für die psychomotorische Förderung enthält. Daher kann er die vielen kleinen Verletzungen, vor allem blaue Flecken an den Kinderdorfbeinen, gut einschätzen und mit einem Lächeln verarzten.

Weitere Therapeuten runden unsere Arbeit ab. Bei Sprachauffälligkeiten oder Sprachverweigerungen ist es die Logopädin. Beobachten wir Auffälligkeiten im Bereich der Bewegung und des Gleichgewichts, dann beziehen wir einen Physiotherapeuten mit ein. Die Ergotherapeuten kümmern sich um Feinmotorik und Koordination. Weitere Fachkräfte werden bei Bedarf eingeschaltet.

Mithilfe aller Fachkräfte entstehen konkrete Ziele für die Förderung von jedem einzelnen Kind und eine Hierarchie dieser Ziele, die im Verlauf immer wieder überprüft und gegebenenfalls angepasst werden.

„...und doch kommt es auf die 23 Stunden intensiver Beziehungsarbeit an."[24]   Dr. Peter Flosdorf während meiner Ausbildung

---

[24] vgl. A.E. Trieschman, J.K. Whittaker, L.K. Brendtro: Erziehung im therapeutischen Milieu. Ein Modell. Freiburg 1975
vgl. Peter Flosdorf: Heilpädagogische Beziehungsgestaltung. Freiburg im Breisgau 2009

Jeder Mensch gedenke immer seiner Kindheit! Das ist möglich. Denn er hat ein Gedächtnis. Die Kindheit ist das stille, reine Licht, das aus der eigenen Vergangenheit tröstlich in die Gegenwart und Zukunft hinüberleuchtet. Sich der Kindheit wahrhaft erinnern, das heißt: plötzlich und ohne langes Überlegen wieder wissen, was echt und falsch, was gut und böse ist. (...) Die Kindheit ist unser Leuchtturm.[25]

[25] Erich Kästner: Die vier archimedischen Punkte. Kleine Neujahrs-Ansprache vor jungen Leuten. In: Die kleine Freiheit. Chansons und Prosa 1949-1952. Atrium Verlag 1952. S. 135-138

7. Kinder brauchen eine Heimat

Dass ich einmal viele Kinder haben würde, stand für mich schon in früher Kindheit fest. Auf jeder Geburtstagsfeier sammelte ich die Kinder meiner Verwandtschaft und spielte mit ihnen oder las ihnen vor. Für die Verwandten war es zwar nicht immer leicht, ihre Kinder wiederzuerkennen – aber sie waren für Stunden unsichtbar. Ich bin in einer großen Familie aufgewachsen, trotzdem waren in meinem Alter keine weiteren Kinder, die mir als Spielgesellen zur Seite standen. Aber eines ist mir immer in Erinnerung geblieben: Ich war in meiner Familie nie allein. Stets stand mir jemand zur Verfügung und ging auf mich ein, wenn ich ihn brauchte. Schon der große Esstisch war ein Inbegriff von Zusammensein und Zusammengehören. Es war die heiße Suppe. Der Tee. Die Geschichte. Das Gespräch. Die liebevolle Hand. Das Sprichwort. Das Geburtstagsritual. Das Lachen. Die Nachbarn. Es waren die Kirschen und der Flieder. Es war die Pfeife des Großvaters. Für einander „da" sein, „Geben" und „Nehmen" war das Motto unserer Familie.

Auch für mich gab es schwierige Situationen und manchmal gab es Streit oder andere Ansichten. Auch ich habe Unfug gemacht und meine mich miterziehende Tante sagte nicht nur einmal zu mir: „Warte nur, wenn du eigene Kinder bekommst, ist bestimmt so ein Dickkopf dabei wie du!"

Ich danke meiner Familie von ganzem Herzen für ihre Liebe und Unterstützung. Ich danke für die Stunden des Lachens, die Tränen, die sie mir trockneten, die Hoffnung, die sie mir gaben, die Fähigkeit, Mut und Vertrauen zu entwickeln.

„Leben ist träumen, lachen und weinen,
Leben ist Zärtlichkeit und Gefühl.
Leben ist Lust und Leben ist Liebe,
Zeit für Musik und Zeit für ein Spiel.

Leben ist, miteinander zu reden,
Leben ist, aufeinander zu bau'n.
Leben ist, füreinander zu kämpfen,
Leben ist Hoffnung, Mut und Vertrau'n."[26]

Kinder brauchen eine Heimat, einen Ort, an dem sie sich wohl-fühlen und geborgen sind, der ihnen Schutz und Sicherheit gibt und an dem sie sich geliebt und verstanden fühlen. Wir wollen einen Gegenpol bilden zu dem Schweren, das den Kindern wi-derfahren ist. Unsere Kinder benötigen vor allen Dingen einen geschützten Rahmen, in dem sie sich entwickeln können. Ei-nen Ort, an dem sie begreifen, wie wertvoll sie sind. An diesem Ort gibt es Menschen, die die Kinder mit allen Mitteln und aller Stärke schützen, bis sie selber Stärke entwickelt haben. Es ist ihr Recht hinzufallen und wieder aufzustehen und wieder aus-zuprobieren. Sie haben Zeit zu wachsen. Sie haben Zeit zu leben, Zeit zu erleben. Zeit zu merken, hier bin ich wichtig. Hier fühle ich mich wohl, hier geht es mir gut.

Besonders im Sommer machen wir aus unserem Familienleben ein abenteuerliches Leben. Eigentlich beginnt es schon mit den ersten Sonnenstrahlen. Wir verlegen viele unserer gemein-samen Aktivitäten nach draußen.

Wir nehmen unsere Sommerküche in Besitz und vor allem freu-en wir uns auf den ersten Kakao, den wir in unserem Hof trin-ken. Die großen Leute mögen natürlich lieber Cappuccino. Wir veranstalten Picknicks, besuchen ein Museum, machen Wande-rungen, spielen Völkerball und Fangen. Das oberste Ziel: Freu-de haben, Lachen, ausgelassen sein. Es ist wunderschön, wenn unsere großen Kinder an lauschigen Sommerabenden von: „Weißt du noch" erzählen und dann spannende und fröhliche Geschichten aus dem Alltag des Kinderdorfes auftauchen.

[26] „Leben ist mehr" von Rolf Zuckowski

Eine solch „fröhliche Geschichte" möchte ich hier erzählen.

„Jeder Mensch erwerbe sich Humor! Das ist nicht unmöglich. Denn immer und überall ist es einigen gelungen. Der Humor rückt den Augenblick an die richtige Stelle. Er lehrt uns die wahre Größenordnung und die gültige Perspektive. Er macht die Welt zu einem kleinen Stern (...)."[27]

☆

[27] Erich Kästner: Die vier archimedischen Punkte. Kleine Neujahrs-Ansprache vor jungen Leuten. In: Die kleine Freiheit. Chansons und Prosa 1949-1952. Atrium Verlag 1952. S. 135-138

Als ich einmal sprachlos war – und ich kann sagen, das kommt nicht so oft vor. Ich glaube, ich habe den Mund auf- und zugemacht wie ein Fisch im Trockenen. Mir war zum Lachen zumute, aber irgendwie auch zum Wütend werden. Was war passiert?

Es war ein schöner Sommertag. Unsere Kinder spielten unter der Leitung von „Chef" Michael am See. Gerade hatte ich eine Riesenportion Brötchen zu ihnen gebracht und ich hörte, wie sie sich über ein Floß unterhielten. „Ich bin mal gespannt, was sie sich ausdenken", dachte ich so und beschloss, die obligatorische Bettwäsche, die wir jeden Tag haben, zu waschen.

Da es ein schöner Tag war, gingen Spaziergänger an der Steinmühle vorbei. Sie baten mich, ihnen die Kästner Bibliothek zu zeigen. Das machte ich gerne.

Dann kamen Peter und Andrea und riefen mir zu: „Kommst du unser Floß anschauen?" Toll, da war aus einer Palette, die wir im Hof hatten, eine Fahrgelegenheit geworden. Die Kinder setzten sich auf das Floß. Wahrhaftig, es schwamm! Michael strahlte mich stolz an. Es schien, als ob der ganze Kerl strahlte.

„Ihr seid einfach toll! Klasse habt ihr das gemacht!", lobte ich sie. Michael strahlte noch mehr!

Ich eilte zur Waschküche und unserer Bettwäsche, und spätestens da wurde mir klar, dass ein Floß Plastikflaschen braucht, um schwimmen zu können…! Alles, was vorher in Flaschen gefüllt war, Waschmittel, Weichspüler, Shampoo, Spülmittel, Essigreiniger und vieles mehr, befand sich jetzt in Eimern, Schüsseln, Tiegeln. Dazu lagen jede Menge Schuhe in der Waschküche, nur hatten sie jetzt keine Schuhbänder mehr in ihren Ösen. Wozu um alles in der Welt brauchte er Schuhbänder? Ganz einfach, damit hat er die Kanister an die Palette gebunden.

☆

Was für ein Erfolg für Michael, dass er sich das zutraute! Ist er jetzt endlich in der Steinmühle daheim?

„Wenn Ferdinand Maschinen sah,
dann war er meistens hingerissen,
ob Radio, ob Kamera –
er schraubte hier – er schraubte da,
er wollte alles wissen."[28]

Einige Antworten unserer Kinder in den Weihnachtsferien in unserer Berghütte während eines Schneesturms auf meine Frage, was für sie „Heimat" bedeutet:

„Heimat ist etwas, womit man sich identifizieren kann."
„Heimat ist dort, wo ich glücklich bin."
„Heimat ist da, wo man Leute hat, die einen mögen."
„Heimat ist, wo ich in der Nase bohren kann."

---

[28] Erich Kästner: Ferdinand saugt Staub. In: Das verhexte Telefon. Atrium Verlag 1985. S. 619

Wir Kinderdorfmitarbeiter sind für viele der Kinder wie Vater und Mutter. Wir sind Eltern für das Leben oder Ersatzeltern. Es stimmt, es ist unser Beruf und wir bekommen jeden Monat unser Gehalt. Aber ohne unsere Liebe, Geduld, Aufmerksamkeit und unsere Emotionalität, ohne das Mehr an Einsatz, könnten sich unsere Kinder nicht so entwickeln, wie es notwendig ist. So geben wir ihnen, was Vater und Mutter ihnen geben würden. Es ist oft die einzige Chance, damit diese Kinder wieder neuen Lebensmut entwickeln, eine zuversichtliche Neugier auf das Leben.

„Ich habe dich nicht geboren – aber ich habe dir das Leben geschenkt"[29]

Manchmal ist es unsere Stimme, manchmal sind es unsere Hände, die wir sacht auf ihren Schmerz legen können. Manchmal ist es unsere Anwesenheit im Haus, ein Mut machender Blick, eine vertraute Geste. Trotzdem haben wir auch die gleichen Schwierigkeiten auszutragen, die Eltern zum Beispiel mit pubertie-

[29] Anzeige in einer amerikanischen Zeitung

renden Kindern erleben. Wir erleben auch, dass unsere „Kinder"
von uns wegwollen. „Wenn ich nicht, ... dann haue ich eben ab!"
Dazu kommen die Probleme aus ihren Herkunftsfamilien. Die
Kinder projizieren die Erlebnisse mit ihren Eltern auf uns. Wir
erleben dadurch nicht nur die Auseinandersetzung, wie Eltern
sie erleben. Wir empfinden diese Konflikte auch noch als Kritik
und haben das Gefühl, beruflich etwas falsch gemacht zu haben.

Die Kinder leben hier nicht im Wolkenkuckucksheim. Trotzdem
ist es wichtig zu erleben und davon zu berichten, dass es in den
Kinderdorfhäusern nicht nur Trauriges und Schweres gibt. Bei
uns sind auch Lachen und Freude zu Hause und Streit und Ver-
söhnung, auch Übermut und Tunichtgut ist daheim bei uns zu
sehen. Es gibt Lebendigkeit und echte Kraft. Es gibt Freude und
es gibt Freunde. Es gibt Grillfeste und es gibt Punsch auf dem
gefrorenen See und, weil es Abend ist, viele Kerzen.

Es gibt die Wasserschlachten an unserem kleinen Badesee. Zugegeben, es ist ein nasses Vergnügen und ein matschiges noch
dazu. Angesichts des Spaßes machen wir einfach weiter, bis
alle vor Dreck und Wasser triefen. Dann holt Bernd den großen
Wasserschlauch und macht uns alle sauber. Die Sonne wird das
ihrige tun und alles und alle wieder trocknen. Es gibt so vieles,
das einfach schön ist in unserem Kinderdorfleben.

Wer wagt sich den donnern-
den Zügen entgegenzustellen?
Die kleine Blume zwischen
den Eisenbahnschwellen.[30]

[30] Erich Kästner: Ganz nebenbei. In: Kurz und Bündig. Epigramme. Atrium
Verlag 1950. S. 17

8. Methodisches Wachsen

Jede neue Entwicklung ist ein Schritt in einen unbekannten Raum. Und um wie vieles mehr muss dieser Schritt für unsere Kinder schwieriger sein. Sie, die in ihrem Leben schon so viele schlechte Erfahrungen gemacht haben, Erlebnisse, die ihren natürlichen Impuls „zu Lernen und zu Wachsen" unterbrochen haben.

Bei jedem neuen Schritt entsteht eine Angst, in dem neuen unbekannten Raum Schaden zu nehmen. Ich möchte den Kindern in solchen Momenten zurufen:

Wage es, dich dem Leben zuzuwenden.
Wage es zu vertrauen.
Wage es, den sicheren Ort zu verlassen.

Erst wenn sich die Kinder sicher und geborgen fühlen, und ich muss an dieser Stelle noch einmal betonen, wie groß diese Leistung ist, welch großes Wagnis sie eingehen, beginnen wir mit

weiteren Förderungen. Welche Fähigkeiten bringt das Kind mit, welche Probleme und Schwierigkeiten sind vorhanden? Wie kann das Kind am besten mit welchen Maßnahmen gestärkt werden? Welche Strukturen tragen dazu bei, dass dieses Kind eine gute Begleitung für seinen Lebensweg bekommt? So entstehen handgestrickte Maßnahmen für jedes Kind. Es ist auch manchmal ein Ausprobieren, eine These, passt diese Annahme oder passt sie nicht? Immer geht es um Hilfen für ein bedürftiges Kind. Es ist uns wichtig, diesen Bedarf zu finden und dem Kind zur Verfügung zu stellen. Das Kind muss der Mittelpunkt aller Überlegungen sein.

Zu einer guten Begleitung des Kindes gehören Regeln und Strukturen. Trotzdem müssen auch diese wichtigen Begleitfaktoren eines heilpädagogisch-therapeutischen Prozesses entsprechend modifiziert und dem aktuellen Geschehen um das Kind angepasst werden. In einer optimalen erzieherischen Situation kann auf eine Regel oder eine Struktur verzichtet werden, wenn es dem Kind dient.

So ist unser gemeinsamer Weg nicht immer ein gerader. Manchmal irren wir mit unseren Annahmen, manchmal verstehen wir ein Kind nicht, manchmal überfordern wir ein Kind und manchmal erscheint ein Weg erst nach einer langen Zeit des Zusammenlebens.

Schulung der Wahrnehmung

Unsere Kinder bekommen Angebote, die sie aufwecken und neugierig machen. Neugierde, sich wahrzunehmen und sich zu spüren. Es geht vor allem darum, der eigenen Wahrnehmung wieder zu vertrauen, zu merken, dass sie sich im Hier und Jetzt befinden und in Sicherheit.

Es ist sehr schwer zu vermitteln, wie sich ein Kind fühlt, das um sich einen Panzer aufgebaut hat oder eine hohe Mauer. Einerseits möchte der junge Mensch ohne Panzer um sich leben und andererseits traut er seiner Umwelt nicht. Einerseits möchte das Mädchen, das sexuelle Übergriffe erlebt hat, auch bei der Gruppe sein, einfach so, und andererseits weiß es nicht, was passiert. „Ja nicht dran kratzen, nicht hinschauen und nicht hinschauen lassen." So haben sie sich verschlossen. Sie trauen sich nicht, auf ihr Inneres zu schauen. Sie haben verlernt, sich zu spüren, und sie spüren auch ihre eigene Befindlichkeit wenig. Stattdessen lösen Berührungen Trauer, Wut, Schmerz und Abscheu aus, auf die sie reagieren müssen.

„Ohne die Möglichkeit der Selbstwahrnehmung und damit der Möglichkeit, sich bei den eigenen Empfindungen und Gefühlen rückzuversichern, ob etwas für einen selbst richtig und stimmig ist, ist es unglaublich schwierig, eine eigene Identität zu entwickeln, sich in Abgrenzung von anderen seiner selbst sicher zu sein. (…) Diese abgrundtiefe Orientierungslosigkeit und Unsicherheit wirkt als Verstärkung und Zementierung von Gefühlen wie Scham und Schuld, der Zerstörung der eigenen Würde und des Selbstwerts. Eine andere Folge des ‚Beschlusses', nicht mehr wahrzunehmen, der während der Traumatisierung selbst ausgesprochen sinnvoll bis überlebensnotwendig war, besteht darin, dass auch die Gegenwart nicht wahrgenommen wird. Das Hier und Jetzt ist schemenhaft und grau und damit auch die ‚Sicherheit der Gegenwart' – wenn sie denn tatsächlich sicher ist."[31]

Wenn ein Kind zulässt, dass wir es streicheln können, so ist dieses Streicheln auch eine erste Streicheleinheit für die Seele, ein erstes Zulassen, die Mauer um einen Stein abzutragen. Eine sanfte Körperberührung als ein kleines erstes Zeichen von Vertrauen.

☆

[31] Ulrich Sachsse: Traumazentrierte Psychotherapie, Stuttgart 2004. S. 143

Rumpelstilzchen

Bis zum 3. Lebensjahr lebte Fieni im Haushalt ihrer psychisch kranken Mutter. Danach wuchs sie in vier verschiedenen Pflegefamilien auf. Die Pflegefamilien berichteten von eklatanten Verhaltensauffälligkeiten, die es ihnen unmöglich machten, Fieni weiter zu betreuen. Fieni wurde stationär in die Kinder- und Jugendpsychiatrie aufgenommen. Es wurden eine Störung des Sozialverhaltens bei fehlender sozialer Bindung, eine Aktivitäts- und Aufmerksamkeitsstörung und eine psychomotorische Entwicklungsproblematik diagnostiziert. Die Empfehlung: Eine vollstationäre Unterbringung in einem heilpädagogisch-therapeutischen Heim.

Fieni war fünf Jahre alt, als sie in unser Kinderdorfhaus Iphofen kam, eine heilpädagogische Gruppe. In ihrem Rucksack brachte sie eine psychisch kranke Mutter, Gewalterfahrungen, wechselnde Bezugspersonen und Beziehungsabbrüche mit.

Wir stellten Fieni eine intensive Betreuung über Tag und Nacht zur Verfügung und mussten sie mit all ihren Schmerzen, ihrem Kummer und ihrer Traurigkeit annehmen. Wir waren immer für sie da. Unser oberstes Ziel für Fieni in dieser Zeit waren Wärme, Geborgenheit, Schutz und Sicherheit. Immer wieder zeigte Fieni uns ihre Verletzungen. Sie sah die Welt nicht wie wir, sie sah ihre eigene bedrohliche Welt. Sie weinte und schrie, sie schlug um sich, sie verstummte, sie zerstörte Gegenstände, sie lief weg, sie machte ins Bett, sie konnte nicht schlafen, sie lehnte uns ab, aber erdrückte uns auch mit ihrer Liebe. In guten Stunden erzählte Fieni. Sie erzählte viel, sie suchte Nähe, sie nahm allen Raum ein, der da war. Es gab kein anderes Kind, nur sie.

Ihr Alltag war sehr strukturiert und lief immer verlässlich nach dem gleichen Rhythmus ab: anziehen, frühstücken, spielen, Mittagessen, ausruhen, spazieren gehen, Bewegungsspiele, Abendessen, Abendritual mit Baden, eincremen, heiße Milch, vorlesen, kuscheln. Und irgendwann am späten Abend war ihre Kraft aufgebraucht und sie schlief, um in der Nacht schreiend und von Träumen geplagt wieder aufzuwachen.

Wir erlebten, dass die neuen Erfahrungen Fieni langsam veränderten. Sie traute sich, neue Erfahrungen zuzulassen. Ihr Grundproblem war damit nicht behoben, aber Fieni begann die Chance auf Veränderung wahrzunehmen. Die massiv aggressiven Ausbrüche traten seltener und in abgeschwächter Form auf. Es gab auch manchmal eine Nacht, in der sie durchschlief. Ihr Weinen wurde weniger. Auffällig blieben ein hohes Erregungsniveau und eine große Störanfälligkeit. Bei kleinen Veränderungen des Tagesablaufes wirkte sie unruhig und reizbar. Sie flüchtete sich in Schreianfälle, zeigte selbstaggressives Verhalten oder lief einfach davon.

Fieni war ein Dauerthema in der Supervision und ohne die stützende Gesprächsrunde und ohne die wertvollen Impulse wäre das Zusammenleben mit diesem verletzten und verletzenden Kind sehr viel schwieriger geworden.

Nach Monaten intensiver Betreuung begannen wir mit Besuchen in der Nachmittagsgruppe des Kindergartens. Fieni hatte keine konstruktiven Strategien im Umgang mit der Kindergartengruppe. Sie schlug und quälte die anderen Kinder, weinte und quengelte, nässte und kotete ein. Behutsam zeigten wir ihr den Umgang im neuen Lebensfeld. Wir zeigten ihr, wie man spielt und wie man sich verhält. Fieni blieb schwierig in der Gruppe und hatte viele Defizite, trotzdem konnte sie nach Wochen gemeinsamen Trainings alleine im Kindergarten verbleiben.

Fieni erhielt ein Jahr lang Ergotherapie. Durch bewegungsfördernde Programme wie Roller fahren, Fahrrad fahren, Schlittschuh laufen und Schwimmen lernte Fieni. Mit zunehmender Geschicklichkeit traute sie sich selbst mehr zu und auch ihre Stimmung hellte sich auf. An guten Tagen blitzten Neugier und Wissbegierde auf und sie ließ sich gut führen. Aber es gab sie, die schlechten, dunklen Tage und manchmal war es nicht zu erklären, wie ihr Stimmungswechsel zustande kam.

Wir entschieden uns für die Einschulung in die Diagnose- und Förderklasse. Dies ist eine Klassenform, in der der Stoff der ersten beiden Grundschuljahre auf drei Jahre verteilt wird. In einem kleinen Klassenverband werden die Kinder betreut durch eine Lehrkraft und zusätzliche Einzelförderung. Fieni zeigte in der Schule ihr gesamtes Störverhalten. Die vorhandene Sicherheit in Kindergarten und zu Hause bei uns reichte nicht aus, um in der neuen fremden Situation bestehen zu können. Die Eingewöhnungszeit dauerte Monate. Als sie jedoch begriffen hatte, was Schule bedeutet, begann sie zu lernen. Schulische Erfolge gaben ihr Mut und sie wurde eine motivierte und gute Schülerin. Ein Wechsel in die Grundschule wurde eng durch uns begleitet und verlief erfolgreich.

Fieni entwickelte sich auch in den anderen Lebensbereichen weiterhin positiv. Engagiert beteiligte sie sich an der fachärztlichen Therapie zur Problematik des Einnässens, unter der sie sehr litt. Unter eigener Regie begann sie einen Kalender über Nass- und Trockentage zu führen, eine Vorgehensweise, die bald von Erfolg gekrönt war. Die Beziehungen zu den Kinderdorfeltern und den anderen Kindern im Haus wurden im Laufe der Zeit harmonisch. So begann sie ihren Tag selbstständiger zu organisieren und verantwortlich auch kleine Dienste und Pflichten zu übernehmen.

Die Pubertät kündigte sich an.

Fieni begann, sich in der Schule in einen immer auffälliger werdenden Perfektionismus hineinzusteigern. Ihre Leistungen wurden schlechter. In der Kinderdorffamilie beobachteten wir, dass die persönliche Ordnung in ihrem Zimmer und manche Verhaltensweise einen immer zwanghafteren Charakter annahmen. Es entstand der Verdacht, dass Fieni einen Mangel an instinktivem Gespür für das rechte Maß hatte. Wir sahen ihren inneren Kampf, in dem sie alles und jeden in Frage stellte. Manchmal reichte ein Blick oder ein Wort aus, um Fieni völlig aus der Bahn zu werfen. Sie reagierte mit völligem Rückzug oder heftigen impulsiven Ausbrüchen.

Wir besprachen die Situation mit unserem Kinder- und Jugendpsychiater. Er riet zu einer Medikation mit einem Antidepressivum und einer Psychotherapie.

Fienis Stimmungsschwankungen wurden immer extremer. Sie war an manchen Tagen kaum ansprechbar. Entweder sie weinte und fühlte sich ungeliebt oder sie beschimpfte und provozierte in heftigster Weise. Sie verweigerte Essen, die Medikamenteneinnahme, die Teilnahme am Familienleben, schließlich auch Arztbesuche und die Schule. Die Psychotherapie konnte nicht fortgesetzt werden. Sie schrie oft stundenlang und ließ sich durch nichts und niemand beruhigen. Sie zerstörte Teile ihrer Zimmereinrichtung.

„Halten und Aushalten" war der einzige Weg. Es wurde immer schwieriger, den anderen Kindern und Jugendlichen Verständnis für das Verhalten von Fieni abzuringen. Auch unsere eigene Belastungsgrenze wurde oft erreicht. Ein normales Familienleben war kaum mehr möglich, Fieni „inszenierte" ihre Auftritte auch immer mehr vor Publikum. Beispielsweise rief die Schule an, dass sie abgeholt werden müsse. Wenn wir dort ankamen, weigerte sie sich vehement ins Auto zu steigen, begleitet von heftigen Schreiattacken. Bei Freizeitaktivitäten oder beim gemeinsamen Essengehen weinte und schrie sie unvermittelt los und zwang somit alle zum sofortigen Aufbruch oder zu peinlichen Auftritten.

„Halten und Aushalten!" – wir waren dazu fest entschlossen.

Aber dann fing Fieni auch noch an, Suizidgedanken zu äußern. Diese Verantwortung konnten wir nicht tragen. Wir baten die Kinder- und Jugendpsychiatrie um eine Akutaufnahme. Während des vierwöchigen Aufenthaltes wurde eine Bindungsstörung vom Borderline Typus diagnostiziert.

☆

Diese komplexe Persönlichkeitsstörung ist durch besondere Phänomene geprägt. Neben den sichtbaren Symptomen im Verhaltensbereich (Impulsivität, aber auch Depression) in vielfältiger Abstufung ist sie gekennzeichnet durch pathologische Besonderheiten der inneren emotionalen Regulation. Diese gehen den Verhaltensauffälligkeiten voraus und sind Ursache dafür. Die Wahrnehmung und die Bewertung des eigenen Selbst und dessen Beziehung zu anderen sind empfindlich gestört.

Das zentrale Element der borderlinetypischen Beziehungsstörung ist Angst, die lebensgeschichtlich bedingt ist und auf weit zurückliegenden negativen Bindungserfahrungen gründet. Die Borderline Angst entspringt im inneren Erleben. Die Betroffenen sind kaum oder gar nicht in der Lage, Gefühle (eigene oder fremde) wahrzunehmen, zu reflektieren oder auszudrücken. Die Angst vor dem Verlassenwerden oder Verlassensein ist aber so groß und diffus, dass jede Alltagssituation eine Verlassenheits-, Trennungs- oder Bedrohungsfantasie auslösen kann, die auf der Stelle ausgeglichen werden muss. Ausgleich findet der Betroffene entweder durch impulsiv-aggressive Verhaltensweisen mit unkontrolliert-destruktiven selbst- und fremdgefährdenden Anteilen oder in manipulierend-intrigierenden Verhaltensweisen. Menschen mit Borderline halten so ihre Umwelt permanent in Bewegung und sind damit sicher, nicht verloren zu gehen.

☆

Mit viel Hoffnung holten wir Fieni nach dem Klinikaufenthalt ab. Die Situation eskalierte jedoch bereits wieder auf dem Nachhauseweg. Fieni wollte nicht ins Auto einsteigen, während der Fahrt weinte und provozierte sie. Zu Hause ging sie schnurstracks in ihr Zimmer und schloss sich ein.

85

Die Situation war unhaltbar. Fieni ließ sich nicht helfen. Nach Rücksprache mit unserem Kinder- und Jugendpsychiater, der konsiliarisch alle vier Wochen in die Steinmühle kommt, wechselte Fieni in die therapeutische Gruppe des Erich Kästner Kinderdorfes. Fieni war jetzt 15 Jahre alt. In intensiven Gesprächen vermittelte uns der Kinder- und Jugendpsychiater den wichtigsten Satz im Umgang mit Jugendlichen mit der Diagnose Borderline: „Bewegt sie, bevor sie euch bewegt!" Wir bekamen seine „Notnummer" und konnten so Tag und Nacht auf fachärztliche Hilfe zählen. Mit dieser engen Begleitung konnten wir Fieni in die Steinmühle aufnehmen.

Besonders in den Anfängen ihres Aufenthaltes bei uns setzten wir Fieni ständig in Bewegung. „Hol bitte dieses, mach bitte jenes, bitte hilf mir dabei, ich brauche dich jetzt, wir spielen Skip-Bo[32]." Unermüdlich zeigten wir ihr, wie sehr wir ihre persönlichen Ressourcen erkennen und gaben ihrer Mithilfe eine große Bedeutung. Darüber baute sich eine erste einfache Beziehung auf. Der Behandlungsplan von Fieni enthielt außerdem Entspannungstechniken und imaginative Verfahren.

Trotzdem mussten wir immer wieder erleben, dass Fieni sich selber und uns in schwierige und sehr belastende Situationen brachte. Situationen, die für andere Jugendliche einfach zu bewältigen waren, konnten eine Lawine ins Rollen bringen. Ihr Gesicht und ihre Körperhaltung veränderten sich, sie provozierte, sie drohte, sie weinte, sie zerstörte, sie verletzte sich oder andere. Ihre Impulsdurchbrüche waren erschreckend anzusehen und auszuhalten. Fieni brachte uns immer wieder an die Grenzen der Zumutbarkeit. Immer wieder passierte es, dass ein Mitarbeiter sagte: „Ich kann nicht mehr! Ich halte sie nicht mehr aus!" Immer wieder standen die anderen Mitarbeiter bereit und halfen weiter. Fieni klopfte über Stunden in ihrem Zimmer an die Wände oder auf die Erde, sie schrie, sie terrorisierte uns über Tage und Nächte mit ihrer Musik, die dröhnend durchs ganze Haus ging,

---

[32] SkipBo, ein beliebtes Kartenspiel

sie lief weg, sie warf mit Steinen, sie verweigerte das Essen, sie verweigerte die Schule, sie stieß jeden weg, der ihr helfen wollte, sie verweigerte Arztbesuche. Die Intensität ihrer Ausbrüche steigerte sich. Nur die enge Zusammenarbeit aller Mitarbeiter machte es möglich, dass wir Fieni in der Steinmühle behalten konnten. Unsere Mitarbeiter waren in ihrer Freizeit ständig in Bereitschaft und kehrten sofort zurück, wenn Fieni loslegte.

Ich erinnere mich an eine Situation beim Hausarzt, der Fieni ihre monatliche Spritze mit ihrem Medikament geben sollte. Fieni verweigerte vehement. Die Mitarbeiterin, der Arzt und die Sprechstundenhilfe waren hilflos. Zwei weitere Mitarbeiterinnen kamen zur Unterstützung in die Praxis. Vergeblich! Erst ein Telefongespräch nach Österreich zu mir, wo ich mit unseren jüngeren Kindern in unserer Ferienhütte war, brachte das Ansprechbarsein von Fieni zurück. Es dauerte noch eine lange Telefonzeit, bis Fieni bereit war, sich die Spritze geben zu lassen.

Neben der Arbeit mit Fieni reagierten unsere anderen Kinder und Jugendlichen. Besonders zwei Kinder, mit traumatischen Erfahrungen durch eine psychisch kranke Mutter, brauchten sehr viel zusätzliche Hilfe und Zuwendung.

Wir begannen damit, Fieni auch in ihrem Schmerz und ihrem Zorn zu bewegen. Das Innere von Fieni war nicht zu erreichen – so wandten wir uns dem Äußeren zu. Wir lösten Fieni aus der Situation der Angst und der ohnmächtigen Frustration, aus der verzerrten Wahrnehmung und führten sie mit allem Respekt, aber sehr konsequent in neue Räume, jenseits der Wut. Wir liefen mit ihr kilometerweit, wir machten riesige Einkaufstouren, wir brachten sie in eines unserer anderen Häuser, dort wurden Berge von Plätzchen gebacken. Alle Maßnahmen hatten das Ziel, dass Fieni ihre Fähigkeiten wieder wahrnehmen konnte und sich spürte.

Wenn der Dampfkessel ihrer Frustrationen abgelassen war, konnten wir den Zugang zu Fieni finden. Wir konnten die Situationen, die sie so in Rage gebracht hatten, besprechen. Manchmal war es nur ein bestimmtes Wort, ein Blick, den sie falsch interpretiert hatte, eine bestimmte Geste, manchmal aber ein Zusammenbruch ihres ganzen Systems. „Ich bin verlassen worden, ich bin schlecht, deshalb werde ich auch von euch verlassen werden." Fieni wird immer wieder von destruktiven Gedanken und Gefühlen beherrscht. Ihre Wahrnehmung ist verzerrt, ihre Filter funktionieren falsch. Ihre irritierte Psyche erlebt immer wieder traumatische Szenen.

Wir brachten Fieni „Abstand" bei. Sie lernte, ihre Geschichte aus der Distanz zu betrachten. Mentales Vergeben ihrer Peiniger sorgte dafür, dass die Ausbrüche seltener wurden. „Du lebst heute, hier bei uns, wir sind bei dir, du bist im Erich Kästner Kinderdorf". Diesen Satz prägten wir ihr immer und immer wieder ein.

Das Trainingsprogramm für Fieni besteht aus einem hohen Maß an Übungen zur Wahrnehmungsförderung und Hilfe zur Selbsthilfe. Es wurde mit Fieni zusammen erarbeitet.

- Erkennen, wie es mir geht:
  Wo bin ich?
  Was sehe ich?
  Was rieche ich?
  Was schmecke ich?
  Was höre ich?
  Was fühle ich?
- Angst erkennen und akzeptieren
- Lernen, was kann ich für mich tun
- Äußern, wenn es mir nicht gut geht
- Liste zur Selbstorganisation benutzen

Die Liste zur Selbstorganisation hängt in Fienis Zimmer.

- mitteilen, dass es mir schlecht geht
- mit jemandem reden
- ein Glas Wasser trinken
- andere Kleider anziehen
- einen Spaziergang machen; bitte abmelden, damit wir uns keine Sorgen machen
- mit dem Fahrrad fahren
- Musik kann gute Laune machen, auch in Zimmerlautstärke oder über Kopfhörer; welche Titel gefallen mir und welche machen mir Freude
- einen Film anschauen
- Sport machen und dabei schwitzen
- eine Freundin anrufen oder einen Freund
- den Ort wechseln
- Kuchen backen
- Dankbarkeitstagebuch schreiben, es mit schönen Erinnerungen füllen
- Dankbarkeitstagebuch lesen, in dem steht, was es für schöne Dinge in meinem Leben gibt

„Ich kann selber für mich sorgen", ist eine neue Erfahrung für Fieni. Die Veränderung ihrer Wahrnehmung besteht in der praktischen Anwendung. Je mehr Fieni sich kennen lernt, desto mehr erkennt sie ihre Begabungen und Fähigkeiten. Sie traut sich selber und sie traut sich selber etwas zu: „Ich habe schon viele Widerstände in mir überwunden. Ich schaffe es!" Ihre Offenheit ist gewachsen, ihre Lernbereitschaft und ihr Interesse an der Gemeinschaft, in der sie lebt. Es ist ihr nicht mehr gleichgültig, was wir denken. Seit einem Jahr hat sie keine aggressiven Ausbrüche mehr. Sie nimmt sich wahr und merkt, wenn es ihr schlechter geht. Manchmal zieht sie sich einfach nur zurück und bewältigt so die schwierige Situation. Manchmal bittet sie um Hilfe und gemeinsam können wir die „Klippen" umschiffen. Sie ist kreativ und fantasievoll geworden, zum Beispiel sandte sie aus der Schule eine SMS mit Bitte um Hilfe. Ich schickte eine Affirmation zurück. Sie sollte den Weg zu Fienis Seele finden und sich dort entfalten. Fieni schaffte so den Schultag.

Für mich ist Fieni mit ihren jetzt 19 Jahren trotz aller Belastung ein origineller Mensch, der meine Welt bereichert.

☆

Wir wissen, wenn wir Wahrnehmung schulen, ist die Grundlage für neues Lernen und andere Gedächtnisleistungen gelegt. Gerade nach traumatischen Erlebnissen läuft die Wahrnehmung immer wieder in gleichen festgefahrenen Bahnen ab und blockiert so die Aufmerksamkeit für neue Möglichkeiten und Entwicklungen.

Bisher besaß Fieni Misstrauen und Panik. Nun entdeckt sie reizvolle Motive und Anreize für neues Lernen. Schulinhalte und soziale Begegnungen werden attraktiv.

Wir fördern das Vertrauen in sich selbst

So lange, wie sich in unseren Kindern die Angst als Wegbegleiter einstellt, werden sie einsam und traurig sein. Hineingestoßen in eine Welt, die sie nicht verstehen. Angstauslöser begegnen unseren Kindern unter vielen Bedingungen. Hier bei uns im Erich Kästner Kinderdorf sind sie oft sehr schmerzhaft zu sehen und zu erleben. Sie treffen unsere Kinder unvermittelt und es scheint, als ob sie, die Angst, gute Verläufe störend, Kinder immer wieder an Stationen ihres Leides bringen. Diese Angstauslöser sind unter normalen, anderen Bedingungen nicht erkennbar und nicht vorhanden.

☆

Das Wort „hopp" zum Beispiel, ist bei einem unserer Kinder gekoppelt mit Entsetzen. Beim Hören dieses Wortes kann sich der Junge nicht mehr dem normalen Alltag stellen. Seine Reaktionen stimmen nicht mit den Umweltbedingungen überein. Seine Signale stehen auf „Gefahr". Er hat an dieser Stelle traumatische Erfahrungen gemacht, die an das Wort gekoppelt sind. Der Junge begreift nicht, dass er sich in der Sicherheit des Erich Kästner Kinderdorfes befindet und dass Menschen um ihn herum sind, die ihn achten, lieben und halten. Stattdessen greift dieses Kind auf früheres Verhalten zurück und versteckt sich sofort.

☆

Eine Methode, Vertrauen aufzubauen ist das heilpädagogische Reiten. Für viele unserer Kinder, besonders für unsere ängstlichen und unsicheren Kinder ein exzellenter Vermittler von Sicherheit und Wärme. Besonders die Kinder mit einer schwierigen sozialen Entwicklung profitieren sehr von dem konstruktiven Miteinander zwischen Tier und Mensch. Auch bei komplexen Körperwahrnehmungsstörungen ergeben sich große

Lernerfolge. Trotzdem, vor allen anderen Therapieerfolgen steht für uns die Steigerung der Lebensfreude und des Selbstvertrauens. Das Strahlen in den Augen unserer „Reitkinder" beim Abholen nach ihrer Stunde Reittherapie bedarf keiner Worte.

Eine andere Methode, den Ängsten unserer Kinder zu begegnen, ist das Erzählen von Märchen. Je nach dem, wie und wo wir sie erzählen, üben sie einen großen Zauber aus. Sie haben die Fähigkeit, Kinder zu beruhigen und aus ihrem Kummer zu führen.

✶

„Du bist bekloppt!" Ein Jugendlicher macht im Streit diese Äußerung. René ist erregt und lässt sich nicht beruhigen. Schluchzend, wie in Trance wiederholt er immer wieder: „Ich bin nicht bekloppt!" Leise und zärtlich redet die Mitarbeiterin mit ihm. „Aber ich bin nicht bekloppt!" Sein Atem geht stoßweise. Er gerät in einen Ausnahmezustand. Die Mitarbeiterin holt sich Hilfe, weil sie nicht an ihn herankommt. „Arschloch, Arschloch!" schreit er jetzt. Er schreit, er wimmert. Er wirkt zusammengesunken. Sie bringt René zu mir. Ich wohne oben im Kinderdorfhaus Steinmühle. Mit jeder Stufe, scheint es der Mitarbeiterin, wird René wieder gerader. Wir können gemeinsam über die Situation sprechen. Trotzdem schluchzt er immer wieder auf. Es ist lebensnotwendig für René zu hören, dass er in der Steinmühle ist, dass wir uns um ihn kümmern, dass wir ihn mögen und vor allem, dass er ein intelligenter, gesunder junger Mann ist. René hat in seiner Kindheit schwierige traumatische Erlebnisse mit einem psychisch kranken Menschen gehabt. In ihm ist eine unsagbare Angst krank zu werden. Die Mitarbeiterin geht mit René in sein Zimmer, verwöhnt ihn mit heißer Milch mit Honig und liest ihm Märchen vor. Bei den ersten Sätzen muss René noch einmal schluchzen, dann hört er nur noch zu und dann, an einer lustigen Stelle, beginnt er zu lachen. Er kuschelt sich noch gemütlicher in sein Bett und dann geht es ihm wieder gut.

✶

Es ist etwas Beruhigendes – Märchenstunde: Zur Ruhe kommen, Sicherheit, Sorgen loslassen, Entspannung und dann... „Es war einmal..."

„Jeder Mensch suche sich Vorbilder! Das ist möglich. Denn es existieren welche. Und es ist unwichtig, ob es sich dabei um einen großen toten Dichter, um Mahatma Gandhi oder um Onkel Fritz aus Braunschweig handelt, wenn es nur ein Mensch ist, der im gegebenen Augenblick ohne Wimpernzucken das gesagt und getan hätte, wovor wir zögern. Das Vorbild ist ein Kompaß, der sich nicht irrt und uns Weg und Ziel weist."[33]

Märchen haben die Eigenschaft, Weisheiten und Botschaften zu hören und zu spüren und so eigene Probleme besser zu verstehen. Das aufgewühlte System unserer früh geschädigten Kinder bekommt durch die Märchen die Erlaubnis, Ängste zu akzeptieren, zu verstehen und es bekommt ein Modell, damit umgehen zu können. Märchen wirken tief in die Persönlichkeit eines Kindes. Wer kennt nicht den Kasperl, der so tapfer vorangeht und dann das böse Krokodil, das ihm heimlich folgt? Auf der ganzen Welt haben Kinder laut geschrieen und haben so ihre Angst altersangemessen und meist als Teilnehmer einer Gruppe bearbeiten können.

Märchen üben auch noch einen anderen Zauber aus, sie lassen die Menschen wachsen zu einer Gruppe mit gemeinsamen Erlebnissen. Es ist für unsere Kinder wichtig von Geschichten zu hören, die sich außerhalb ihrer Welt abspielen, in dunklen Wäldern, abenteuerlichen Ruinen, in alten Mühlen, in prunkvollen Schlössern, bei verzauberten Feen, bei Zauberern, bei Schäfern und Tieren, die wieder in Menschen verwandelt werden.

---

[33] Erich Kästner: Die vier archimedischen Punkte. Kleine Neujahrs-Ansprache vor jungen Leuten. In: Die kleine Freiheit. Chansons und Prosa 1949-1952. Atrium Verlag 1952. S. 135-138

Die Märchen erzählen Stationen der Entwicklung von einer Reifestufe zur anderen. Es werden wichtige Erfahrungen beschrieben, die Kinder auf ihrem Weg tatsächlich erleben und zwar mit allen Krisen, aber vor allem mit wichtigen Chancen. Erzählt wird von der Macht des Bösen, von Zurückweisungen, von Ablehnung, von Übergriffen und Ungerechtigkeiten, von Bitterkeit und Versagen. Gute und Böse sind oft überzeichnet, aber gerade deshalb so gut erkennbar. Märchen gehören zur Kindheit. In ihnen werden besondere Gefahren bewältigt. Die Begebenheiten sind fantastisch und unreal und doch eine großartige Darstellung der menschlichen Schwierigkeiten. Und doch erleben wir die Geschichten und Märchen immer wieder anders. So wie wir uns ein Leben lang entwickeln und lernen, so verändern sich auch unsere Reaktionen auf das Erzählte. Manchmal werden bestimmte Zusammenhänge erst erkannt, wenn die Geschichte oft erzählt wurde. Manchmal sind Monate und Jahre vergangen und die Geschichte hat dadurch ein anderes Erlebnis. Die verborgene Botschaft in vielen Märchen ist aber: Du bekommst mehrere Chancen im Leben, irgendwann klappt es. Verliere nicht deinen Mut, mache es wie das Aschenputtel. Du kommst ans Ziel, wenn du es immer wieder versuchst.

Die Märchen enden glücklich. Auch die Erinnerung an das Glück der Figuren im Märchen macht unsere Kinder glücklicher und manchmal schlafen sie mit einem Lächeln ein.

Für unsere Großen ist es nicht so einfach den Märchen und Geschichten zuzuhören. Aufgrund ihres Alters müssen sie sich dem Geschichtenerzählen entziehen, auch dann, wenn sie gerne zuhören wollen. So haben wir einen ganz besonderen Ort gewählt, haben ihn ausgestattet mit verschiedenen Symbolen, wie Sonne, Sterne, Elfen, Indianer, es ist ein Traumfänger da. Mit Räucherritualen fangen wir an und dann lese ich Märchen und Geschichten vor, deren Thematik gerade bei uns aktuell ist. Anschließend ergeben sich oft Gespräche. Dabei fällt auf, dass die Jugendlichen nicht über sich reden müssen, um von ihrer Betroffenheit zu berichten, sie sprechen über Figuren im Märchen

und bearbeiten doch wichtige Angelegenheiten. Inzwischen sind wir so weit, dass Jugendliche selbst die Vorbereitungen vornehmen und mich um „Räuchern" bitten, sie möchten ihren Schwierigkeiten, ihren Befindlichkeiten oder ihren Gefühlen eine Gestalt geben.

Aus dem Geschichten und Märchen erzählen wird manchmal ein Erzählen der eigenen Geschichten. Ich werde gebeten, von mir und meiner Jugend zu erzählen, und vor allen Dingen von Begebenheiten, als ich einmal nicht tat, was man von mir verlangte. Mir fällt auf, dass unsere Kinder sehr viel mehr erzählen, wenn ich erst mit meinen Geschichten beginne. Es ist schön, sie so erzählen zu hören.

Ins Erzählen kommen unsere Kinder auch in den ganz besonderen Stunden am Meer. Der Tag ist vorbei, die Sonne ist untergegangen, wir sitzen am Strand und sind noch aufgewärmt vom Tag. Es entsteht eine Vertrautheit in dieser besonderen Situation. Es scheint eine Zeit zu sein, in der die Erinnerung kommen kann, ohne Folgen. Es wird einfach so erzählt. „Verstehst du das?

Glaubst du das?" Der Friede um uns lässt Erinnerungen nicht mehr so schrecklich erscheinen. Der milde Wind und das zarte Licht schwingen uns weich und freundlich. Ein Zauber öffnet die alten Gefängnisse, und ich darf auch das „Böse" sehen. „Jetzt sind wir unverletzbar; ich kann dir meine Liebe zeigen und mich anlehnen."

Wir unternehmen sehr viel, damit unsere Kinder starke Gefühle aufbauen können bei aufregenden Entdeckungen, nicht alltäglichen Abenteuern und vor allem tragen wir Sorge, dass sie schöne Erinnerungen haben.

Wir fördern die Fähigkeiten der Kinder und unterstützen sie in ihrer Einmaligkeit

Neuen Ideen Raum geben, die Kreativität entwickeln, auf neuen Spuren gehen, Auftauchen aus dem Schweren in die Fröhlichkeit des Singens, des Malens, des Tanzens, der Bewegung – Leben!

Wir arbeiten gerne mit Musik und Sport. Es ist wichtig, Bedingungen zu schaffen, in denen sich die Kinder ihren Begabungen entsprechend entwickeln können. Jedes Kind ist einzigartig und wird in dieser Einzigartigkeit unterstützt.

Schon in der Phase der Beobachtung schauen wir, was unsere Kinder besonders gerne machen, zu welchem Spielzeug sie greifen, wo sie „anspringen". Ist es die Musik, nach der sie verlangen können und tanzen sie dabei? Malen die Kinder gerne? Gehen sie gerne in die Natur? Sind sie besonders sportlich? Trauen sie sich auf dem Trampolin etwas zu? Was machen sie oft? Wozu haben sie Geduld? Wir erleben immer wieder, dass bei unseren Kindern eine mangelnde innere Unterstützung vorliegt. Aus eigener Kraft können sie ihre Begabungen wenig leben. Da ist es wichtig anzufangen, einfach anzufangen.

Neben dem Ziel, die Fähigkeiten der Kinder zu unterstützen und zu fördern, erleben wir, dass sich ihre Gefühle verändern und sich wieder Freude einstellt. Sie können, ohne zu reden, sagen, dass ihnen etwas gefällt. Wir hoffen, dass die Kinder die guten Erfahrungen, die Idee von Dingen, die sie besonders gut können, in die Welt des „das kann ich nicht" übertragen. Die Stärken werden die Schwächen besiegen und die Kräfte der Kinder werden wieder größer.

☆

Das verletzte Tamburin

Timo war noch sehr klein, als er in unsere Kinderdorffamilie kam. Er war gerade zwei Jahre alt. In seinem kleinen Leben gab es furchtbare Dinge, die dazu geführt hatten, dass er allen und allem misstraute, um sich schlug und schrie und oft nicht zu beruhigen war. Dieses tief verzweifelte Kind erhielt die Fürsorge und Zuneigung der gesamten Familie. Immer wieder stellte dieses kleine Menschenkind uns und unsere Zuneigung zu ihm auf die Probe. Timo konnte lang andauernd schreien, er wurde nicht müde, zu treten und zu schlagen, er zerstörte seine eigenen Spielsachen und die der anderen Kinder, er unterbrach die meisten Gespräche und sorgte so dafür, dass wir uns immer wieder ihm zuwenden mussten und er schrie ...

Besonders unser Leben nach draußen veränderte sich drastisch. Mit diesem Bündel Kraft und Energie störten wir jedes Fest.

Während er anfangs unser Klavier mit Fäusten traktierte, vermochte er dem Instrument eines Tages Töne zu entlocken. Eine Flöte benutzte er nicht mehr als Waffe sondern er begann ein rhythmisches Pusten. Seine Stimme benutzte er nicht mehr nur zum Schimpfen und Schreien, sondern er begann kleine Kinderlieder nachzusingen. Die Kochlöffel wurden jetzt mit Hilfe der Töpfe zu Schlaginstrumenten und dabei entwickelte er richtigen Eifer. Zu seinem Geburtstag erhielt er von uns ein Tamburin. Timo freute sich unglaublich. Trotzdem bearbeitete er sein Tamburin nach einiger Zeit so heftig, dass die Bespannung riss. Er erschrak sehr und weinte heftig. Wir klebten die Bespannung mit einem breiten Klebeband und machten ihm klar, dass er es nur noch sehr zart und vorsichtig spielen könne.

Zum ersten Mal erlebte Timo was passiert, wenn er weich und zart und vorsichtig mit dem verletzten Tamburin umgeht. Er merkte auch, dass die Töne leiser wurden, es aber noch welche gab. Er belohnte das Tamburin mit seiner Zärtlichkeit.

☆

Es sind oft die kleinen Dinge, die eine Wende im Leben der Kinder herbeiführen. Sie gewinnen Vertrauen in die eigene Leistungsfähigkeit und überwinden ihre Ängste. Kreatives Handeln bedeutet Herausforderung, aber auch Akzeptanz der eigenen Grenzen. Die intensive Beschäftigung mit Farben zum Beispiel, sie lässt unsere Kinder versinken, gleichzeitig gewinnen sie großes Selbstvertrauen. Wir achten darauf, dass jedes Kind einen kreativen Lebensbereich findet. Die Kinder entwickeln dabei ein Mehr an Fähigkeiten und vor allem Einfallsreichtum, der sich gut übertragen lässt auf den Alltag und seine Pflichten.

Manchmal meldet sich bei mir der kleine Teufel, der ...! Vielleicht ist es Neid? Eine Stimme in mir sagt, dass es den Kindern ganz schön gut geht, und was wäre gewesen, wenn ich als Kind solche Möglichkeiten gehabt hätte. Tanzen, Stimmbildung, Möglichkeiten der Teilnahme am Chor, Musikunterricht, Reiten, Skifahren, Snowboard fahren, zum Fußball- und Handballtraining gefahren werden, die Teilnahme an Basketballspielen oder Spielen einer Bundesligamannschaft. Dann aber meldet sich eine andere Stimme und die sagt: „Dafür hast du immer Menschen um dich gehabt, die dafür Sorge trugen, dass es dir gut ging. Auf deinem Lebensweg konntest du Vertrauen entwickeln. Deine Erlebnisse und deine Erinnerungen stehen für eine Kindheit, die glücklich war und dich zu dem geführt hat, was du bist, ein Mensch mit vielen Gaben, der sicher seinen Lebensweg gehen kann. Du kannst einfach auf Erinnerungen zurückgreifen, wie auf eine bunten Wiese." Spätestens an dieser Stelle ist der kleine Teufel wieder eingefahren. Es stimmt, es ist vielfach ein Wunder, dass sich manche Kinder wieder erheben, und da braucht es vieler Hilfsmittel, damit sie ihre Energie und Kraft wieder spüren können.

Kinder brauchen etwas so „Einfaches" wie Spielen

„Kinder buchstabieren noch mit dem Herzen."[34]

Spielen und Spielzeug – es sind zwei wesentliche Merkmale für Kindheit. Sie gehören zusammen. Spielen fördert das Handeln der Kinder. Sie üben immer wieder ein bestimmtes Verhalten ein und werden nicht müde, sie haben keine Langeweile, sie spie-

---

[34] Erich Kästner: Kinder lesen anders. Zur Jugendbuchwoche 1956.
  In: Erich Kästner Gesammelte Schriften in sieben Bänden. Atrium Verlag,
  Cecilie Dressler Verlag, Kiepenheuer & Witsch 1959. S. 533

len. Sie müssen denken und planen, sie müssen Entscheidungen treffen und sich konzentrieren. Im Spiel mit anderen Kindern wird soziales Verhalten gefördert und trainiert. Sie lernen auf wundersame Weise, Regeln und Strukturen zu akzeptieren und sich auf die Gemeinschaft einzulassen. So entsteht Platz für Kreativität und Fantasie.

Die Gefühle beim Spielen sind vielfältig. Kinder erleben Freude und Angst. Sie sind entspannt und aufgeregt. Staunen, Enttäuschung und Glück können sich in schneller Folge abwechseln. Es gibt Aggressivität und die Antwort darauf, es gibt Hoffnungen und Überraschungen und oft spielen die Kinder ganz ohne Zweck, einfach so! Sie lernen vor allem, ihren Fähigkeiten zu vertrauen und sich immer wieder neuen Aufgaben spielerisch zu stellen.

Und doch: Es gibt Kinder, die nicht spielen können und es gibt Kinder, die jedes Spielzeug ablehnen, weil es für sie eine Gefahr darstellt. Nicht spielen können und Angst vor Spielsachen haben, ist eine Störung, die sehr früh entsteht. Sie ist sehr schwierig wieder zu beheben. Uns allen ist klar, wie wichtig kindliches Spielen für die Entwicklung ist, besonders für die Entwicklung der Persönlichkeit und vor allem für die Entwicklung der Selbstständigkeit eines Kindes.

☆

Erfüllt von der Methodik der „Heilpädagogischen Spieltherapie" wollte ich einem Mädchen zeigen, wie viel Freude es macht zu spielen. Sie saß stundenlang auf einem Flecken und schaute traurig vor sich hin. Der Anblick der Spielsachen ließ sie erstarren. Ich wollte nur ein Lächeln auf das Gesicht des Mädchens zaubern. Nichts war es mit dem „schönen" Gedanken. Sie bewegte sich einfach nicht. Ihre wortlose Traurigkeit warf mich mit meinem tollen Ansatz aus der Bahn. Sie machte jede Begegnung so unendlich schwer. So vergingen viele Stunden therapeutischer Arbeit und doch, eines Tages nahm sie eine Figur, schaute sie an, betastete sie, nahm sie liebevoll in den Arm und lächelte. Sie hatte begriffen: Es gibt keine Gefahr.

☆

Bei uns leben Kinder, die sich „zerrissen" entwickelt haben. Je nach dem, was ihnen auf ihrem Lebensweg passiert ist, was sie vermeiden, weil es weh tut, sind sie bei einigen Entwicklungsstufen weiter vorn und manchmal auch erheblich reduziert.

☆

Ein elfjähriger Junge spielt hervorragend Monopoly. Monopoly ist gegenständlich, strategisch und hat klare Regeln und Strukturen. Damit kann er die Welt einteilen. Er spielt gerne und hat viel Erfolg dabei. Auch wenn er verliert, kann er seine Niederlage aushalten. Trotz vieler entsprechender Angebote beginnt er dagegen erst jetzt mit dem ersten Bauen von Lego. Beim Bauen mit Legosteinen wird die Fantasie abgebildet. Es sind Feinmotorik und räumliche Vorstellungskraft gefragt. Proportionen, Entfernungen und Größenrelationen werden von Kindern sehr frühzeitig, schon in der Zeit der frühkindlichen Pflege, erfahren und übernommen. Seine Mangelsituation aus dieser Zeit führte zu weitreichenden Lücken, die seinen Kenntnisstand bis heute behindern.

Er klettert wie unsere großen Kinder auf Bäume und das Trampolin ist neben dem Fahrrad sein Lieblingsgefährte. Mit dem Besuch in einem Hochseilgarten wollten wir ihm eine Freude machen, weil wir wissen, dass er dafür das Potenzial hat. Doch er zog sich zurück, er wollte nicht! Verzagt schaute er ab und an zu unseren anderen Kindern, die lachend und freudestrahlend ihren Parcours geschafft hatten. Er konnte seine erworbenen Kompetenzen im Hochseilgarten an dieser Stelle nicht leben. Der Junge hatte den Schutzrahmen der Steinmühle verlassen. Hier kann er zeigen, was er kann, doch dort im Hochseilgarten war diese Sicherheit nicht und die anderen Menschen hatten ihm Angst gemacht – eine unüberwindbare Barriere für ihn.

★

Unsere Kinder mögen es besonders, wenn wir mit ihnen spielen. Selbst die Großen können sich vorstellen, dass sie mal wieder „Teekesselchen" oder „Die verrückte Klinik" mit uns spielen. Oder die Großen suchen sich die Möglichkeit zu spielen, indem sie die Kleinen anleiten. Spiele sind wie ein Band, das uns verbindet. Es sind gemeinsame Erlebnisse, die einfach gut tun. Es sind aber auch Erlebnisse, die auf die Aktivseite kommen. Ich meine damit, dass in der Zeit, in der Kinder schwierige Erlebnisse hatten, eine Passivseite entstanden ist. Eine Seite, die die Kinder sehr belastet und die oft sehr schwer zu löschen ist. Wenn aber die Aktivseite, die liebevolle, die freundliche, die warme, sehr gefüttert wird, dann gibt es eine Umkehrung zu Lachen und Lebensfreude und die Mangelseite mit ihrem Mangelerleben verliert ihre Macht.

Unsere Kinderfamilienhäuser liegen alle in unmittelbarer Nähe zur Natur und haben große Gärten. Die Natur bietet wundersame Möglichkeiten für die Seelen unserer Kinder. Es ist ein riesiger Abenteuerspielplatz. Unsere Kinder brauchen diesen Raum, um heilen zu können. Hier können sie die Natur in sich aufnehmen. Sie können toben und spielen, sich zurückziehen. Hier sind sie Entdecker, Pirat, Bäcker, Straßenbauer, Architekt, Prinzessin und König. Die Kinder können klettern, bauen, am Bach spielen, matschen, im See baden oder auch einfach mal herumklüngeln. In der Natur erfahren sie Freiheit, aber lernen auch ihre Grenzen kennen, wenn sie z.B. auf einen Baum klettern und nicht mehr runterkommen. Vor allen Dingen können sie sich mit anderen Kindern messen. In der Natur erfahren sie neben Freiheit Schönheit, Harmonie und Rhythmus.

Gemeinsame Erlebnisse schaffen gemeinsame Erfahrungen

Gemeinsame Erfahrungen schaffen Beziehung und Beziehung ist eine der wichtigen Grundlage für Leben.

Kleine Kinder, große Kinder, laute Kinder, leise Kinder, traurige Kinder, fröhliche Kinder, blondhaarige Kinder, dunkelhaarige Kinder, sportliche Kinder, musikalische Kinder, kreative Kinder – es ist ein buntes Völkchen, das in einem Haus zusammenlebt, und doch sind es unzulängliche Kinder, Kinder die nicht passen. Kinder mit Problemen. Die Kinder wissen, dass sie zum Überleben ihre Eltern brauchen. Manche Eltern sind sich ihrer Pflichten jedoch nicht bewusst. Sie sind emotional oder psychisch nicht in der Lage, ihren Kindern zu geben, was sie zum Wachsen brauchen. Sie haben es oft selbst nicht erfahren und gelernt. Trotzdem müssen wir uns fragen, haben die Kinder die Probleme verursacht? Die Not dieser Kinder fordert das Engagement unserer gesamten Gesellschaft. Wenn das Elternhaus versagt, brauchen Kinder Hilfe! Sie brauchen Schutz, sie brauchen Sicherheit, sie brauchen Menschen, die langfristig zu ihnen stehen und ihnen zeigen, dass die Welt nicht nur aus Gewalt, aus Schmerz, aus

Grenzüberschreitung, aus Ohnmacht, aus Ausgeliefertsein, aus Unterdrücktwerden und aus Qual besteht, sondern dass es sich lohnt zu leben, dass es Werte gibt im Leben, dass Liebe, Achtung und Vertrauen keine leeren Worthülsen sind. Sie brauchen die Chance auf Entwicklung, auf Bildung, auf Therapie und Behandlung.

Die Seele eines Kindes verzweifelt an dem erlittenen Unrecht. Unter dem Druck der Umwelt, manchmal auch der Angst zu sterben oder verloren zu gehen, wird das Kind schweigen oder ein schwieriges, unangepasstes Verhalten zeigen und damit auf sich aufmerksam machen.

Zugehörigkeit, Beziehung, Zuhause, Gemeinsamkeit – fremde Konstrukte für unsere Kinder. Es sind unvertraute Gebilde! Wie wollen unsere Kinder spüren, was sie noch nie erlebten?

Antwort: In ganz kleinen Schritten, langsam, Schritt für Schritt!

Gemeinsame Erlebnisse mit den anderen Kindern im Haus schaffen gemeinsame Erfahrungen und gemeinsame Erfahrungen schaffen Beziehung. Es ist jetzt eine „Bande" Gleichgesinnter, die die lebensnotwendigen Schritte gemeinsam gehen. In der gemeinsam verbrachten Zeit werden die seelischen Nöte und Schwierigkeiten unserer Kinder umgewandelt in Lebensmut und Lebensfreude. Lange benötigt ein Kind die schützende und warme Hülle, die liebende Menschen und ein warmes Daheim ihm geben, und unsere Kinder benötigen das erst recht! Nur die Kinder, die sich geliebt und umsorgt fühlen, werden Wertschätzung für sich selbst empfinden und damit ihre Entwicklung aufnehmen.

Was gefällt diesen Kindern? Was tut diesen Kindern gut? Wir achten darauf, Achtsamkeit – Liebe – Wärme – Umhüllung, fürsorglich weben wir weiter an dem Band, das uns verbindet.

Du bist von mir zu einer Beziehung eingeladen.
Ich koche für dich, wir kochen zusammen. Was bedeutet es, an einem Tisch gemeinsam das Essen einzunehmen? Für viele unserer Kinder war es nicht selbstverständlich, dass die nächste Mahlzeit gesichert war. Ein gedeckter Tisch, der jeweiligen Gelegenheit angepasst, er strahlt etwas von der Stimmung der Tagesstunde aus, zum Beispiel: Schön, dass du aus der Schule zurück bist. Oder am Abend: Jetzt haben wir Zeit miteinander, Zeit zum Essen und Zeit zum Reden. Der Tag geht zu Ende. Es ist schön, dass wir alle beieinander sind. Eine gute heiße Suppe in der kalten Jahreszeit ist ein verschlüsseltes Symbol: Ich möchte dich von innen wärmen.

Ich helfe dir, wir helfen uns gegenseitig.
Warum legen wir so viel Wert auf gemeinsame Erlebnisse? Sie tragen uns, weil sie eine stabile innere Orientierung geben! Gemeinsame Erlebnisse müssen viel aushalten, sie sind ein wichtiges Stützsystem! Sie schaffen Vertrauen nach innen und nach außen! Wir sind Menschen mit unterschiedlichem Hintergrund, unterschiedlichen Erfahrungen, unterschiedlichen Problemen und Schwierigkeiten in unseren Rucksäcken, mit unterschiedlichem Verhalten, unterschiedlichen Meinungen, unterschied-

lichen Wünschen. Wir kommen aus unterschiedlichen Familien und uns halten keine Verwandtschaftsbande zusammen. Dieser Zusammenhalt und eine belastbare Beziehung werden in dieser Kinderdorffamilie erst entwickelt. Zeit ist ein Riese, Zeit und viele gemeinsame Erfahrungen. Die so gewachsenen Beziehungen müssen uns auch in schweren Zeiten tragen. Denn es gibt Stunden für unsere Kinder, in denen nur traurig sein und Verzagtheit zu spüren ist. Es gibt sie, die Zeiten, in denen das Gefühl, nichts wert zu sein, alles überspült. Es gibt sie, die Augenblicke, in denen Wut und Zorn und Schreie alles übertönen, auch unsere Liebe. Und doch, die Kinder schaffen es immer wieder aufzustehen, weil sie nicht mehr alleine sind.

Es ist wichtig, gute Erlebnisse in sich zu tragen – kleine Bilder, die ein Lächeln auf das Gesicht zaubern.

✫

Der weihnachtliche Zauber erwacht, wenn die jüngeren Kinder in den Weihnachtsferien mit André, dem Hausvater aus Düttingsfeld, in den Wald gehen und den Tannenbaum aussuchen, der diesmal auserkoren ist, unser Tannenbaum zu werden. „André, André, schau, der ist es", so schallt es durch den Wald. Leider benötigen wir nur einen Tannenbaum, und es ist immer eine Prozedur, den richtigen zu finden. Wie eine Trophäe, die besonders kostbar ist, wird er auf dem Schlitten zur Hütte befördert und den dort wartenden Großen präsentiert. Die haben in der Zeit schon den Weihnachtsschmuck bereitgelegt, denn jetzt beginnt das Schmücken des Baumes. Erst kommt der Engel für die Spitze. Er ist prachtvoll in seinem schönen Gewand. Christbaumkugeln und bunte Vögel, Eisblumen und Eiszapfen aus Glas, Glöckchen und besonders viel Naschwerk werden diesen Baum verzaubern und ihn zu etwas ganz Besonderem werden lassen.

Ja und dann stehen die Mädchen und die Buben an der Treppe und warten auf das Christkind. Ganz gespannt sind sie und aufgeregt. Die Kerzen werden angezündet und der Baum steht in seiner ganzen Pracht und wartet auf die Kinderschar. Ein Glöckchen ertönt. Und dann geht die Tür zum Weihnachtszimmer auf. Andächtig und staunend und ganz brav stehen die Kinder da und lauschen der Weihnachtsgeschichte.

Kleine Bengelchen auf nackten Füßen werden den schönen Baum wieder ganz früh am Morgen besuchen. Was sie da machen? Sie verschmausen genüsslich die Süßigkeiten. Und die Großen? Die füllen „ihren" Baum wieder auf und machen ihn schön. So ist das in unserer Großfamilie, in der die Kleinen und die Großen ihre Geheimnisse haben.

☆

Ferien, eine Zeit der Erholung, eine Zeit der Erlebnisse, des Glücklichseins, der neuen Eindrücke, des Lernens, der Gemeinschaft.

☆

Es war an einem 24. August in Osttirol. Wir befanden uns in einer Berghütte. Unsere Gruppe wollte eine Wanderung auf einen Berg unternehmen, der gleich vor unserer Nase liegt und uns schon lange mächtig reizte. Wir hatten das Wetter vom Informationsbüro eingeholt: Sonne, leichter Wind, keine Veränderung der Wetterlage. Frohgemut gingen wir los. Es machte richtig Freude, und wir kamen relativ gut voran. Schon waren wir am Geröllfeld. Erst einmal eine kleine Pause und dann wollten wir den Gipfel stürmen. Aber es kam anders. Aus dem heiteren Himmel war ein bewölkter geworden. Es wurde dunkel und dann gerieten wir in einen Schneesturm. Sie haben richtig gelesen, es war August! Unglaublich, wie aus einer einfachen Wanderung eine gefährliche Situation entstanden ist. Erst entschieden wir mit wehem Herzen, sofort in unsere Hütte zurückzukehren und dann machten wir uns an den Abstieg.

Auf diesem Weg haben mir meine schwierigen und belasteten Kinder und Jugendlichen gezeigt, was Kameradschaft und Zusammenhalt ist. Die Großen nahmen mit einer unglaublichen

Selbstverständlichkeit die Jüngeren an ihre Seite. Sie selbst zogen sich ihre Jacken aus und wärmten damit die anderen Kinder und schützten deren Gesichter vor dem Schneesturm. Damit es schneller ging, trug ein Jugendlicher sogar ein Kind, das besonders langsam war. Die Rucksäcke der Kleinen hatten sie sich bereits genommen. Trotzdem wurde es ein schwerer Abstieg und ein unangenehm kalter noch dazu. Alles war rutschig und nass! Die gesamte Situation war schwierig, doch die Jugendlichen machten noch kleine Witze, reichten mir die Hand, wenn es über einen dicken Baum ging, und weil wir Abkürzungen nahmen, um den Rückweg schneller zu schaffen, führten sie die Kleinen. Sie hoben sie über Geäst, hielten Zweige aus dem Weg, nahmen sie an die Hand bei besonders unwegsamen und steilen Hängen und munterten sie auf, dass wir es doch bald geschafft haben.

In der Zwischenzeit hatten die anderen, die in der Hütte geblieben waren, Sorgen um uns bekommen. Ein Fahrzeug fuhr die Strecke auf und ab, wo wir vermutlich aus dem Wald herauskommen würden. Die Rechnung ging auf.

In der Hütte wurde in der Zwischenzeit heißer Kakao und heißer Tee zubereitet. Wärmflaschen wurden aufgefüllt und Decken gewärmt. Überall brannten Kerzen und waren Laternen angebracht. Als wir endlich mit dem Fahrzeug die Hütte erreichten, traten uns doch Tränen in die Augen. Geschafft! Und dann wurden wir nur noch gewärmt und verwöhnt! Ich bin heute noch stolz auf meine Jugendlichen und sehr dankbar, dass wir das Abenteuer unbeschadet überstanden. Übrigens, es war der Sommer, in dem Kühe per Hubschrauber von den Weiden geholt wurden. Der vorübergehende Wintereinbruch hatte auch die Einheimischen überrascht.

Wir aber hatten noch lange zu erzählen, und dieses tolle Gefühl zwischen uns, das hat angehalten und uns getragen, eine sehr lange Zeit.

Gemeinsame Erlebnisse machen stark und sorgen dafür, dass das Zusammengehörigkeitsgefühl wächst.

☆

Den Sommer verbringen wir meist im Süden, am Meer. Einen Sommer lang hatten wir unser Schwimmtraining gemacht. Es ging immer ein Stückchen weiter. Erst hatten wir eine kleine Insel angeschwommen, die in 400 Schwimmzügen von unserem Platz aus zu erreichen war, dann hatten wir die nächste kleine Insel anvisiert und so hatten wir unseren Radius immer weiter gezogen. Jeden Morgen machte sich eine bunte Korona auf den Weg: Die Schwimmergruppe, rechts und links flankiert von je einem Ruderboot sowie Sebastian auf einem Surfbrett, damit er Kinder, die sich ausruhen wollten, auf das Brett nehmen konnte. Außerdem für Sebastian eine wichtige Tätigkeit. Als wir das erste Mal eine dieser kleinen Inselchen erreichten, die weiter weg waren, kamen wir schon mit stolz geschwellter Brust zurück. Am Ende des Sommers war es dann so weit. Wir hatten die weiteste Insel erreicht. Auf dieser Insel wollten wir den weiteren Tag und die Nacht verbringen. Unser Faktotum Bernd hatte sich bereit erklärt, uns mit seinem Motorboot leckeres Essen, Getränke und unsere Schlafsäcke zu bringen. Damit es in der Nacht so richtig gespenstisch zugehen konnte, hatte er noch einen Kassettenrekorder mit entsprechend spannender TKKG-Geschichte mitgebracht. Es wurde ein sehr schöner Tag und ein Abend voller Geschichten und Erzählungen. Die Sonne ging romantisch unter und am Horizont waren die großen Schiffe auf ihrer Schiffsroute zu sehen. Langsam ging auch die Lebendigkeit meiner Kinder in ein ruhiges Gemurmel über. Also machte ich die Kassette an und wir hörten das aufregende Abenteuer. Besonders die Jugendlichen, die mit ihren Schlafsäcken etwas weiter gelagert hatten, die kamen verdächtig in meine Nähe und als es spannend wurde und zeitgleich noch ein Schiff mit roten Lichtern in die Nähe unserer kleinen Insel kam, da war es ganz aus. Auf jeden Fall wurde ich in dieser Nacht sehr schön gewärmt, nur Umdrehen konnte ich mich nicht.

☆

Von diesem Schwimmen und von der Nacht auf der Insel erzählten die Kinder immer wieder. Wir können darüber lachen, davon erzählen, wir haben etwas Gemeinsames, von dem wir berichten können. Wir haben eine gemeinsame Geschichte! Es ist erleichternd und stärkend, manchmal ist es sehr heilsam zusammen zu lachen. Weißt du noch? Man lacht über sich selbst. Welche Figur habe ich wohl abgegeben, als ich in Österreich den Berg auf dem Hosenboden runterrutschte? Die Jugendlichen, sie waren stark, es war ihr Element! Andererseits können heute Jugendliche über ihre Ängste lachen in der Geschichte vom Meer und erzählen, dass sie sich noch nicht einmal mehr zum Pipi machen gehen getraut haben. Auch die Schwimmleistung bleibt immer in unserer Erinnerung. Sie haben sich großartig gefühlt! Sie haben etwas geschafft!

Wir leben zusammen und sie leben wieder!

Handlungsanweisungen bei fehlender Bewältigung des Alltags

Handlungskompetenz erwirbt ein Kind, wenn es in seiner Entwicklung förderliche Sozialisationsbedingungen hat.

Wenn diese Voraussetzungen fehlen oder nur mangelhaft vorhanden sind, fehlen dem Kind wichtige Strategien, um das Leben mit seinen vielen Facetten leben zu können.

☆

Muttertag. Unsere Kinder haben sich etwas ganz Besonderes einfallen lassen. Wenn ich jetzt nachdenke, dann habe ich mich schon über die Ruhe gewundert, die im Haus herrschte. Doch ich dachte, da hat wohl unser Michael seine besondere Fähigkeit wieder einmal aus dem Schublädchen geholt und wie der Rattenfänger von Hameln alle Kleinen auf die große Wiese an der Steinmühle mitgenommen.

Tina brachte mir einen Kaffee und gratulierte mir zum Muttertag. Dann hörte ich die Stimme von Michael: „Seid ihr endlich fertig?" Jetzt aber schnell! Michael hier – und die Kleinen? Statt einer Antwort erklärten mir Michael und Tina, dass ich jetzt mit dem Bus fahren müsste. Sie würden mir sagen, wohin es ginge. Über Umwege, damit ich ja nicht erahnen könnte, wohin des Weges, führten sie mich zur Kaisereiche. Sie ist zu Ehren von

Kaiser Karl dem Großen gepflanzt worden und mit ihren über 1000 Jahren sicher einer der ältesten Bäume. Vor diesem Baum befinden sich ein wunderbarer Platz zum Sitzen und eine herrliche Wiese. Und da waren ja auch schon alle anderen Kinder. Sie hatten ein fantastisches Frühstück vorbereitet. Auf ihren Gesichtern lag Freude und Spannung, was ich wohl dazu sagen würde.

Aber, was war mit Oliver? Er wedelte unsicher mit den Armen und schaute auf den Boden. In seiner Welt waren die Zusammenhänge zwischen Muttertag und Ausflug unbekannt. Alleine ohne mich, warten auf mich, wie geht es weiter – kurz, die Strukturen kannte er nicht. Er reagierte mit großer Unsicherheit, obwohl er vorher von den anderen Kindern heimlich informiert wurde, was sie vorhaben. Das Unbekannte hatte seine Alltagsstrukturen durcheinandergebracht und er konnte auf bisher Gelerntes nicht zurückgreifen. Er machte wieder die Erfahrung der Orientierungslosigkeit.

✽

Hätte es Oliver geholfen, wenn der Muttertag vorher Schritt für Schritt mit ihm besprochen worden wäre? Es ist nicht immer einfach, ein Gleichgewicht zwischen den Ansprüchen der Erwachsenen und den Bedürfnissen der Kinder zu finden, wir versuchen es immer wieder!

Kinder, die während ihrer Kindheit mit Verlassenwerden, Misshandlungen und anderer familiärer Gewalt, mit psychisch kranken Eltern, mit Drogen- und Alkoholmissbrauch, mit Verwahrlosung, wechselnden Bezugspersonen konfrontiert wurden, die auf der Schattenseite gelebt haben, entwickeln oft die Fähigkeit nicht, Leistungen des Alltags zu erbringen. Ihnen fehlte die Anregung, das Vorbild, die Motivation. Es geht oft um ganz kleine Schritte, die das Kind nicht gelernt hat zu gehen. Bei ihm sind die synaptischen Verbindungen nicht angelegt, das Männchen im Hinterkopf, das das Kind daran erinnert, was es machen muss. Es weiß nicht, dass es die Toilette abspülen muss oder die Seife zum Händewaschen nach dem Toilettengang benutzt wird. Es hat Zähneputzen noch nie gesehen, und es kennt keinen Kamm.

Ich habe als Kind diese Schritte selbst übernehmen können, weil ich sie einfach von einem liebevollen Erwachsenen abgeschaut, einfach erlebt habe, dadurch hat sich eine innere Landkarte gebildet. Ich habe als Kind gesehen, gehört, gespürt, gerochen und manchmal habe ich noch den Geschmack meiner Kindheit im Mund. Mit liebevoller Zustimmung wurden schon meine ersten gelösten Aufgaben bedacht. Meine Familie freute sich einfach über alles, was ich lernte. Sie erzählte auch anderen Menschen davon und ich hörte es und war stolz.

Aber bei unseren Kindern sind oft gerade die einfachen Abläufe aus der frühen Kindheit nicht erlebt worden oder sie sind aus mannigfaltigen Gründen nicht vorhanden. Wie dusche ich mich? Wie kleide ich mich? Wie mache ich meine Schnürsenkel zu? Wie gehe ich mit Konflikten um? Viele unserer Kinder haben keine Strategien. Sie hatten niemanden, den sie beobachten konnten. Oder fast eben so schwierig, es hat immer eine Person um sie gegeben, die alles für sie getan hat. Dann beginnt ein Alter mit Schule, Sport und Schwimmen und plötzlich ist es beschämend, sich zum Beispiel nicht anziehen zu können. Aus dieser Unachtsamkeit gegenüber dem Kind entstehen Energielosigkeit oder Aggressionen.

Falsches Lernen zum Beispiel kann zu unglaublichen Missverständnissen führen.

✳

Ein Mädchen kam aus einer großen Einrichtung zu uns ins Erich Kästner Kinderdorf. Die Aufnahme verlief ohne Zwischenfälle. Das Kind spielte mit anderen Kindern und freute sich über jede Aufmerksamkeit von uns. Plötzlich sprang sie auf und suchte aufgeregt den Aufzug. Wir erklärten ihr, dass wir keinen Aufzug hätten, und sie warf sich auf die Erde, schrie und tobte. Wir konnten sie nicht beruhigen. Es ging alles so schnell, dass kein Raum für Erklärungen war. Wir waren entsetzt! Es war ein Bild des Erschreckens. Wie eine kleine Wildkatze wehrte sie sich gegen alle Versuche, sie zu berühren. Eine Mitarbeiterin kam aus einem anderen Raum und rief: „Es gibt Essen!" Das Mädchen sprang blitzschnell auf und sagte: „Da war er doch, der Aufzug und hat das Essen gebracht!"

✫

Essen ist für viele unserer ankommenden Kinder ein zentrales Thema.

✫

Ein Geschwisterpaar kam zu uns. Sie hatten beide sehr schwierige Dinge in ihrem bisherigen Leben erfahren. Sie waren vor allem alleine und unversorgt gelassen worden. Das führte besonders bei dem Jungen dazu, dass er von dem Augenblick an, in dem in der Küche ein raschelndes Geräusch zu hören war, seinen Platz am Küchentisch einnahm und ihn nicht mehr verließ, bis das Essen fertig war und ein Teller gefüllt vor ihm stand. Er hat erst nach vielen Monaten begriffen, dass das Essen erst gekocht werden muss. Immer wieder erklärten wir ihm den Vorgang des Kochens und der Vorbereitung für das Essen. Er macht übrigens gerade eine Lehre zum Koch.

✫

Es ist überhaupt ein Problem in unserer Gesellschaft, dass die Kinder die Arbeit der Eltern, hier besonders die des Vaters, nicht mehr erleben, aber sich auch nicht mehr vorstellen können. In früheren Zeiten ging das heranwachsende Kind mit dem Gärtnervater in die Gärtnerei und hat wie selbstverständlich die Handlungen seines Vaters kopiert und übernommen. Ein Schreiner hat seine Kinder mit in die Schreinerei genommen und ein „Schrauber" hat die Kinder zu sich in die Werkstatt geholt. Jetzt fehlt der Vater als Vorbild und manchmal fehlt auch die Mutter als eine Person, von der man lernen und abgucken kann.

Unsere Kinder haben einen komplizierten Weg vor sich, den Weg, zu wachsen. Dieser Weg ist auch schon unter normalen Bedingungen ein schwerer Weg. Für unsere Kinder aber ist er alles andere als gemütlich. Jede neue Erkenntnis ist mit viel Training verbunden und manchmal möchten wir alle verzagen, die Kinder und wir, die Erwachsenen. Aber immer gibt es einen neuen Morgen und der Weg führt wieder vorwärts.

So ist es ein wichtiges Ziel, dass unsere Kinder mit den Fähigkeiten ausgestattet werden, die für ihr Leben wichtig sind: „Wir müssen das Kind abholen, wo das Kind steht und es mit Strategien und Handlungsanweisungen für den Alltag ausstatten."

☆

Martin wartet auf dem Hof in Düttingsfeld auf den Trainer, der ihn jeden Dienstag zum Fußballtraining abholt. Jede Woche erlebt Martin, dass er abgeholt wird. Jede Woche erleben wir vorher, dass Martin unruhig und aufgeregt ist. Er läuft ständig im Hof auf und ab. Schaut immer wieder auf die Straße und zeigt eine große Unsicherheit. Jede Woche nach dem Training wird Martin ermutigt: „Siehst du, du bist wieder abgeholt worden! Bitte, erinnere dich nächste Woche daran!" Der nächste Dienstag kommt und Martin wird wieder unruhig! Diesmal verändern wir die Situation und geben genaue Handlungsanweisungen: „Du wartest bis 17.30 Uhr. Bist du bis zum vereinbarten Zeitpunkt 17.30 Uhr nicht abgeholt worden, wartest du noch fünf Minuten. Dann kommst du zu mir und ich fahre dich zum Training." Es ist unglaublich, aber das war es!

☆

Welche Bedingungen müssen vorliegen, damit ein Kind den Alltag bewältigen kann? Es muss Neugier und Interesse haben und Menschen um sich herum, die ein gesundes Lernumfeld herstellen können. Das Kind muss den dahinterliegenden Grund erkennen können. Wir schneiden Erdbeeren nach dem Waschen klein, sie kommen in einen Topf, Zucker wird zugegeben, der Ofen angemacht und dann müssen wir rühren, damit unser Kochgut nicht anbrennt – aber dann bekommen wir eine Marmelade. Diese wohlschmeckende Marmelade ist für das Leckermäulchen, das in der Küche hilft, Belohnung. Trotzdem liegen zwischen dem Wunsch „ich koche eine Marmelade" und „sie ist fertig" viele Arbeitsschritte und für das Kind eine lange Zeit. Vielen Kindern fehlt die Geduld. Doch: Die anderen Kinder probieren die Marmelade und das Kind bekommt großes Lob. Viele kleine Schritte haben dazu geführt, dass dieser Erfolg möglich war. Das Kind hat so den Sinn einer bestimmten Arbeit erkannt. Da es auch das Etikett für das Marmeladenglas gemalt hat, wird es auch zukünftig erkennen: „Das war ich, ich habe mitgeholfen!" Dieses Erlebnis von Erfolg und Begeisterung wird es in sich weitertragen. Arbeit bedeutet in diesem Sinne nicht nur Leistung – sondern Erfolg und Freude.

✶

Ein Mädchen, das in einem unglaublich vermüllten Haushalt gelebt hat, hat trotz ihres Bedürfnisses nach Sicherheit und Schutz, nach Beziehung und sozialer Anerkennung, eine unglaubliche Selbstregulationsschwäche im Bereich der Ordnung. Es gelingt ihr nicht, ihr eigenes Zimmer sauber zu halten. Alle angebotenen Bewältigungskonzepte sind erfolgreich für die Zeit der gemeinsamen Anwendung. Doch dann schlägt das alte System des Chaos wieder zu.

Das Mädchen kam mit sieben Jahren zu uns. Inzwischen hat es alle anderen altersgemäßen Entwicklungsschritte mit Bravour nachgeholt. Trotzdem hat sie Jahre gebraucht, um so viel Vertrauen zu fassen, dass sie Anteil an der Welt draußen nehmen konnte. Sie ist das Mädchen, das ihre Schulpausen auf der Toilette absolvierte. Sie ist jetzt eine selbstbewusste junge Dame, die gerade dabei ist, ihr Abitur zu machen. Sie ist zärtlich, ehrlich, liebenswert, klug, vielseitig, offen, hilfsbereit, ausdauernd, freundlich, sie hat Humor und sie hat Pep. – Und sie ist immer wieder beschämt und traurig, weil sie sich ihrer Unordnung im Zimmer bewusst ist und sie doch nicht verändern kann.

☆

Wie Sie aus der Geschichte von Oliver am Anfang des Buches erfahren haben, fehlt vielen unserer Kinder sogar der Antrieb zum Leben. Bevor unsere Kinder an einem Lernprozess teilnehmen können, müssen viele wichtige Wege beschritten werden.

Die Treppe der „Kleinen Schritte"
Die Darstellung der einzelnen Schritte macht transparent, welche Stufen bewältigt werden müssen bis zur Selbstständigkeit. Das System der kleinen Schritte beginnt mit dem Schutz des Kindes.

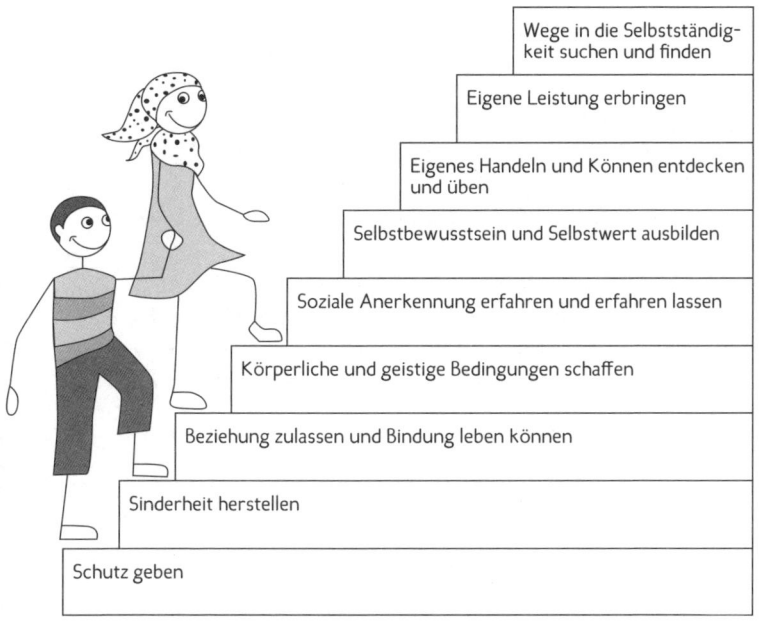

Wege in die Selbstständigkeit suchen und finden

Eigene Leistung erbringen

Eigenes Handeln und Können entdecken und üben

Selbstbewusstsein und Selbstwert ausbilden

Soziale Anerkennung erfahren und erfahren lassen

Körperliche und geistige Bedingungen schaffen

Beziehung zulassen und Bindung leben können

Sinderheit herstellen

Schutz geben

Bildungschancen

Man muss nämlich auch singen, turnen, tanzen können, sonst ist man, mit seinem Wasserkopf voller Wissen, ein Krüppel und nichts weiter.[35]

„Was ist Bildung?", fragte ich während einer Gesprächsrunde in der Steinmühle.

„Bildung ist Wissen um die kulturellen Fähigkeiten und Möglichkeiten der Menschheit und deren Beherrschung. Es sind Fähigkeiten, die ein Mensch im Laufe seines Lebens erwirbt."

Johannes Leinen, Mitarbeiter im Erich Kästner Kinderdorf

„Bildung sind die kulturellen Fähigkeiten, was ein Mensch lernt."

Michael, Jugendlicher im Erich Kästner Kinderdorf

„Bildungschancen ist das, was ihr mit uns macht. Ihr gebt uns die Chance, die gelernten Schritte auszuprobieren, bis wir sie beherrschen." Mia, Jugendliche im Erich Kästner Kinderdorf

„Bildung im Kinderdorf sind Chancen für das spätere Leben."

Robin, Jugendlicher im Erich Kästner Kinderdorf

„Bildung hier bei uns ist die Chance, sich Wissen, und Wissen wie Handeln, anzueignen." Tina, Jugendliche im Erich Kästner Kinderdorf

„Bildung und Bildungschancen bereiten mich auf das spätere Leben, auf Selbstständigkeit vor."

Julian, Jugendlicher im Erich Kästner Kinderdorf

---

[35] Erich Kästner: Ansprache zum Schulbeginn. In: Die kleine Freiheit. Chansons und Prosa 1949-1952. Atrium Verlag 1952. S. 16

„Nun die letzte Frage", erklärte Pünktchen. „Können Sie Hand-
stand?" – „Nein", sagte Herr Bullrich entschieden. „Nein?",
fragte Pünktchen bekümmert. „Nehmen Sie's mir nicht übel,
aber so etwas von Talentlosigkeit ist mir in meinem ganzen
Leben noch nicht vorgekommen!" Dann drehte sie ihm den
Rücken und trat neben Anton, der in sich hineinkicherte. „So
sind aber die Erwachsenen", sagte sie zu ihrem Freund. „Wir
sollen alles können, rechnen und singen und zeitig schlafen
gehen und Purzelbäume, und sie selber haben von nichts 'ne
blasse Ahnung."[36]

Das Wunder geschieht: Die Seelen der Kinder können wieder
aufnehmen, die Sinne erwachen. Sie sind bereit, sich von den
Verwundungen zu erheben und sich Neuem zuzuwenden. Bevor
wir ein Kind bilden oder bilden können, muss es in einem bil-
dungsfähigen und aufnahmebereiten Zustand sein. Die Gespen-
ster der Vergangenheit können in mannigfaltiger Form immer
wieder auftauchen, doch jetzt ist der Zeitpunkt gekommen, unsere jungen Menschen im Hinblick auf die geistigen, seelischen
und sozialen Fähigkeiten noch intensiver zu trainieren.

Ich habe ein beeindruckendes Bild gesehen: Ein Mensch ist darauf abgebildet. Die Arme und Beine sind dicht am Körper an-
gepresst und um den ganzen Menschen ist eine dicke Schnur
gebunden. Er kann sich nicht bewegen, er kann sich nicht entwickeln.

Dieses Bild kann ich als Sinnbild für unsere Kinder nehmen. Der
Vorgang der „Ent-wicklung" lässt zu, dass sie sich wieder bewegen können. Durch Erziehung und Anleitung kommt es zu
spannenden Ergebnissen, und die jungen Menschen können ein
Stückchen „nach den Sternen greifen".

---

[36] Erich Kästner: Pünktchen und Anton. Atrium Verlag 1999. S. 45

Gesehen in Würzburg vor dem Museum am Dom

Die Lernprozesse bei uns sind so facettenreich, dass es schwer wird, sie alle aufzuzeichnen, doch immer ist es unser Handeln, unser Vorbild, unser Angebot. Wir verfügen über ein breites Spektrum an Möglichkeiten, aber wir hecken auch ungewöhnliche Pläne aus, um das Potenzial der Kinder immer wieder anzuregen und dem Mangel an „Nahrung" zu begegnen.

Erinnern Sie sich an die Geschichte vom Meer? Wenn nicht, lesen Sie diese im Kapitel „Methodisches Wachsen" (S. 109).

Was trainieren wir an so einem Tag am Meer?

Wir schaffen Lebensräume, in denen sich die Kinder sicher und wohlfühlen können, ohne Angst zu haben, was hinter der nächsten Türe wohl lauern mag. Lebensräume, in denen sie Wissen annehmen können, das ihnen „spielerisch" vermittelt wird, Lebensräume überschaubar und vorhersehbar. Gemeinsame Lebensräume schaffen Beziehung und Bindung als Voraussetzung für Lernen können und Lernen wollen.

„Wir geben den Kindern Bilder, wie das Leben sein kann."

Johannes Leinen, Mitarbeiter im Erich Kästner Kinderdorf

Wir trainieren die geistigen Fähigkeiten.

Wir trainieren die geistigen Fähigkeiten durch die Aufnahme von Informationen! Durch gemeinsame Gespräche, durch Handlungsanweisung, durch Unterrichtung, durch Vorbilder, durch gemeinsames Tun und Erleben, aber auch durch gemachte Fehler und daraus entstandenen Einsichten bewältigen wir das Vorhaben „Meer":

– Wie sichere ich ab?
– Welche Gefahren können auf uns zukommen?
– Wie begegne ich ihnen?
– Was muss ich unbedingt mitnehmen? Trinkwasser, Sonnencreme, Sonnenschutz, kleinen Verbandskasten?
– Vorbeugende Maßnahmen bei mangelndem Durchhaltevermögen?
– Wer kann vom Land aus bei Problemen helfen?
– Wie verhalte ich mich zur Aufmunterung der Gruppe?
– Was sage ich dem einzelnen Kind und erhöhe damit seinen Wert?
– Auf was müssen wir bei dem Wetter achten?
– Wann müssen wir Ruhezeiten einlegen?
– Was kann die Gruppe schaffen, vor allem der Schwächste?
– Ich zeige meine Freude über die Leistung, die wir gemeinsam erbracht haben.

Wir trainieren die sozialen Fähigkeiten.

- Wir stärken das Durchhaltevermögen.
- Wir erhöhen die Kommunikationsfähigkeiten durch einander zuhören. Was braucht der andere, was will der andere? Die Kinder müssen sagen, was sie wollen und was sie brauchen. Wir achten auf freundliches, respektvolles Verhalten, das Gespür für den anderen Menschen zeigt. Welche Botschaften kommen von ihm zu mir? Wir achten auf die Sprache.
- Wir arbeiten an der Konfliktfähigkeit, vor allem an dem ruhigen und sachlichen Erklären, was will ich, was möchte ich nicht, auch am Gespür, falls ein Streit droht und versuchen auszugleichen.
- Wir trainieren die Frustrationstoleranz. Ist der andere schneller, bin ich schneller, wartet er auf mich, werde ich gehänselt, wenn ich Probleme habe und wie gehe ich damit um? Warte ich auf das langsamere Kind oder stört mich seine Schwäche?
- Wir lehren Kritikfähigkeit. Es ist nicht leicht Kritik auszuhalten – doch es ist genauso schwer, andere mit guten Gründen zu kritisieren und nicht zu verletzen. Den anderen nicht klein machen, um groß zu scheinen.
- Wir motivieren zu Geduld, es fällt nicht immer leicht, auch den großen Leuten nicht!
- Wir fördern die Leistungsbereitschaft, wir alle möchten die gestellte Aufgabe gut erledigen und finden es aufregend, dass wir so „gut" sind. Gemeinsam sind wir stark! Wir schaffen es! Es ist eine schwierige Aufgabe, sie erfordert viel Einsatz. Es geht auch um die Bereitschaft, dass erkannt wird, jetzt bin ich gefragt, jetzt muss ich helfen, jetzt muss ich mit anfassen, ich werde gebraucht.
- Wir organisieren mehr Selbstständigkeit. Was kannst du schon alleine bewältigen? Du schaffst das schon! Woran kann ein Kind schon alleine denken in der Handlung und wobei kann es mitdenken? Zum Beispiel: Wir müssen alle Dinge, die wir auf der Insel haben wollen, vor Beginn des Schwimmens in Bernds Boot tragen. Wir müssen die Ladung gut und sicher lagern, wir müssen Trinkwasser, Sonnencreme vorher in das Fach

des Kanus bringen, es darf nicht so viel sein, der Platz ist nicht groß. Wir müssen die Kanus am Ufer der Insel sichern, damit sie uns nicht davon schwimmen. Das Surfbrett muss gut gelagert werden. Wenn Bernd mit dem Boot kommt, müssen wir ausladen und aufräumen.

- Wir arbeiten an der Teamfähigkeit. Kümmert sich der Größere um den Kleineren? Nur gemeinsam können wir es bis zu der Insel schaffen. Sorgt sich das Kind um Gegenstände, die allen gehören oder nur um die eigenen? Die gemeinsame Freude ist unser großer Erfolg, dazu gehört es, dass eigene Wünsche auch einmal zurückgestellt werden, vielleicht aber auch, dass das Kind Hilfe benötigt und lernt, diese Hilfe anzunehmen.

- Wir fordern Verantwortungsbewusstsein! Es ist eine Pflicht, gegenseitig auf sich zu achten! Vereinbarungen müssen eingehalten werden, es dürfen keine gefährlichen Risiken eingegangen werden. Sie erinnern sich – übrigens erinnern die Kinder auch mich inzwischen – Wasser zu trinken und sich einzucremen. Die Kinder übernehmen Aufgaben und halten sie durch, wie Sebastian, der die ganze Zeit auf dem Surfbrett war und paddelte, und wenn ein Kind sich ausruhen wollte, es zu sich auf das Brett holte.

- Wir fördern die Zuverlässigkeit der Kinder. Sie haben jeden Tag trainiert, keiner ist abgesprungen oder hatte „keinen Bock", sie waren einfach da und haben mitgemacht.

- Die Kinder erarbeiten sich eine „Geschichte", auf die sie stolz sein und von der sie erzählen können.

Trainieren wir auch die seelischen Fähigkeiten?

Ja! Die Seele der Kinder erlebt neue Eindrücke. Sie lernt neue Bilder kennen, neue Erfahrungen. Wir arbeiten an der Veränderung der Grundstimmung durch positive und eindrückliche Erlebnisse und Gefühle. Begeisterung und Freude, gute Laune und Harmonie, Wagnis und Mut, Erfolg und Zufriedenheit ergeben am Ende einer solchen Tour eine ruhige, entspannte Gelassenheit. Jetzt ist einfach alles nur gut!

„Ich dachte, es wäre ein Abenteuer, aber in Wirklichkeit war es das Leben."[37]

Bildung auf allen Ebenen hat bei uns im Erich Kästner Kinderdorf einen großen Stellenwert.

Gute Bildung darf nicht daran scheitern, dass traumatisierte Kinder mit dem Trauma und seinen Folgen so viel zu tun haben, dass sie in der Schule versagen.

Verletzungen, Quälereien, Misserfolge, Chaos, Entmutigung, Vernachlässigung, Todesangst, Versagen, Unbeständigkeit, Angst, Gewalt, Orientierungslosigkeit ... Dies ist ein kleiner Ausschnitt dessen, was unsere Kinder erlebt haben. Nicht alle alles, aber reicht nicht schon eines, um einen Menschen aus der Bahn zu werfen? Wie sollen sie das jemals verarbeiten, wie sollen sie sich erst auf Neues einlassen können, wenn das Alte noch so schmerzt und die Angst sie gefangen hält?

- Michael schreit ständig herum – ist es die Angst, übersehen zu werden?
- Christian macht die Erfolge der anderen nieder – ist es die Angst, nicht geliebt zu werden, nichts wert zu sein?
- Marcus reagiert panisch auf das Wort „Vater" – ist es die Angst sich an Dinge zu erinnern, die lieber im Verborgenen bleiben sollten, weil nur so der Schmerz ertragen werden kann?
- Melanie umgeht alle Anforderungen, war lange Zeit nicht mehr in der Schule – ist es die Angst zu versagen?
- Claudia will immer alleine sitzen – hat sie Angst vor Nähe?

Wie kann ich mit jungen Menschen umgehen, die so voller Ängste sind? Wie kann ich ihnen vermitteln, was gute Noten sind, wenn es doch darum geht, das eigene Überleben zu sichern?

---

[37] Joseph Conrad. In: PM Outdoor

Kann ich einem zehnjährigen Mädchen Leistung abverlangen, das vor kurzem aus ihrer Herkunftsfamilie ins Kinderdorf gekommen ist und in der Familie erleben musste: „Meine Mutter ist nicht zu meinem Schutz da, sie schaut zu, wenn mich männliche Verwandte vergewaltigen und missbrauchen"?

Immer wieder mussten wir erleben, dass die Kinder in der Schule versagten! „Ich habe dir doch gesagt, dass ich nichts kann! Ist doch klar, dass ich eine ‚5' schreibe! Ich brauche gar nicht mehr zu lernen!" Ja, es war nicht die mangelnde Lernbereitschaft oder das Unvermögen von Mia zu lernen, es war nicht die fehlende Vorbereitung auf die Prüfung, es waren in diesem Fall „nur" Albträume in der Nacht und ein „Nichtschlafenkönnen". Mia selbst verfügt über eine lebendige Intelligenz und hätte unter normalen Bedingungen eine gute Note geschrieben.

Jeden Nachmittag lernen Mia und die anderen Kinder und Jugendlichen bei uns nach einem bewährten Konzept:

Lernkonzept am Nachmittag

- Nachbereitung des Schultages
- Erledigung der Hausaufgaben
- Vorbereitung des nächsten Schultages
- gezielte Förderung einzelner Fächer
- zusätzliches Lernen bei erwarteten Prüfungen

Die Schulen mit ihren mannigfaltigen Aufgaben können unseren Kindern an dieser Stelle nicht helfen. Aus unzähligen Lehrergesprächen weiß ich, wie sehr das Schicksal einzelner Kinder berührt, und ich weiß um viele Sonderleistungen, die für unsere Kinder erbracht wurden und werden. Ich weiß, wie viele Sorgen sich Lehrer um unsere Kinder machen und wie sehr sie versuchen zu helfen. Wir selbst stehen vor manchen Ereignissen und Erlebnissen wie vor einer Mauer und können es nicht erklä-

ren, wie es wieder zu diesem Rückfall oder zu diesem Trigger[38] kam. Bei traumatisierten Kindern reicht oft ein Bild, ein Geruch, ein Wort, eine Geste, und sie werden zurückgeworfen in die schmerzhafte, manchmal irrationale Vergangenheit.

Um erfolgreich lernen zu können, brauchen besonders die schwer traumatisierten Kinder besondere Bedingungen. Sie brauchen Bedingungen, die dem Unfassbaren in ihrem Leben Rechnung tragen. Mitleid jedoch wäre ein schlechter Wegbegleiter. Sie brauchen Menschen, die sie auf besondere Weise fordern, damit sie ihren eigenen Weg ins Leben gehen können. Sie benötigen vor allem tragbare, sie aushaltende Beziehungen! Und sie brauchen Erfolg! Es ist in ihrer Lage ein Lebenselixier!

In der Regelschule kann diese Unterstützung nicht immer geleistet werden. Durch die fruchtbare Zusammenarbeit zwischen

---

[38] Trigger bedeutet Auslöser/Auslösereiz. Ein Auslöser kann ein Wort, eine Stimme, ein Geruch, ein Bild, ein Geräusch, eine Farbe sein. Bestimmte schwierige Reaktionen, Gedanken oder traumatische Erinnerungen können die Folge sein.

Kultusministerium und Sozialministerium erhielten wir 2001 die Genehmigung einer heiminternen Beschulungsmöglichkeit, die auf diese besonderen Bedürfnisse eingehen kann.

Durch die Aktion STERNSTUNDEN des Bayerischen Rundfunks und damit der Hilfe vieler wunderbarer Menschen konnten wir unsere Pläne in die Tat umsetzen.

Das Projekt war geboren. Unsere Kinder sind die Schüler; hier können sie eine Zeit „so lange wie nötig und so kurz wie möglich" außerhalb ihrer Stammschulen unterrichtet werden und erhalten so eine einmalige Chance im beschützten Rahmen zu lernen.

Es ist keine eigenständige Schule und es ist doch eine Schule in der Vorstellung der Kinder und der großen Leute. Die Kinder gaben ihr den Namen Sternstunden SchulCHEN, wohl auch, weil die Zahl der Schüler klein ist. Sie entwickelten ein Logo und weil sie merkten, dass sich manche großen Leute über das „CHEN" mokierten, gaben sie den einzelnen Buchstaben eine Bedeutung, eine Bedeutung, die für die Kleinen und Großen im SchulCHEN wichtig ist.

N eugierig
E nergievoll
H ochmotiviert
C lever

Sternstunden Schul

Es ist nicht einfach, ein verletztes Kind wieder aufzurichten und es so weit zu bringen, dass es wieder am Lernen teilnehmen kann. Die meisten unserer Schüler sind schwierige Schüler, sonst wären sie nicht an diesem Ort. Ein methodenintegratives Vorgehen, auch hier abgestimmt auf das einzelne Kind und seine meist komplexen Traumafolgestörungen, birgt Chancen für Katherina und Bernd und Sandra und Martin und Kai und Veronika und Leon und Anna und Paul und Sara und Tanja und Christian. Es ist oft ein gemeinsames Ringen um jeden kleinen Schritt. Doch am Ende ihrer Zeit im SchulCHEN sind es nicht mehr hoffnungslose Fälle, es sind neugierige und kluge, interessante und interessierte, kreative und mutige Kinder.

Bei allem, was wir gemeinsam schaffen, geht es vor allem darum, dem Kind seine Würde wiederzugeben und Sorge zu tragen, dass sich alte Verletzungen und Wunden wieder schließen. Wir wollen das Bewusstsein im Kind wecken, wie viel Wertvolles und Liebenswertes in ihm schlummert und darauf wartet, entdeckt zu werden.

„Als Michelangelo Hammer und Meißel an einem rohen Marmorblock ansetzte, wurde er nach seinem Vorhaben gefragt. Er antwortete: ‚In diesem Felsen ist ein Engel eingesperrt, und ich habe vor, ihn zu befreien.'"[39]

Wir haben die allgemeine Schulpflicht in Deutschland, und das ist gut so! Trotzdem haben manche Kinder so viel Leid erlebt, dass sie sich dieser Pflicht in ihrem Inneren entziehen, sie sind ohne Hoffnung, haben Angst, sie sind ohne Mut. Sie scheitern. So ist es in dieser ersten Zeit im SchulCHEN wichtig, diese Kinder zu schützen und ihnen das Gefühl der Sicherheit zu geben.

Worin besteht das Besondere dieser Schulform?

Das Gefühl des Schutzes und der Sicherheit für das ankommende Kind.

☆

Tanja hatte nicht darum gebeten von verschiedenen Männern ihrer Familie missbraucht zu werden. Sie hatte nur erlebt, dass

---

[39] Auch nach intensiver Recherche keine Quellenangabe gefunden

ihr niemand zur Seite stand, auch nicht ihre Mutter. Sie hatte aufgehört sich mitzuteilen. Zeigte für nichts mehr Interesse, ihr war alles egal. Am liebsten wollte sie sterben. Dann wäre sie weg. In der Schule interessierte sie sich immer weniger, sie nahm immer weniger teil am Unterricht. Sie war wortwörtlich sprachlos, matt, teilnahmslos.

In eine neue Umgebung kommen, in ein Heim? Scheißegal, was soll es! In eine besondere Schule? Was soll es? Entmutigt, fassungslos, versteinert…

Die ganze Schwere dieses Leides können wir nicht erfassen. Wir können in unserem SchulCHEN nur mit Liebe und Respekt diesem jungen Menschenkind begegnen. Zart, vorsichtig, sorgsam wird Tanja aufgenommen. Viele Stunden des Tages sitzt sie nur in einem kuscheligen Sessel im Wohnzimmer des SchulCHENS, hat eine Wolldecke um sich, und vor ihr liegen unsere Angebote: Bücher, CDs, Filme. Manchmal blättert sie in einem Buch, manchmal macht sie sich eine CD an, manchmal kommt sie zu uns. Und das „Manchmal" wird mehr.

Und dann kommt sie jeden Tag!

Entlastung von alten Denk- und Bewertungsmustern.
Tanja, hier bist du willkommen und „Neu". Deine Schulgeschichte beginnt heute. Es ist ein neuer Tag. Es ist ein Tag voller Hoffnung. Schon wenn du das Schulgebäude betrittst, erlebst du Licht und Farbe, Wärme und Duft. Es ist ein ungewöhnlicher Rahmen für eine Schule. Du siehst, wenn du eintrittst, eine Küche und du wirst herzlich willkommen geheißen. Es ist wichtig, dass du da bist.

Die Zuneigung der Menschen im SchulCHEN muss sich Tanja nicht verdienen. Sie wird einfach angenommen. Tanja hat gelernt, dass die Erde ein unfreundlicher und schmerzlicher Ort ist. Kann sie die neuen Bilder aufnehmen? Hat sie die Kraft zu vertrauen?

Beziehung, Beziehung, Beziehung.
Ihre Hoffnungslosigkeit hat schon einen kleinen Riss bekommen. Tanja grüßt beim Hereinkommen. Was fühlt Tanja, was denkt Tanja, was würde ihr jetzt gut tun? Zu welchem Handeln ist sie bereit? Welche Unterstützung hilft ihr?

Wir helfen ihr mit unserer Verlässlichkeit. Wir bemerken jede kleine Veränderung, freuen uns über ein kleines Lachen, bieten ihr immer wieder unsere Zeit an und damit uns selbst und die Beziehung zu ihr. Wir beteiligen sie immer wieder am Gespräch. Schön, dass du da bist! Wir zeigen ihr immer wieder unsere Gefühle und lassen sie so an unseren Stimmungen teilnehmen. Tanja nimmt die Sicherheit und die Hilfe langsam an. Trotzdem scheint sie dem kleinen Stückchen Sicherheit nicht zu trauen. Immer wieder überprüft sie das freundliche Angebot. Sie verhält sich mürrisch und unfreundlich, sie sagt kein Wort, beteiligt sich nicht. Gleichmäßig positiv sind ihre Erfahrungen. Mit feinfühliger Offenheit und Freundlichkeit wird sie begleitet.

Wir arbeiten mit den Stärken eines Kindes.
Tanjas Gesicht hellt sich auf und zeigt Regungen, wenn sie Musik hört. Wir verwickeln sie in kleine Gespräche über ihre Lieblingsmusik. Sie bringt uns eines Tages eine CD mit. Im Internet suchen wir gemeinsam nach dem Text. Wir beginnen mit diesem Text, mit dieser Musik zu arbeiten. Tanja ist angekommen. Ihr Interesse ist geweckt. Langsam und behutsam führen wir sie weiter. Wir achten darauf, dass sie immer wieder kleine Erfolgserlebnisse hat. Schritt für Schritt geht Tanja weiter. Sie beginnt sich zu interessieren, woran die anderen Schüler arbeiten, aus welcher Schule sie kommen, warum sie hier sind. Sie beteiligt sich unaufgefordert an Gesprächen. Sie lässt uns spüren, dass sie sich angenommen und akzeptiert fühlt. Sie steigert ihre Leistungen. Sie wagt sich an neue Themen und Aufgaben heran.

Wir wecken Neugier auf Lernen, Offenheit für neue Dinge, Wissbegierde und Handeln. Das Kind erbringt Leistung. Das Kind erlebt Erfolg.

Im Haus nebenan sind kleine Katzen angekommen. Natürlich findet Tanja diese Katzenkinder süß. Wir nehmen das Thema „Katzen" im Unterricht durch. Dabei entdecken wir, dass Tanja Hunde liebt. Wir besuchen eine Hundeschule. Tanja hält ein Referat über Hunde. Es fällt auf, dass sie sich mit viel Interesse und Sorgfalt diesem Thema gewidmet hat. Wir geben ihr neue Herausforderungen. Sie stellt sich den Aufgaben, wirkt jetzt munterer und wirkt aufgeweckt.

Wir öffnen neue Perspektiven.
Tanja wird jetzt nicht mehr gefahren. Wir betrachten den Weg zum SchulCHEN schon als wichtigen Erfahrungshintergrund. Die abwechselnden Jahreszeiten, das Aufpassen auf Autofahrer, die Gespräche unterwegs mit den anderen Kindern, die Bewegung vor der Schule, die frische Luft, das Abwägen der Strecke. Ihr „Guten Morgen" klingt fröhlich. Sie hilft Christian beim Aufknüpfen eines Knotens im Schnürsenkel. Sie übernimmt freiwillig die Pflege der Blumen. Der Unterricht im SchulCHEN

hat für sie an Bedeutung gewonnen. Sie macht immer ein wenig mehr an Übungsaufgaben, sie bringt aktuelle Themen mit, die sie interessieren, sie geht mit Eifer an neue Aufgaben heran, sie hat Erfolg. Sie zeigt uns ihr Potenzial. Wir erweitern unser Lernangebot.

Wir unterrichten nach dem Lehrplan.
Tanja ist jetzt eine motivierte Schülerin. Sie lernt den Stoff der Regelschule. Ihr Leistungsstand wird durch Abfragen und Proben überprüft. Tanja hält dem Mehr an Unterricht stand. Sie zeigt uns Freude über ihren Erfolg. Aus dem Mädchen mit ihrer besonderen Bedürfnislage ist eine Schülerin geworden, die die Ziele und Inhalte des Unterrichts motiviert annimmt und selbstständig, mit immer stärkerer Verantwortung, umsetzt. Nur manchmal scheint ihr guter Weg gestört. An diesen Tagen wirkt ihr Gesicht angespannt und sie ist sehr still. Sind es Träume in der Nacht? Sicherheit ist die Grundlage für Tanjas weitere Entwicklung. Bald wird sie die Fähigkeit und das Durchhaltevermögen haben, die Regelschule zu besuchen!

Bildung ist für uns mehr als Wissen – Bildung ist Kompetenz und Information. Bildung ist Schule, sie ist Sprache, Musik, Kunst, Literatur, Herzensbildung. Bildung ist politische Bildung, kritische Bildung, Verständnis für Werte. Bildung ist Glaube und Gewissensbildung, Umgangsformen, Benehmen.

☆

Auch das passiert bei uns...
Als Erich Kästner Kinderdorf fühlen wir uns der Literatur und ihrer Weitergabe verpflichtet. Wir sind besonders stolz darauf, dass unsere Kinder gerne lesen. Zum 100. Geburtstag von Erich Kästner war ein Fernsehteam bei uns und machte Aufnahmen. Auf die Frage: „Liest du?" kam Stille, eines der Kinder stupste das andere Kind an: „Sag du!" Peter traute sich: „Lucky Luke!" Nix war's mit der schönen Literatur!

Die Einsamkeit, die Enttäu-
schung und das übrige
Herzeleid zu lindern, braucht
es andere Medikamente (...).
Es tut wohl, den eigenen
Kummer von einem anderen
Menschen formulieren zu
lassen, Formulierung ist
heilsam.[40]

[40] Doktor Erich Kästners Lyrische Hausapotheke. Vorwort. DTV Verlag
     München 1996, Atrium Verlag Zürich 1936. S. 6

9. Therapeutische Momente – therapeutische Maßnahmen

Das Therapeutische in unserem Alltag bedeutet für mich: Den Wurzeln eines Baumes wieder Wasser und Nahrung zuführen, bis er selbst in der Lage ist, sich zu versorgen. Pädagogen und Therapeuten arbeiten verzahnt miteinander.

Kinder brauchen den therapeutischen Alltag von morgens bis abends und sie brauchen ihn in der Nacht.[41] Sie brauchen Hilfe zu ihrer Zeit. Sie heben zu ihrer Zeit ein kleines Zipfelchen ihrer Geschichte und geben mir als Pädagogen die Chance mit diesem kleinen Teil zu arbeiten. Sie machen die Türe zu ihrer Seele für einen kurzen Augenblick einen Spalt auf. Es bedarf einer hohen Achtsamkeit, diese Momente zu erkennen und zu handeln. Es sind kleine Wassertropfen, die eine heilende Wirkung haben.

Vor allem müssen wir unsere Kinder begleiten in ihren Gefühlen der Trauer, der Wut und der Verzweiflung. Wir müssen ihre Verletzungen und Ängste ansprechen und aufklären. Es ist ein sehr schwieriger Prozess, der erst nach vielen Erfahrungen der Sicherheit überhaupt möglich ist. Es ist das Recht des Kindes, Traurigkeit zuzulassen, zu weinen oder wütend zu sein, um eine verlorene Kindheit, die sehr schwer war.

Daneben gibt es die Wichtigkeit der gezielten therapeutischen Maßnahmen. Immer sind es die Fragen, was braucht dieses Kind, was tut diesem Kind gut, wie können wir gemeinsam Perspektiven finden?

[41] vgl. A.E. Trieschman, J.K. Whittaker, L.K. Brendtro: Erziehung im therapeutischen Milieu. Ein Modell. Freiburg 1975

Umgang mit belastenden Erlebnissen

Ich habe keine absolut richtigen Antworten, ich habe keine Lösungen parat, ich habe keine schnellen Rezepte. Jedes Kind kommt mit anderen Verletzungen und immer ist es das einzelne Schicksal, dem ich als Mensch und als Pädagoge begegne.

„Ich weine und ich lache Tränen."

Mia, Jugendliche im Erich Kästner Kinderdorf

Bei unserer ersten Begegnung kam es mir vor, als würde ich Mia schon immer kennen. Wir sagten leise „Hallo" zueinander und gingen aufeinander zu. Entgegen aller Gewohnheiten ging ich mit ihr spazieren und zeigte ihr die Mühle und die Wiesen um unser Haus. Das Mädchen sah traurig aus, doch beim Anblick unseres Wollknäuels, ein Hund namens Olivia, der tollpatschig versuchte, ihre Schuhe anzuknabbern, ging ein Lächeln über ihr Gesicht. Ihr Leben und mein Leben, das ist inzwischen eine Geschichte, eine Geschichte, in der immer wieder die Angst unser Begleiter war. „Gib mir ein kleines bisschen Sicherheit, in einer Welt, in der nichts sicher scheint." Diese erste Zeile eines Liedes der Gruppe Silbermond schien ihr Auftrag an mich zu sein.

Der Belastungsfaktor dieses traumatisierten Kindes ist außerordentlich hoch. Es handelt sich um massive seelische und körperliche Verletzungen. Es ist mein höchstes Ziel, dass ich bei diesem Kind die Freude am Leben wieder wecke. Was kann ich dem Kind an Hilfe geben? Was tut dem Kind gut? Was braucht es und was braucht es jetzt?

Es braucht eine Entlastung von allen seinen Sorgen und seinen schwierigen Erlebnissen. Es braucht ein Angenommensein ohne den Wunsch auf Gegenleistung. Es braucht die Zeit und die Liebe. Und es muss verwöhnt werden, zum Beispiel mit heißer Milch mit Honig am Abend, mit einem Betthupferl auf dem Kopfkissen, mit dem sicheren Gefühl „Es ist jemand für mich da in der Nacht" und mit heißem Kakao am Morgen und einem herzlichen Lachen.

„Mia, niemand auf der ganzen Welt ist so wie du! Ist das nicht ein wunderbares Gefühl? Kannst du dir vorstellen, wie wichtig es ist, dass es dich gibt? Sonst gäbe es einen ganz wichtigen Teil der Welt für mich nicht, nämlich dich! Die Verwundbarkeit deiner Gefühle hat mich noch achtsamer werden lassen. Ich will dir eine gute Begleitung auf deinem Lebensweg sein."

Gunda in einem Brief an Mia

„Im Hinblick auf die kindliche Entwicklung scheinen vor allem Defizite in der Frontalhirnentwicklung bedeutend. Das Frontalhirn ist zuständig für die Entwicklung des Selbstbildes, die Fähigkeit zur Impulskontrolle und die soziale und emotionale Kompetenz. Hier sind (...) auch die das Trauma korrigierende Erfahrungen anzusiedeln: die moderate Aktivierung der emotionalen Zentren durch verlässliche Beziehung."[42]

Unsere Kinder benötigen aufgrund ihrer jeweiligen individuellen Lebenssituation individuelle und vor allem achtsame Hilfe.

Alle unsere Aktivitäten stehen unter dem Licht: Wir geben den Kindern neue Geschichten, die sich einprägen. In ihrem Gehirn ist eine Autobahn mit belastenden Ereignissen. Wir bauen eine neue Straße und lassen sie immer breiter werden. Neugierde auf Beziehung ist unser Hoffnungsträger.

Unsere Maßnahmen haben nur da Erfolg, wo das Kind Beziehung wieder zulässt und dort, wo die Seele verletzt, aber nicht zerstört wurde. Beziehung, die für die Entwicklung eines gesunden Selbstwertgefühls oder für den Erwerb von Kompetenzen unerlässlich ist. Ein Kind kann sich ohne konstante Beziehung nicht stabil entwickeln. Das Kind braucht das warme Gefühl des Wohlwollens, der Liebe und des Zuspruchs und es braucht die Chance aufzuholen und nachzuholen.

---

[42] Wilma Weiß: Philipp sucht sein Ich – Zum pädagogischen Umgang mit Traumata in den Erziehungshilfen. Juventa Verlag Weinheim und München, 2006. S. 53

Die erschütternden Erfahrungen haben ihre tiefen Spuren hinterlassen. Unsere Kinder haben Schwierigkeiten, sie bekamen Wesentliches für ihre Entwicklung nicht mit, dafür bekamen sie bestimmte Dinge zu viel – zu viel Lieblosigkeit, zu viel Schläge, zu viel Gewalt.

Diese Spuren zeigen sich auch in vielen negativen Äußerungen, die die Kinder immer wieder aussprechen. „Ich bin dumm!" oder „Siehst du, ich bin nicht gut!" oder „Ich bin wieder daran Schuld!" „Ja, ich bin ein Arschloch!" Die Kinder wissen nicht, dass ihre Strategien aufgebaut wurden, als sie in der Not waren. Sie benutzen sie einfach weiter, obwohl sich die Situation geändert hat. Unser tägliches Brot ist, ihnen zu sagen: „Du bist in der Steinmühle. Du bist in Sicherheit. Heute ist der Tag X. Wir haben das Jahr X!" Unser Ziel ist es, den Kindern zu zeigen, dass die eigenen negativen Erfahrungen Vergangenheit und ihre alten Verhaltensweisen heute deshalb nicht mehr nötig sind.

Ein Kind, das immer wieder einkotet, für dieses Kind ist es von überlebensnotwendiger Bedeutung, dass wir seinen fürchterlichen Geruch wahrnehmen. Warum möchtest du so stinken? Warum trägst du deinen Geruch über Stunden mit dir herum und schläfst mit diesem Gestank in der Nacht? Sollen wir Abstand von dir halten? Zeigst du uns so eine Grenze? Oder zwingst du uns damit, dich wahrzunehmen über die Nase? Sollen wir uns vor dir ekeln? Warum ist das für dich wichtig? Warum und womit warst du so in Not, dass du zu solchen außergewöhnlichen Maßnahmen greifen musst? Was hält deine Situation so stabil? Diente es dazu, dass du überleben konntest? Wen oder was hast du dir so vom Hals geschafft?

Die Psyche ist auch der Stabilisator für unerwünschtes Verhalten aufgrund von Erleben. Die Psyche und der gesamte unterbewusste Bereich sind ausschlaggebend für die Störungsbilder unserer Kinder. Und sie tun alles dafür, um den Mangel, die Störung, das Erlebte, immer wieder herzustellen.

Unsere Fragen müssen also lauten: Weshalb, warum, wieso?

Kann das Ziel einer Veränderung über die Sprache erfolgen, über den Kopf?

Das wäre schön, wenn es so wäre. Nein! Es sind die neuen Erfahrungen: Vertrauen und Schutz! Vertrauen und Schutz! Vertrauen und Schutz! Sie müssen immer wieder die gute Erfahrung machen: „Ich bin es wert, geliebt zu werden."

Warum sind unsere Kinder auch bei uns im Kinderdorf in ihrer Lebensqualität eingeschränkt?

Angst ist der Faktor, Angst vor Mangel, tiefe in Monaten und Jahren aufgebaute Angst. Angst, die in Traumatisierung, in furchtbaren Erlebnissen und Entbehrungen ihre Ursache hat. Angst, die stabiler ist als alle Bemühungen in der neuen Bindung. Unsere Kinder möchten ja gerne, aber sie können nicht. Immer wieder greift die Angst zu und macht alle Bemühungen zunichte.

138

Die empfundenen Bedrohungen sind stärker als alle Vernunft, alle Teile der neuen Erfahrung.

Sobald sich die sie umgebenen Strukturen verändern, sobald sie einen alten bekannten Geruch wahrnehmen, sobald sie einen mit schlechten Erfahrungen besetzten Begriff hören, sobald sie einen Menschen sehen, der dem Quäler ähnelt, sobald sie bestimmte alte Melodien hören, sobald sie Dinge sehen, die sie in Verbindung mit Misshandlungen bringen, sobald sich ihre Ordnung verschiebt, stellen sie ihre alten Systeme wieder her. Es gibt eine Gleichung, Stress ist gleich: alte Systeme, alte Ordnung, alte Erfahrungen, altes Verhalten. Daraus entstehen erneut Mangel, Traurigkeit, Verlassenheit, Wertlosigkeit, Mutlosigkeit.

Um unsere Kinder brauchen wir Menschen, die ihnen immer wieder die fehlende Sicherheit, den fehlenden Schutz, das fehlende Vertrauen geben. „Morgen ist ein neuer Tag und ich werde dich an diesem neuen Tag wieder lieben, und du wirst auch an diesem Tag genug zu essen bekommen und du wirst an diesem Tag wieder meine Gefühle zu dir spüren. Meine Augen liegen auf dir, und du bist mir wichtig. Ich gebe dir Stabilität und Liebe und helfe dir mit aller Hingabe."

☆

Nach dem Abendessen braucht Oliver jeden Abend, bevor er einschlafen kann, eine zusätzliche Brotzeit. Er kann nicht ohne seinen Teller mit kleinen Häppchen Brot einschlafen. Es entsteht sonst eine Situation, die für ihn Existenz bedrohend ist. „Wann gibt es das nächste Essen? Lieber schlafe ich nicht ein", so scheinen seine Gedanken zu sein. Das „Schlaraffenland" könnte morgen nicht mehr existieren. Machtlosigkeit und Angst treten auf. Eine tief sitzende Angst lässt ihn wach bleiben, bis das Brot kommt. Ein Biss noch vom Brot und dann fallen seine kleinen Äuglein zu. Schon dass er seine Augen schließt, ist ein erster Erfolg. Denn als er zu uns kam, machte er seine Augen nicht zu und schlief mit offenen Augen. Der Mangel kann nicht zuschlagen. Er hat die Kontrolle über seine nächste Mahlzeit! Sein Problem ist gelöst. Oliver hat in sich einen alten unbewussten Befehl: „Du brauchst Essen, sonst ist dein Leben in Gefahr."

☆

„Lieber schlafe ich nicht ein!" ist eine Hypothek. Es ist so, als ob die Erfahrung in Gedanken umgesetzt wird. Eigentlich klingt es unglaublich einfach: Das Kind benötigt andere Gedanken.

Das System hat die Erfahrung „Hunger, Mangel in der Versorgung" erlebt. Vermutlich hat Oliver, bevor er zu uns kam, erst geweint und sich so gemeldet. Doch zum Zeitpunkt der Aufnahme bei uns war er über das Weinen hinaus und hat sich aufgegeben und aufgegeben zu kämpfen.

Zwar sind Wachstum und Veränderung ein Teil des Lebens, aber unsere Kinder leben zum Zeitpunkt ihrer Aufnahme in unserem Kinderdorf zu sehr in ihren negativen Erfahrungen, um Veränderung zuzulassen. Sie fühlen sich zu sehr bedroht und ihre Aufmerksamkeit gilt der Bedrohung. Diese emotionale Hypothek mit einem übermächtigen Einfluss hat eine unglaubliche resistente Wirkung!

Unsere Kinder benötigen Erzieher, die sie täglich mit Liebe und Hingabe umsorgen. Wir alle hoffen, dass unsere Kinder so zu Menschen heranwachsen, die selbstbewusst und liebevoll ihren Weg gehen. Menschen, die sagen können, was sie fühlen und die fest an sich glauben.

Die Kinder müssen tief in sich drin spüren:

- ich bin versorgt
- ich bin in Sicherheit
- ich bin geliebt
- ich bin akzeptiert
- ich bin intelligent

140

- ich bin hübsch
- ich habe Vertrauen in die heutige Lebenssituation
- ich erhalte Aufmerksamkeit
- ich bin interessant
- ich bin wertvoll
- ich habe Erfolg

☆

Michael erlebte in seiner Familie Verwahrlosung und Gewalt. Er erfuhr ein hohes Maß an Lieblosigkeit und Nichtbeachtung. Als er zu uns kam, hatten wir das Gefühl, dieser Junge kämpft um alles. Er hortete Essen und Trinken, Batterien, Nägel, Schuhe, Werkzeug, Kabel und vieles mehr. Michael kannte sich ungewöhnlich schnell in allen Schränken und Schubladen des Kinderdorfes bestens aus. Michael hatte für sich das Gefühl, er brauche alles, alles ist seins! Er „besorgte" sich Dinge von anderen, suchte im Müll nach brauchbarem. Es war nichts sicher vor ihm. Er „brauchte" auch unbedingt Dinge aus Geschäften. Seine Taschen waren immer für eine Überraschung gut. Nur nachts, wenn die Spannung in ihm nachließ, floss alles fort. In den ersten Monaten kotete und nässte er ein. Später behielt er das Einnässen bei.

Streichhölzer, Kerzen, Feuerzeuge, Taschenlampen, Dosenöffner, Geld, Taschen, Handys – nichts entging seinen Blicken und seinen Händen, und er war schnell! Er sicherte die Ein- und Ausgänge der Steinmühle. Wenn jemand ans Tor der Steinmühle kam, Michael begrüßte ihn. Wenn jemand Neues kam, er gehörte ihm, er boxte alle anderen Kinder weit weg.

Eines Tages im Frühjahr hielt ein Bus bei uns an der Steinmühle. Eine ältere Dame stieg aus. Michael begrüßte sie freudestrahlend und dann kam er mit der Dame zu mir. „Die Osternester für die Kinder sind versteckt. Die Kinder können sie jetzt suchen", sagte sie zu mir. Sie kam mir irgendwie bekannt vor. Doch konnte ich mit der Situation nicht besonders viel anfangen. Auf meine Rückfrage erklärte sie mir: „Dieser wunderbare Junge hat so nett mit mir und meiner Gruppe gesprochen, als wir die Kästner Bibliothek vor 14 Tagen besucht haben. Er hat uns erzählt, dass die Kinder auch gerne einmal Osternester suchen würden. Da wären sie jetzt! Jede Dame aus meinem Klub hat mitgemacht, um den Kindern eine Freude zu bereiten!"

Das war vielleicht ein Spagat, auf der einen Seite die netten Damen nicht zu enttäuschen und auf der anderen Seite unsere Kinder nicht zu überfordern. Was von den älteren Damen so lieb gemeint war, würde ohne Vorbereitung für einige unserer Kinder im Chaos enden – die vielen unbekannten Menschen, die unbekannte Situation.

Es ist mir schwer gefallen, Respekt vor dieser Leistung von Michael zu zeigen. Ich brauchte erst wieder neue Kraft, um ihm liebevoll zu begegnen. Es ist für mich unglaublich wichtig, dass ich in solchen Situationen nicht alleine bin. Wie sollte ich den älteren Damen erklären, dass wir einen Ostereierwald haben, dass wir mit ganz viel Liebe für jedes Kind, auch für Michael, ein Osternest packen, dass auch andere Kleinigkeiten im Osterwald versteckt sind, dass es…

Michael hatte geschickt das alte Bild: „Heim, arme Kinder, bekommen nichts, niemand sorgt für sie…!" angewandt.

So kam er mit einer Winterjacke, die ihm seine Busfahrerin geschenkt hatte, weil er keine Jacke habe; ein Herr brachte ihm eine Tüte voll Schokolade, weil er so gerne Schokolade isst; seine Lehrerin gab ihm ihr Schulbrot, weil er nichts dabei hatte; er durfte in einer Tankstelle telefonieren, weil wir ihn sonst nicht von der Schule abholen würden; sogar die Polizei hat ihm Essen besorgt, weil er so Hunger hatte.

Um Michael herum wurde ein noch intensiveres Netz von Hilfen gespannt. Wir hielten es für wesentlich, dass er die Verlässlichkeit unserer Beziehungen zu ihm spüren konnte. Es war uns egal, welchen Weg er gerade ging, wir zeigten ihm, dass wir ihn mögen, ihn achten und respektieren und vor allem, dass wir für

ihn „da" waren. Grenzen und Strukturen und unsere hohe Präsenz, zu jeder Tageszeit, engten ihn zwar ein und er rebellierte,
sie gaben ihm aber vor allem Sicherheit und Halt. Er brauchte
sie für seine Entwicklung in hohem Maße. Seine neuen positiven
Erfahrungen über Verlässlichkeit veränderten ihn positiv. Wir
zeigten ihm immer wieder seine Stärken und unseren Glauben
an ihn.

Das Einnässen blieb. Er war traurig und entsetzt, dass er es nicht
schaffte, nachts trocken zu bleiben. Er schämte sich. Er arbeitete an allen neuen Ideen mit, weil er es selbst wollte. Auf Klassenfahrten konnte er nicht mitfahren. Bei Ferienfahrten hatte
er sich angewöhnt, in der letzten Nacht wach zu bleiben, damit

die anderen nicht mitbekamen, dass er es wieder nicht schaffte. Michael konnte im Verlauf eines Tages sein Bett abziehen und die Wäsche waschen. An diesem letzten Tag hatte er keine Zeit dazu und sein Einnässen wäre aufgefallen.

Mit Vorsicht und Behutsamkeit gingen wir immer wieder sein Problem an. Das Einnässen wurde weniger, doch immer wieder hatte er damit Schwierigkeiten. Michael leidet unter nicht kontrollierbaren Erinnerungen. Wenn er unter Druck gerät, kommen seine alten Systeme wieder zum Vorschein.

Wir machten mit ihm Imaginationsübungen und halfen ihm so bei der Suche nach einem „Wohlfühlort", einem Ort, den Michael immer wieder gedanklich aufsuchen kann und der ihm Sicherheit und Ruhe vermittelt.

Wir setzten Aktivitäten ein, die ihn zur Ruhe brachten, wie das Räucherritual und das Erzählen von Märchen und Geschichten.

Ich arbeitete mit ihm daran, wie wichtig das Einnässen in seiner damaligen Situation gewesen ist. Michael hatte sicher einen guten Grund, und es war damals sinnvoll einzunässen. Ich erklärte ihm, dass es diesen Grund jetzt vielleicht nicht mehr gäbe, er möge mal nachdenken. Er und ich, wir befänden uns jetzt in der Steinmühle des Erich Kästner Kinderdorfes und es wäre das Jahr X. „Weißt du diesen guten Grund? Was wäre gewesen, wenn du nicht ins Bett gemacht hättest?" Über Michaels Gesicht liefen Tränen, er war ganz still, mit leiser, hoher, sehr kindlicher Stimme sagte er: „Dann gäbe es mich jetzt nicht mehr!"

Michael machte mit mir eine Liste von Menschen, für die es wichtig ist, dass es Michael gibt. Menschen, die ihn mögen, die ihn unterstützen, die ihn achten, die ihn lieben.

Michael blieb bei dieser gemeinsamen Arbeit ganz bei sich. Mir fiel auf, wie ruhig und konzentriert er bei mir saß. So hatte ich ihn noch nie erlebt.

„Ich danke dir, Michael, dass ich diese Arbeit mit dir machen konnte und dass ich sie veröffentlichen darf. Das Ergebnis vorweg: Du bist in der Gegenwart angekommen und das bedeutet, dass du nicht mehr in dein Bett einnässen musst. Du hast verstanden, dass ich dich bemerke, dass ich dich sehe, dass du für mich ein wichtiger Mensch bist! Und nicht nur für mich!"

☆

Ein anderer Umgang mit belastenden Erlebnissen ergab sich bei Veronika. Der Vater hatte die Familie verlassen, und sie musste zu dem Verlassenwerden auch noch den Tod der Mutter verarbeiten. Das Trauma ihres Verlustes wurde von ihr verleugnet. Veronika ist in die Traumwelt einer exklusiven Beziehung geflohen und hat mit Rückzug von der Realität reagiert.

☆

„Veronika, gestern war dein Vater doch noch Kapitän!"

Birgit, Simone und Anette hocken auf dem oberen Teil eines Etagenbettes. Sie lassen ihre Beine baumeln, lachen, stoßen sich gegenseitig an und tuscheln sich Sätze zu, die wieder neue Lachanfälle zur Folge haben.

Es ist aber auch wahr, Veronika macht sie richtig sauer. Sie erzählt Abend für Abend die tollsten Geschichten von ihrem Vater. ...

In einem wunderschönen Haus haben sie gewohnt. Dort waren 22 Räume. Ein riesengroßer Garten. Pferde, Hunde, Katzen und ein Spielhaus, die herrlichsten Puppen und überhaupt das tollste Spielzeug, das man sich vorstellen kann.

Neidisch hatte Birgit allen Erzählungen gelauscht. Aber jetzt war es doch zu viel. Vor ein paar Tagen war Veronikas Vater mit einem großen Flugzeug geflogen und hatte ihr aus Washington eine Barbiepuppe mit ganz langem Haar mitgebracht und dann war er in Paris und ein ganz kuscheliger Bär war zu allem Spielzeug noch dazugekommen. Und dann hatte der Vater immer mit Veronika gespielt und dann waren sie auch noch ins Kino gegangen. Blöder Vater!

Aber warum war sie dann mit uns in dem Haus, in dem viele Kinder wohnten? Und auch von dem vielen Spielzeug war nichts zu sehen. Der Vater von Birgit, der war in diesem Jahr schon einmal zu Besuch gekommen und die Mutter hatte eine Karte zu Ostern geschickt und Weihnachten würde sie wieder ein Päckchen bekommen. Bestimmt! Aber Veronika, da merkte man gar nichts. Wenn Post verteilt wurde, dann ging sie immer aufs Klo und Besucher hatte sie auch nicht. Aber ihr Vater war ja auch immer unterwegs!

Ihre Freundinnen tuschelten und lachten weiter und die blöde Kuh, die war schon wieder auf der Toilette.

Die Mädchen beschlossen, ihr mal richtig die Meinung zu sagen!

Veronika kam langsamen Schrittes in das Zimmer zurück. Ihr Blick war auf den Boden gerichtet. Sie nahm die anderen im Zimmer gar nicht wahr. Die saßen derweil auf dem Bett und ließen weiter die Beine baumeln: „Wir finden es uncool, dass du immer so doofe Geschichten von deinem Vater erzählst. Wir glauben dir nicht", sagt Birgit. „Wer weiß, wer dein Vater ist – und er ist bestimmt nicht auf einem Schiff!"

Veronika blieb bei diesem Ausbruch wie vor einer Wand bewegungslos stehen. Ihr Gesicht wurde zuerst knallrot und dann kreidebleich. Ihre Augen blickten starr vor Schreck! „Wir sind doch deine Freundinnen, und wir wohnen im gleichen Zimmer, und warum überhaupt machst du so was Blödes?" Es war nur ein ganz kleines Wimmern zu hören bevor Veronika aus dem Zimmer rannte. Sogar die Tür ließ sie offen, obwohl sie die doch immer ganz leise zu machte. Sie rannte über die Straße und sie rannte und rannte und rannte. Vorbei an den Häusern, aus dem warmer Schein auf die Straße fiel, vorbei an dem Garten, wo der Hund namens Rico wohnte, dem sie sonst immer etwas mitbrachte und den sie streicheln durfte, vorbei an dem Häuschen von Oma Knaab, von der sie manchmal ein Stückchen Kuchen bekam. Sie lief und lief. Vorbei an dem Spielplatz mit dem wunderschönen Teich. Erst in dem kleinen Wäldchen hielt sie an. Sie war völlig erschöpft. Schwer atmend blieb sie an einer alten verfallenen Ruine stehen. Ihr war es egal, dass es schlimme Geschichten von diesem unheimlichen Ort gab und dass die Leute sagten, es spuke hier. Nur wieder atmen können! Das Blut rauschte in ihren Ohren und sie fror entsetzlich. Tränen rollten über ihre Wangen. „Mutti, Mutti, komm doch! Hol mich doch!" Was hatte ihre Mutti ihr immer gesagt: „Und wenn du denkst, es geht nicht mehr, kommt von irgendwo ein Lichtlein her." Ein Lichtlein, das wärmen würde. Ein Lichtlein so wie in der kleinen Kammer über dem Hof. Dort waren Mutti und sie hingezogen. Vati war fort gegangen. Einfach fort. Aber Mutti hatte abends ein Kerzlein angezündet und hatte ihr wunderschöne Geschichten erzählt, von Sternen und Feen und Elfen und Zwergen. Der kleine Ofen hatte immer gebullert und manchmal hatte Mutti einen heißen Kakao gemacht und der stand auf dem Ofen und es war so ein schöner Duft. Und über ihrem Bett, da war ein schönes Bild, mit weißen Bergen und grünen Tannen und Schäfchen dazu. Und Mutti hat für ihre Puppe so schöne Kleider gestrickt, aber dann kam die böse Krankheit von Mutti, ihr schlimmer Husten und, und ganz langsam fielen ihr die Augen zu.

„Jetzt wird es mir aber unheimlich! So lange kann Veronika doch nicht auf dem Klo sein!", sagt Simone. „Kommt, wir suchen sie!" Die drei Mädchen suchten Veronika auf der Toilette, doch da war sie nicht! Sie gingen nach unten und suchten in den Räumen, wo sie immer Essen bekamen. Sie schauten in den Garten und dann gingen sie zu Dani und erzählten ihr alles. Dani telefonierte, und bald waren sie viele Leute, die überall suchten, aber Veronika war nirgends zu sehen. Und immer wieder mussten sie die Frage beantworten, wann sie Veronika das letzte Mal gesehen hatten.

Dani telefoniert wieder, und dann kam die Polizei mit einem Bus und die hatten auch einen Hund dabei. Der schnüffelte an dem Bett und an einem Pullover von Veronika und dann zog er wie toll die Treppe herunter.

Die Stunden gingen dahin. Birgit, Simone und Anette hockten kreuzunglücklich in ihrem Zimmer. Sie hatten eine unendliche Angst um Veronika. „Bitte, bitte lieber Gott, lass sie doch bald gefunden werden!" – „Ich schenke ihr auch die bunte Postkarte." – „…und ich schenke ihr mein Lieblingskuscheltier." – „…und von mir bekommt sie die Kette mit den bunten Perlen."

„Kommt ihr mal herunter!", rief Dani. Die Beine wackelten ganz schön, als sie die Treppe heruntergingen. „Seht mal, wer hier ist!" Veronika! Ein wenig zerzaust und in eine Decke gewickelt saß sie da. „Wir haben eine furchtbare Angst um dich gehabt, wir haben dich überall gesucht." Dani kam mit dicken Tassen voll heißem Kakao. Und später, ganz später, da erzählte Veronika von ihrer Mutti und von der freundlichen Kammer und von dem Ofen, in dem auch manchmal Äpfel brutzelten.

☆

Was zeigte uns Veronika mit ihrem Verhalten? Was braucht Veronika von uns? Sie begibt sich in eine Traumwelt, sie flüchtet, was bekommt sie nicht genug von uns? Was können wir ihr geben?

Sie braucht ein Angenommensein: „So wie du bist, so ist es in Ordnung. Du darfst so sein. Wir gehen nicht in den Kampf um die Aufgabe deiner Traumwelt mit dir. Du musst dich nicht wehren oder schützen vor uns!" Das bedeutet für Veronika Entlastung.

Sie braucht Ermutigung und Wertschätzung: In all den kleinen Momenten des Alltags bin ich achtsam und sage ihr: „Toll, Veronika, dass du das jetzt machst!" Wenn ich sie sehe, gehe ich auf sie zu und begrüße sie herzlich mit einem netten Wort: „Guten Morgen, hast du gut geschlafen?" Veronika findet öfter eine Brezel auf ihrem Teller, weil ich mitbekommen habe, dass sie die gerne mag. Wir machen zusammen Bratäpfel. Veronika strahlt über das ganze Gesicht, weil es den anderen Kindern auch so gut schmeckt. Veronika liebt Märchen. Jeden Abend erzähle ich ihr ein Wunschmärchen und dann kann sie einschlafen.

Veronika braucht eine Möglichkeit, ihre Fantasie auszudrücken. Angefangen haben wir mit dem Ausmalen von Mandalas oder anderen Vorgaben. Wir benutzen die motivierende Kraft der Farben. Dann gingen wir zu einer freieren Gestaltung über.

Veronika braucht Gemeinsamkeiten. Wir spielen immer wieder das Spiel, das sie von zu Hause mitgebracht hat und das sie schon so gut kann. Auf langen Spaziergängen entwickelt sich ein gutes Miteinander und manchmal lüftet sie ein ganz kleines Stück von ihrer Welt, die sie so erschüttert hat.

Ich lasse Veronika eine sichere Welt spüren, eine Welt, auf die sie sich verlassen kann. Langsam, ganz langsam kann sie verstehen und annehmen: „Veronika, es ist schön, dass es dich gibt!" Mein Beziehungsangebot und meine konstante Betreuung führen dazu, dass sie langsam, ganz langsam den Weg aus ihrer Traumwelt zu uns findet.

Eine Korrektur lebensgeschichtlich verursachter Störungen ist manchmal sehr schwer und langwierig und bringt selbst erfahrene Pädagogen an ihre Grenzen. Auf diesem Hintergrund entstand ein enges Netz an Hilfen für unsere Mitarbeiter. Diese Hilfen sind wichtig und doch gehört immer wieder Mut dazu, sie in Anspruch zu nehmen. Die nachfolgende Geschichte erzählt von solchen Schwierigkeiten und vom Mut der Mitarbeiter.

☆

Dominik hat in seinem Leben Strategien entwickelt, die das Leben mit ihm erheblich belasten. „Der ganze Junge ist von oben bis unten mit negativem Denken gefüllt", so seine Erzieherin. Es gibt nichts Positives, an das er glaubt, und niemand kann ihm irgendetwas recht machen. Er ist ausfallend und aggressiv, er schlägt um sich, er zerstört, er kotet und nässt ein. Er benutzt schlimme Schimpfwörter, er schreit und schimpft und rennt weg. Und im Dunklen kommt scheinbar die Angst, er geht keinen Schritt in die Dunkelheit hinein, bleibt einfach stehen. Dann wird er ausgelacht und er rächt sich auf seine aggressive Weise. Es ist unendlich schwer an ihn heranzukommen. Gleich nach dem Aufstehen legt Dominik los. Er schlägt andere Kinder, nimmt ihnen Sachen weg, läuft wutentbrannt über den Hof, kickt Blumen weg, zerstört mal eben eine Sandburg, die andere Kinder gebaut haben.

Es gab viele Tränen wegen Dominik, nicht nur bei den Kindern. Dominik brachte die Pädagogen an den Rand ihrer persönlichen Möglichkeiten. In liebevoller Weise und immer wieder erhielt Dominik Zuwendung und Aufmerksamkeit. Wir sahen in einer stabilen liebevollen Betreuung die richtige Hilfe für Dominik. Die Antwort von Dominik darauf strapazierte die Pädagogen. Sie konnten nicht erfassen, was in ihm vorging und sie hatten das Gefühl, auf der Stelle zu treten.

„Es muss doch irgendetwas Positives geben!", fragte ich aus der Distanz zu dem Jungen.

Wir zogen um die Pädagogen einen Kreis von Hilfen. Immer wieder ermutigten wir sie: „Diese Belastung Dominik auszuhalten, ist sehr schwer. Er hat viele frustrierende Erfahrungen gemacht. Sein derzeitiges Mittel Beziehung aufzunehmen, ist die Aggression. Uns ist es mit anderen Kindern schon genauso schwierig ergangen. Wir kennen das Gefühl der Ohnmacht. Haltet durch! Wir sind mit unseren Gedanken bei euch und wenn ihr nicht mehr könnt, dann bieten wir euch Entlastung. Entweder kommt ihr zu uns und wir reden bei einer Tasse Kaffee oder wir nehmen euch Dominik für Stunden ab, damit ihr euch erholen könnt."

Als Dominik begriffen hatte, dass ihm das ganze Netzwerk an Hilfen immer wieder zur Verfügung gestellt wurde – Geduld, Zeit, Offenheit, Respekt, eine kontinuierliche Beziehung, Hoffnung und Vertrauen – wirkte unser Konzept. Es war, als ob er für sich Hoffnung sah. Immer öfter stellte er die Frage: „Mögt ihr mich wirklich?" Damit verbunden war eine Abnahme seiner negativen Strategien. Er begann, sich an Regeln zu halten, er wurde freundlicher, er konnte mit anderen Kindern spielen, er hielt Versprechungen ein. Die ständige Beobachtung von Dominik und seine ständige Betreuung konnte zurückgefahren werden.

Doch immer wieder, wenn Dominik in der Küche oder am Esstisch war, brachen alten Verhaltensweisen durch. Um Dominik, die anderen Kinder und die Küche zu schützen, musste jemand aufmerksam neben ihm sein. Er wurde aggressiv, schlug um sich, schrie, betitelte die Sozialpädagogin als Schlampe und Hure.

Bei einem Gespräch mit einer Mitarbeiterin seines zuständigen Jugendamtes fiel der Satz, dass er immer wieder häuslicher Gewalt ausgesetzt war. Insbesondere wurde er gefesselt und vom Vater in den Küchenschrank gesperrt.

Es fiel uns wie Schuppen von den Augen! Er hatte in der Küche keine Wahl, außer immer wieder in Panik zu verfallen und um sich zu schlagen. An seinem Kleiderschrank gibt es inzwischen keine Türen mehr. Dominik nässte und kotete nach dieser Entscheidung nicht mehr ein. Wenn wir an den Küchenschrank gingen, dann sagen wir nebenbei, was wir machen und dass wir ihn dann wieder schließen. Da eine neue Küche anstand, entschieden wir uns, statt der geplanten Einbauschränke, ein offenes Regalsystem zu wählen. Dominik erlebt die Küche nicht mehr als Bedrohung. Sie ist entzaubert. Er hat ein Gefühl der Sicherheit bekommen und vor allem der Kontrolle.

☆

Dominik wird weiterhin sehr viel Fürsorge benötigen, bis er spürt, dass ihm Menschen Achtung und Respekt, Wertschätzung und Liebe entgegenbringen. Seine Würde wurde erheblich verletzt.

Hinführen zu emotionaler, kognitiver und sozialer Stabilität

Wir wissen inzwischen von Erfahrungen, von Problemen, von Schwierigkeiten unserer Kinder. Wir sehen die Auswirkungen ihrer ehemaligen Lebensumstände. Wir sehen ihre Hilflosigkeiten. Kommen wir immer an die Ursachen heran? Und wollen wir alle Schwierigkeiten bearbeiten oder ist es manchmal besser, Erlebnisse ruhen zu lassen und die Kinder stattdessen in eine gute Zukunft zu begleiten? Es ist eine unserer pädagogischen Aufgaben, die Kinder zu verstehen und zu akzeptieren. „So war dein Weg bisher, aber jetzt gehen wir einen anderen."

Es ist unsere Aufgabe, die Kinder aus der Rolle des Opfers, das sich die Schuld an allem gibt und das die Schuld an allem hat, herauszunehmen und sie in Eigenverantwortung und Selbstbewusstsein zu führen. Sie haben Barrieren aufgebaut mit Ängsten, Widerständen, falschen Überzeugungen und bizarren Verhaltensmustern. Sie zweifeln an ihrem Selbstwert und glauben, dass sie nicht gut genug sind. Es ist daher wichtig, dass durch gemeinsames Erleben und ständiges Wiederholen eine Kompetenz entsteht: Die Kompetenz, mit den Herausforderungen des täglichen Lebens umzugehen. Es wird nicht ausbleiben, dass Krisen entstehen. Wichtig ist die Ausstattung mit Kompetenzen und Erfahrungen, die dem Jugendlichen die Chance geben, zukünftige Krisen zu bewältigen und eine lebensbejahende Einstellung zu finden.

Dazu gehören:

- die eigene Persönlichkeit verstehen
- sich selbst und andere akzeptieren

- eigene Probleme verstehen und annehmen
- Gefühle empfinden, zulassen und weitergeben
- angemessen und effektiv mit anderen Menschen
  kommunizieren
- Entscheidungen treffen
- mit Widerständen und Frustrationen umgehen
- selbst aktiv sein und Verantwortung übernehmen
- Umgang mit Schwierigkeiten lernen
- eigene Stärken erkennen
- Kreativität und Fantasie entwickeln
- Disziplin, Geduld, Ausdauer aufbringen
- Freude am Lernen entwickeln
- auf Neues und Bekanntes neugierig sein

Das Kind soll in die Lage versetzt werden, eine Anforderung zu erkennen und zu handeln. Es erwartet keinen Misserfolg mehr, sondern es hat aus der Erfahrung gelernt, dass es Herausforderungen annehmen und bewältigen kann.

„Kommunikation, die von Liebe geprägt ist, hilft dem Menschen, jedes tiefe Tal zu durchschreiten und nicht zu verzweifeln."

Papst Benedikt XVI.

Im täglichen Miteinander und vor allem durch das tägliche Vorbild nehmen unsere Kinder die Nahrung „Leben" und „Liebe" in sich auf und können für sich entscheiden, welchen Weg sie gehen möchten. Es ist wichtig, dass das Kind lernt, an Entscheidungen teilzunehmen und damit die Sicherheit in seinem Handeln gewinnt. Unsere Kinder benötigen ihre Zeit und ihren Raum, damit durch Wiederholungen Sicherheiten entstehen.

> Leben erleben,
> Liebe spüren,
> Mensch sein.

Hilfestellung bei der Entwicklung von eigenen Interessen

Zu einer hilfreichen Persönlichkeitsentwicklung gehören Fähigkeiten und Strategien, die helfen, das Leben verantwortungsvoll zu gestalten. Dazu gehören eigene Erfahrungen und das Wissen um eigene Möglichkeiten. Die Kinder brauchen die Erfahrung: „Ich bin wichtig! Ich bin mit Gaben und Stärken ausgestattet und ich kann sie einsetzen!"

Was machen wir im therapeutischen Alltag, damit die Kinder ihre Interessen finden und ihre Stärken beachten? Wir unterstützen sie bei der Suche, die spannende und bunte Welt zu erforschen.

Spielen, Toben, Träumen, Springen, Lachen, Singen, Tanzen, Fliegen, Schwimmen, Klettern, Rudern, Lesen, Staunen.

Der Froschkönig
„Heinrich, der Wagen bricht."
„Nein, Herr, der Wagen nicht,
es ist ein Band von meinem Herzen,
das da lag in großen Schmerzen,
als ihr in dem Brunnen saßt,
als ihr eine Fretsche was't."

☆

Als Fabian mit fünfzehn Jahren ins Erich Kästner Kinderdorf kam, wurde er uns folgendermaßen beschrieben: „Seine frühkindliche Sozialisation ist geprägt von vielen Beziehungsabbrüchen, wechselnden Bezugspersonen und divergierenden Erziehungsstilen. Der Junge kann aufgrund der sich häufig ändernden Lebens- und Beziehungssysteme kein Selbstvertrauen aufbauen und weder Identität noch emotionale Stabilität erfahren, sodass er über eine verminderte Sozialkompetenz und ein deutlich beeinträchtigtes Arbeits- und Sozialverhalten verfügt. Fabian ist beziehungsgestört und dissozial auffällig mit beginnender Delinquenz. Fabian neigt dazu, in rücksichtsloser Weise seine ei-

genen Bedürfnisse durchzusetzen. Gleichzeitig zeigt er eine fast distanzlose Art. Innerlich hat er wenig Halt, er wird von starken Ängsten und emotionalen Konflikten beherrscht. Orientierung gibt ihm sein ‚maskulines' Selbstbild, während er sich gleichzeitig minderwertig fühlt. Die Schule ist für Fabian eine Zumutung.

Fachärzte haben eine hyperkinetische Störung des Sozialverhaltens mit aggressiven Impulsdurchbrüchen und erhebliche Probleme in der psychosozialen Anpassung bei durchschnittlicher Intelligenz diagnostiziert. Trotz vieler Hilfsmaßnahmen – Frühförderung, mobile Erziehungshilfe, Heilpädagogische Tagesstätte, Schule zur Erziehungshilfe, kinder- und jugendpsychiatrische Behandlung – eskalierte die Situation um den Jungen in der Familie und in der Schule derart, dass eine Unterbringung notwendig ist."

Unbeweglich, ungepflegt, ungewaschen, hängende Schultern, hängende Mundwinkel, den Blick immer nach unten gerichtet – hier kam jemand zu uns, der der Welt deutlich machen wollte, dass er „Null Bock" auf gar nichts hat. Er wirkte verschlossen und negativ. Sein Auftreten erinnerte an „Gangsterrapper". Er orientierte sich am Lebensgefühl dieser Musiker, deren Musik vor allem die Armut der Lebensverhältnisse im Getto, die Bandenkriminalität, die Polizeigewalt, die Drogen, die Chancen- und die Ausweglosigkeit des Lebens schildert. Er erzählte uns von seinem Leben als ungeliebtes Kind, besonders die Mutter habe ihm immer nur wehgetan. Uns erschreckte, wie sehr sich der Junge in seiner Opferrolle etabliert hatte.

Mit der Aufnahme im KästnerHof sollte sich eine neue Tür für ihn öffnen, eine Tür in ein neues Leben. Wir sagten immer wieder: „Schön, dass du da bist!" Er antwortete mit einem Lächeln und schon war sein Gesicht nicht mehr so düster. Besonders bei gemeinsamen Aufgaben oder Aktivitäten im Freien kam ein Junge zum Vorschein, der immer mehr aus sich herausging. Bei körperlichen Aktivitäten wirkte er lebendig. Die Kinder und Jugendlichen begannen ihn zu akzeptieren und ihn Teil ihres Alltags werden zu lassen. Auf seine Meinung wurde Wert gelegt. Oft schien er davon überrascht. Doch er genoss die Zuwendung und begann in ganz kleinen Schritten, sich langsam innerlich zu bewegen.

Den schulischen Problemen begegneten wir mit einer Teilnahme am Unterricht im Sternstunden SchulCHEN. Intensive Einzelbetreuung und viel positive Zuwendung machten erste kurze Lernphasen möglich. Gleichzeitig setzten wir Bewegungseinheiten ein. Sein Interesse für Rapmusik benutzten wir in den Fächern Deutsch, Englisch, Mathematik und Geschichte. Er schrieb Texte, er rechnete den Umsatz von verkauften Musikträgern aus, er hielt ein Referat über die Entstehungsgeschichte dieser Musikrichtung, er übersetzte englische Texte ins Deutsche.

Die Zeit verging. Wir waren stolz!

Dann kam es zu den ersten Schwierigkeiten. Fabian reagierte auf relativ geringe Leistungsanforderungen mit Beschimpfungen oder Verweigerung. Unterlagen und Lernmaterialien waren verlegt oder zerstört.

Auch im KästnerHof kam es zu erheblichen Problemen. Fabian stiftete andere Jugendliche an, nachts heimlich mit ihm das Areal zu verlassen und sich zu betrinken. Er verbreitete eine schlechte Stimmung. Nach seinen „coolen" Darstellungen waren alle Erwachsenen doof, die Welt schlecht und sie, die Jugendlichen sind Gettokinder ohne Chance. Kinder und Erwachsene waren entsetzt und enttäuscht. Sie fühlten sich von Fabian hintergangen.

Fabian hatte seine alte Ausdrucksform wieder herausgeholt. Wenn er es nötig hat, so zu reagieren, dann werden auch seine alten Ängste wieder auftreten, mutmaßten wir. Richtig! Wir hatten die Einzelbetreuung umgewandelt und entsprechend war auch das alte Verhalten wieder aufgetreten. „Du bist nichts wert, du bist unbedeutend, sie werden dich wieder verlassen!" Und Fabian hatte alles getan, um diesen bekannten Zustand wiederherzustellen.

Fabian war auf der Suche nach Sicherheit und Beziehung, nach Selbstwert und Anerkennung und wir hatten ihn, seiner Meinung nach, vernachlässigt. Wir hatten uns benommen wie die Personen in seinen Erinnerungen. Dadurch hatte er die Freude verloren und Frustration und Enttäuschung hatten alles überrannt. Ähnlich wie bei dem Frosch im Märchen, der so lange auf sich aufmerksam gemacht hat, bis die Prinzessin ihn an die Wand geworfen hat, würde auch er vorgehen.

Seine enorme emotionale Bedürftigkeit musste immer wieder erfahren, dass er uns wichtig ist, auch wenn wir uns im Augenblick um andere Kinder kümmern. Wir mussten etwas finden, dass ihn im Innersten berührt, etwas, das ihm selbst wichtig ist und ihm beweist, dass er liebenswert und wertvoll ist. Etwas, das ihm Selbstvertrauen gibt.

In unseren Ferien in den Bergen beobachteten wir, dass ihm Wanderungen Freude machten. Er wurde wieder lebendiger. Wir erlebten ihn während und nach einer Wanderung ruhiger, nachdenklicher und ausgeglichener. Bei einer solchen Wanderung war ein Paraglider in unserem Tal. Es entwickelte sich ein Gespräch darüber und Fabian zeigte seine Faszination. War es das Gesuchte? Wir vereinbarten mit einer Flugschule einen Tandemflug. Das Fliegen ist eine Inspiration und sollte ihm zeigen, dass Kräfte zur Verfügung stehen, die das Leben bereichern. Wir erhofften uns auch, dass er durch das Fliegen lernen würde, seine passive Lebenssicht durch eine aktive zu ersetzen. Wir wollten seine Neugierde wecken, seine Selbstachtung verstärken, seine Spannung aufbauen und... – waren selbst sehr gespannt:

Würde er mitmachen, würde er bereit sein, die dafür notwendige Trainingsarbeit während einer Ausbildung zu tun? Könnte er dadurch die Bereitschaft entdecken, für sich selbst und sein Handeln die Verantwortung zu übernehmen? Kurzum – er machte mit, er trainierte, er schwitzte, er lernte – und: Er ist alleine geflogen mit dem Gleitschirm. Er ist begeistert, er ist inspiriert, er will weitermachen und ist bereit, sich zu entdecken und zu entwickeln.

Wir erleben einen Jungen, der emotionaler agiert. Er zeigt Gefühle, die ihn bewegen, er lacht, er nimmt Anteil an den Menschen, die um ihn sind. Er büffelt für die Schule, er hilft im Haushalt mit. Verblüffend ist auch, dass er sich mehr und mehr verbal mitteilt, er beginnt sich auf altersgemäße Art auch mit Erwachsenen charmant und witzig auseinanderzusetzen und zu reiben. Er ist schlanker geworden, seine ganze Körperhaltung wirkt lebendiger und aktiver. Sein Gesicht ist offener und zugänglicher, er hält Augenkontakt, er sucht die persönliche Verbindung und Beziehung. Ein kleines Stück von seinem harten Panzer ist aufgesprungen, das „erste Band von seinem Herzen, das da lag in großen Schmerzen" ist gebrochen.

Uns ist bewusst, dass um sein Herz noch mehr Bänder gesprengt werden müssen. Doch unsere Hoffnung ist ein großes Stück gewachsen, nachdem unser Froschkönig sich so verwandelt hat.

☆

158

Unser Froschkönig suchte nach Bestätigung und Erfahrungen, die er im normalen Leben nicht erhalten kann. Seine frühkindlichen Ängste und Trennungserlebnisse führten zu einem Mangel im Erleben. Er hatte alle Flügel hängen gelassen und wollte eben gar nichts mehr. „Seht ihr, das habt ihr mit mir gemacht. Ihr seid Schuld." Beim Paragliding veränderte sich seine Einstellung. Er erfuhr für sich Bestätigung, er hat etwas geschafft! Und er konnte diese Erfahrung für sich nutzen! Die selbst erlebte und selbst wahrgenommene Erfahrung ist zu einem wichtigen Meilenstein geworden.

Und die Jugend soll bewältigen,
was sie nicht erlebt hat und
nicht erfährt? [43]

[43] Erich Kästner: Notabene 45. In: Gesammelte Schriften für Erwachsene.
Atrium Verlag 1969. Band 6 Vermischte Beiträge 1, S. 60

10. Sichere Bindung

Eine gelungene Beziehung und Bindung sind für den Erfolg jeder Entwicklung maßgeblich. Sie sind wie ein Fundament für ein sicheres Haus. Sie sind die Grundlage für Entwicklung. Durch meist traumatische Ereignisse wurden von den betroffenen Kindern wichtige Entwicklungsschritte nicht gegangen. So müssen sie viel in ihrem Leben nachholen und trotzdem altersgemäße Verhaltensweisen lernen, um sich im Kindergarten und dem Alltag der Schule bewähren zu können.

Auch wir stehen immer wieder unter Zeitdruck. Ein Kind, das viele Jahre im Dunklen gelebt hat und viele Kulturtechniken nicht gelernt, viele Erfahrungen nicht gemacht hat, dieses Kind braucht erst Vertrauen und Vertraulichkeit. Damit sind die Komponenten für eine gute Beziehung geschaffen. Dann erst können wir mit dem Aufholen und Nachholen beginnen. Und dann ist schon meist Einschulungszeit!

Jede Aufgabe, jede Schwierigkeit, jedes Ereignis – sie tragen dazu bei, dass unsere Kinder wachsen. Das gelingt ihnen durch Zuspruch: „Nicht aufgeben!" oder „Wir schaffen das!" oder „Ich warte so lange auf dich, bis du mich eingeholt hast!" oder „Morgen ist ein neuer Tag!" Das gelingt ihnen vor allem durch ihre Neugier, ihre Bereitschaft zur Veränderung und unsere Liebe. Immer haben sie Lektionen vor sich und viele Lernaufgaben begleiten sie. Und immer wieder müssen wir die jungen Menschen daran erinnern, dass sie sich im Hier und Jetzt befinden und in Sicherheit. Trotzdem machen sie Erfahrungen, die sie mit der Zeit sicherer und selbstbewusster werden lassen.

☆

Annemarie

Es poltert und scheppert. Es kracht. Alle springen auf und rasen zur Treppe hin. Annemarie ist die Treppe heruntergefallen.

Sie muss sich unendlich wehgetan haben. Das Poltern hat sich böse angehört. Annemarie jedoch steht auf. Ihr Gesicht zeigt ein leeres Lächeln. „Annemarie komm, lass mal schauen!" „Es ist nichts!" Annemarie lässt mich spüren, dass ich ihr nicht näher kommen soll. Hastig entfernt sie sich.

So geht es mir seit Wochen. Annemarie lässt niemanden an sich heran. Sie spricht nur das Notwendigste. Bei gemeinsamen Spielen macht sie nicht mit. Beim „Gute Nacht sagen" tut sie so, als ob sie schon schlafe. Sie bewegt sich kaum, lässt sich aber auch schwer bewegen. Die Grenzen zu ihr sind sehr schnell überschritten und sie reagiert mit Überlastung und Unbehagen. Sie scheint etwas nicht gehört zu haben, sie scheint etwas nicht gesehen zu haben – es scheint, als seien Teile ihrer Wahrnehmung abgeschaltet. Ihr Tag ist mit „vor sich hinschauen" und „zuschauen" angefüllt. Es scheint, als nehme sie ihre Umgebung nicht wahr.

Sehr schwierige emotionale und soziale Einflüsse haben zur Störung ihres seelischen Wohlbehagens geführt und eine unüberwindbare Mauer um sie aufgebaut. Sprachlos, anspruchslos, emotionslos, kontaktlos, ohne Tränen.

„Hallo, bist du da?" Mit kleinen, immer wieder gleichen Gesten begegneten wir dem Mädchen. Annemarie hat wunderschöne Haare und wir bemerkten, dass sie es liebte, wenn wir ihr die Haare waschen und kämmen. Wir suchten schöne Haarspangen und merkten, dass sie sich freute – eine zarte Annäherung, die sie zulassen konnte. Wir legten Kleinigkeiten auf ihr Kopfkissen oder auf den Teller und umgaben sie mit vielen kleinen Ritualen, wie einen Zettel in ihre Socken mit einem kleinen Gruß. Annemarie sprach niemanden von uns an, weder die kleinen noch die großen Leute, so spielten wir Namensspiele und „Wer bin ich", lachten viel gemeinsam, nur Annemarie verzog keine Miene. Wir bemerkten jedoch, dass sie langsam auch unsere Namen benutzte. Beim abendlichen Vorlesen an ihrem Bett führten wir ein, dass Annemarie einen Absatz vorlas und ein Absatz wurde ihr vorgelesen. Puzzeln, malen, Perlen auffädeln – „Hallo Anne-marie, wir sind da und neben dir!"

Wir wollten die Hoffnung schon aufgeben, da bemerkten wir, dass Annemarie begann, mit den jüngeren Kindern zu spielen. Nach einiger Zeit konnten wir hören, dass sie auch aus ihrer Sprachlosigkeit herausfand und im Spiel mit den Kleinen redete. Während eines dieser Spiele fiel sie wieder hin. Resolut nahm Paul sie an die Hand und ließ sie nicht los. Annemarie weinte und ließ es zu, dass ich sie behandelte. Es hört sich merkwürdig an, doch wir freuten uns über ihre ersten Tränen.

☆

Die Kinder reifen zu etwas Eigenem, zu einer Persönlichkeit. Sie haben Schutz und Sicherheit erlebt, sie konnten Berührungen eines Tages zulassen, sie waren lieb, faul, fleißig, rotznäsig, laut, leise, klug, fröhlich, traurig, neugierig, voller Tatendrang, eifrig, mutig, ängstlich, verzagt, hilfsbereit, frei, scheu, pfiffig, eigen-willig, vorsichtig, sanft, grob, kreativ – sie haben sich entwickelt.

Jetzt können sie den nächsten Schritt wagen. Ein Kind mit drei oder vier Jahren zeigt uns seine sichere Bindung. Das Volkslied: „Hänschen klein ging allein in die weite Welt hinein" zeigt uns das eindrücklich. Doch wann ist der richtige nächste Schritt für unsere Kinder? Sie zeigen uns den nächsten Schritt, den nächsten wichtigen Schritt ihrer Entwicklung. Ein sicheres Kind kann es sich erlauben, die Beziehung durch Streit aufs Spiel zu setzen. Oliver schrie eines Tages: „Ich mag dich nicht mehr!" Die Psyche von Oliver ist wieder mit Vertrauen aufgefüllt. Er verfügt über eine neu entstandene Kraft, eine Kraft, die ihn schützt und der er vertraut.

Reich mir deine Hand ...
ich will sie halten, wenn du traurig bist.
ich will sie drücken, wenn du dich verlassen fühlst.
ich will sie streicheln, wenn du Schmerzen hast.
ich will sie wieder loslassen, wenn du deinen Weg alleine gehen willst.[44]

Wenn ein Kind die Quelle der Bindung verlassen kann, kann es sich anderen Menschen und fremden Angeboten zuwenden. Das Kind hat begriffen, dass es die enge Beziehung nicht verliert, aber auch, dass es die Chance hat, auch schwierige Situationen alleine zu bewältigen. Eine sichere Bindung gibt Orientierung. Soziale Kompetenzen werden erworben. Der Umgang mit Gefühlen ist möglich. Aus einer verinnerlichten sicheren Bindung entsteht das Selbstbewusstsein und das schützt unsere Kinder erheblich vor vielen Risikofaktoren.

✩

Auszug aus einem Brief von Gunda an einen Jugendlichen:

Erst sehr achtsam, dann sehr zuversichtlich, dann mit einem sehr liebevollen Blick auf dich, dann mit sehr viel Liebe im Her-

---

[44] Marianne Schülein: Gezeiten der Gefühle. März 2006

zen für dich, dann mit einem ungeheuren Stolz – wir gehörten zusammen. Stundenlang haben wir miteinander Halma gespielt, um deine Feinmotorik zu fördern, dachte ich; dabei musste ich zunehmend aufpassen, auch mal zu gewinnen. Manche deiner Bemerkungen trafen so passend ins Schwarze, dass es außerordentlich schwer wurde, dich zu übertrumpfen. Deine Heiterkeit und dein verschmitztes Lächeln erhellten oft unseren schwierigen Alltag. Wir kramten in alten Kräuterbüchern und stellten Tinkturen und Cremes her, wir machten Gurken im Fass ein und machten aus Weißkohl Sauerkraut. Nie wieder gab es so gute und fantasievoll zusammengestellte Pizzabeläge. Und sie schmeckte! Doch feine Schürze ... Das Leben mit dir war abenteuerlich und voller Farben. Aber eines Tages, da duschtest du dich stundenlang. Aha! Abiturzeitung! Aha! Ein Mädchen!

✫

Der Verlauf der Eingliederung wird auch durch die anderen Kinder und Jugendlichen in unserem Haus mit geprägt. Gerade sie vermitteln Werte und Ansichten, haben Ideen und Interessen, die für das einzelne Kind sehr wichtig sind. Unsere Kinder und besonders unsere Jugendlichen hören immer genau zu, wenn uns Ehemalige besuchen und ihre Geschichten und wie es ihnen heute geht erzählen.

Erfolgreiche Beziehung leben können ist die Grundlage für die Schritte in ein eigenes und unabhängiges Leben.

Ich wünsche jedem von euch einen guten Freund. Und ich wünsche jedem von euch die Gelegenheit zu Freundschaftsdiensten, die er jenem ohne sein Wissen erweist. Haltet euch dazu, zu erfahren, wie glücklich es macht, glücklich zu machen![45]

[45] Erich Kästner: Pünktchen und Anton. Atrium Verlag 1985. S. 172

11. Schritte in neue Herausforderungen

Unsere Kinder brauchen Menschen, die ihnen die Orientierung draußen leichter machen. Es ist wichtig, die fremde Welt mit Freunden an der Seite zu erleben. Wichtig ist es auch Freunde zu haben, wenn die Selbstständigkeit kommt und damit dann auch der Abschied vom Leben im Kinderdorfhaus und in der Kinderdorffamilie. Trotzdem sind sie auf der Suche nach Schweinebraten und Klößen, der Wärme in den Beziehungen „draußen". Sie kommen nicht ohne Lob, Anerkennung und Zustimmung aus. Sie nicht und andere auch nicht. Eine warmherzige Anerkennung von Freunden ist Kraft spendend und ein Elixier für die Seele unserer jungen Menschen.

Außerdem können wir deutlich sehen, dass Kommentare, die von Menschen gegeben werden, die außerhalb des Kinderdorfes leben, eine höhere Wertigkeit haben. „Mia, du kannst gut tanzen!", sagt Conny aus dem Tanzstudio. Mia strahlt und ihre Schritte werden leichter. Sie wird im Auftreten sicherer und selbstbewusster. Wie oft haben wir ihr das vorher erzählt!

„Wo ist meine Harfenprinzessin?", fragte uns ein Freund. Die „Harfenprinzessin" hat die Frage nicht nur gehört, sondern sie findet diesen liebenswürdigen großen Menschen sehr toll – und damit ist die Mühe beim Üben vergessen und neuer Ansporn vorhanden.

In dieser Zeit neuer Herausforderungen brauchen unsere Kinder unsere Achtsamkeit, unsere emotionale Unterstützung, unser Verständnis und manchmal auch unser Mitgefühl. Es ist die Zeit, in der das Kind in einen Verein eintritt, die Zeit, in der das Kind in die Familie der Schulfreunde geht, die Zeit in der das Kind selbstständig eine Veranstaltung besucht. Mit dem so erweiterten Radius müssen sich unsere Kinder dem Leben draußen stellen. Sie müssen ihre Kompetenzen zeigen, sie anwenden und sich gefallen lassen, dass sie mit anderen Kindern verglichen werden. Sie müssen lernen, sich der Meinung anderer zu stellen. Sie müssen lernen, sich selbst zu managen, sich anzupassen, sie müssen Grenzen anerkennen, aber auch ihre eigenen setzen und Konflikte und Schwierigkeiten selber lösen. Es schützt sie niemand. Sie müssen Beziehungen aufnehmen. Sie müssen lernen, Freundschaften zu pflegen. Sie lernen das Leben in anderen Lebensräumen kennen.

Haben wir die Kinder genügend ausgestattet und vorbereitet? Wir sind ganz schön aufgeregt, wenn ein Kind zum ersten Mal auf die „Fizz" geht.

Der Lehrer ist kein Zauber-
künstler, sondern ein Gärtner.
Er kann und wird euch hegen
und pflegen. Wachsen müsst
ihr selber![46]

[46] Erich Kästner: Ansprache zum Schulbeginn. In: Die kleine Freiheit. Chansons und Prosa 1949-1952. Atrium Verlag 1952. S. 15

12. Ausbildung

Die jungen Menschen in der Jugendhilfe benötigen gerade im Bereich der schulischen Bildung und der Ausbildung unsere ganze Aufmerksamkeit und Unterstützung. Schulische Bildung und Ausbildung sind wichtige Voraussetzungen für ein selbstständiges Leben, ein Leben, das durch Beruf und Berufung mit Sinn und Wert gefüllt werden kann.

Es ist uns wichtig, unsere Jugendlichen so auszustatten, dass sie das Leben draußen bewältigen können. Für eine gute Bewältigung brauchen sie eine gute Ausstattung: Sie brauchen einen Platz im Leben. Sie brauchen einen Platz in der Arbeitswelt. Sie brauchen einen Platz in unserer Gesellschaft. Um diese Herausforderungen zu schaffen, benötigen sie Herzensgüte, Fantasie und Kreativität. Sie brauchen ein sicheres Auftreten, eine gute Ausdrucksfähigkeit, Möglichkeiten, ihr Können unter Beweis zu stellen. Sie müssen zuverlässig sein und ehrlich. Sie brauchen gute Umgangsformen. Sie müssen leistungsfähig sein, kritikfähig und lernbereit. Sie müssen selbstbewusst sein und positiv auf andere Menschen zugehen können. Sie müssen sich einschätzen können und ihre Grenzen kennen.

Durch tägliche Mithilfe bei unserer Arbeit in Haus und Garten bilden wir unsere Kinder und Jugendlichen aus und vermitteln ihnen diese wichtigen Fähigkeiten. Das tägliche Arbeitstraining wird auf die Ressourcen des Kindes und die jeweilige Situation abgestimmt und umfasst eine Stunde. Jeder bekommt eine individuelle Aufgabe pro Tag, dabei achten wir darauf, dass der Auftrag zu dem Kind oder Jugendlichen passt. Wir unterstützen besonders bei älteren Jugendlichen ihre Fähigkeiten und Interessen, vor allem auch im Hinblick auf eine zukünftige Ausbildung. Michael zum Beispiel erhält viele handwerkliche Aufträge und wird dabei von unserem Arbeitstrainer Bernd unterstützt und gefördert. Fieni interessiert sich für den Haushalt und backt mit Freude und Liebe Kuchen und Plätzchen für uns alle. Fieni möchte gerne einmal eine Hauswirtschaftsschule besuchen und

Michael macht inzwischen eine Lehre in einer Schreinerei. Michael hat die wichtigsten Arbeiten im Haushalt gelernt, macht sie aber nicht besonders gerne. Und Fieni? Na, die Nägel sind schon sehr krumm, die sie zum Aufhängen eines Bildes in die Wand geschlagen hat.

Zur beruflichen Vorbereitung suchen wir gemeinsam mit unseren Jugendlichen kleine Handwerksbetriebe, die auch am Samstag tätig sind. Dort erhalten sie einen Eindruck von der Arbeitswelt und können ihre Fähigkeiten erweitern. Viele Betriebe geben unseren Jugendlichen eine Lehrstelle, wenn sie so „tapfer" Samstag für Samstag zum Helfen gekommen sind. Die zukünftigen Lehrmeister können so ihre zukünftigen Lehrlinge einschätzen und beurteilen und unsere zukünftigen Lehrlinge wissen schon, was auf sie zukommt und haben weder falsche Vorstellungen von ihrem zukünftigen Arbeitsplatz, noch bekommen sie einen Realitätsschock.

Während der Ausbildung ist eine enge Zusammenarbeit zwischen dem Lehrherrn, uns und der Berufsschule wichtig und förderlich. Neben den beruflichen Inhalten müssen wir immer wieder auch gemeinsam Schwierigkeiten und Probleme bearbeiten, die in den jungen Menschen selbst liegen. Sie haben einen Rucksack mit Belastungen zu tragen, der bis zu Beginn einer Lehre nicht immer geleert ist. Jetzt ist es wichtig für unsere Jugendlichen, ein Ziel vor Augen zu haben und zu wissen, was man sich für die Zukunft vorstellt. Auch das Schreiben des Berichtsheftes nach der Arbeit und das Lernen für die Berufsschule fordert neben der täglichen Arbeit schon den ganzen „Mann" oder die ganze „Frau".

Von einem Problem möchte ich jedoch berichten. Unsere Jugendlichen werden während der Ausbildung von der wirtschaftlichen Abteilung der Jugendhilfe zu einem Kostenbeitrag von ihrem Lehrlingsgehalt von 75 % herangezogen[47]. Es ist sehr

---

[47] Gemäß § 94 Abs. 6 SGB VIII müssen sich die Auszubildenden mit 75 % ihres Einkommens an den Kosten der Jugendhilfemaßnahme beteiligen.

schwer zu verstehen, dass der andere Lehrling sich von seiner Ausbildungsvergütung ein Mofa leisten kann und sie mit leeren Händen da stehen und aushalten müssen, dass für sie die Uhr anders schlägt. Die Heimerziehung ist eine aufwendige Erziehung. Es ist ein Kampf um Hoffnung und Mut, um Vertrauen, Zuversicht, um Träume und Ziele, und es ist so schwer, ihnen jetzt zu sagen, du bist in der Jugendhilfe, da ist das so geregelt und deine Wünsche müssen aufgeschoben werden.

Hier zeigt unsere Erfahrung auf, dass erst ein Abbruch der Heimerziehung und dann in der Folge ein Abbruch der Lehre für viele Jugendliche ein leider zu oft begangener Weg ist. Sie werden von ihren Kameraden gehänselt, wenn sie sich Brotzeit von zu Hause mitnehmen statt wie die anderen Mitarbeiter an der Imbissbude einkaufen zu gehen. „Warum soll ich 10 Stunden unterwegs sein, viel arbeiten, mich herumschicken lassen, wenn mir im Monat nur so wenig Geld bleibt?", fragte mich ein Jugendlicher, der aktuell in der Ausbildung zum Beikoch ist.

„Geben Sie den Jugendlichen eine Perspektive! Bitte verändern Sie dieses Gesetz wieder", appelliere ich an die Verantwortlichen! Die Jugendlichen brauchen die Chance für eine erfolgreiche Zukunft. Und die Gesellschaft profitiert langfristig von gut ausgebildeten Jugendlichen.

Es ist wichtig, dass unsere Jugendlichen in vollem Umfang am Leben teilnehmen können und nicht nur am Rande stehen und dabei zuschauen. Jeder, der Möglichkeiten hat, diesen Kindern und Jugendlichen zu helfen und sie zu begleiten, sollte sich daran beteiligen.

Auch für diejenigen unserer Kinder, die das Abitur oder das Fachabitur machen, stehen neue Entscheidungen an. Leisten sie vor einem Studium erst den Zivildienst ab, gehen sie zur Bundeswehr oder leisten sie ein freiwilliges soziales Jahr? Die Vielfalt an Zukunftsplänen ist groß und in vielen Stunden stellen wir uns gemeinsam die Frage, was ist der richtige Weg? Welche Interessen und Neigungen sind vorhanden? Was schaffen sie? Welche Möglichkeiten sind die besten?

Tina träumte zwischen der Bekanntgabe der Noten und der letzten Abiturarbeit davon, dass sie in jedem Fach die Note „sechs" geschrieben hat und wachte schreiend auf. Glücklicherweise wissen wir alle, dass dieser Traum sich nicht erfüllt und nur ihren alten Ängsten entspringt.

Wir sitzen alle im gleichen Zug
und reisen quer durch die Zeit.
Wir sehen hinaus. Wir sahen
genug. Wir fahren alle im
gleichen Zug. Und keiner weiß,
wie weit.[48]

[48] Erich Kästner: Das Eisenbahngleichnis. In: Die lyrische Hausapotheke.
Atrium 1993. S. 13

13. „Generation voller Ankunft"[49]

„Wir sind die Generation ohne Abschied. Wir können keinen Abschied leben, wir dürfen es nicht, denn unserm zigeunernden Herzen geschehen auf den Irrfahrten unserer Füße unendliche Abschiede (...) Wir sind voller Begegnungen, Begegnungen ohne Dauer und ohne Abschied, wie die Sterne. Sie nähern sich, stehen Lichtsekunden nebeneinander, entfernen sich wieder: ohne Spur, ohne Bindung, ohne Abschied."[50]

Wenn ich mir den Lebenslauf vieler unserer Kinder anschaue, dann werde ich erinnert an die Aussagen von Wolfgang Borchert und das Lebensgefühl der Menschen nach dem Krieg. Auch gegen einen großen Teil unserer Kinder wurde gekämpft, nur mit ihrer Verteidigung oder mit eigenen Lösungsstrategien war es sehr schlecht gestellt. Sie hatten keine Chancen. „Bevor ein Kind Schwierigkeiten macht, hat es welche", sagte Alfred Adler.[51]

Die Biografien unserer Kinder zeigen ebenfalls viele Abbrüche ihres Lebensumfeldes auf. Manche Kinder kommen hier bei uns an und wissen gar nicht, warum sie wieder Abschied nehmen mussten. Pflegefamilie, Kinder- und Jugendpsychiatrie, nächste Pflegefamilie, Kinder- und Jugendpsychiatrie... Ich könnte noch fortfahren, aber ich möchte zu dem Stichwort kommen, das „Ankunft" heißt. Borchert sprach davon, dass die Ankunft auf einem neuen Stern stattfindet, unter einer neuen Sonne, zu einem neuen Leben, zu einem neuen Lachen. Wir können auch sagen: Zu einer neuen Gegenwart und einer neuen Zukunft. Es erfüllt mich mit Freude, dass wir, die Menschen, die im Erich Kästner Kinderdorf arbeiten, dazu beitragen konnten, eine neue

---

[49] Wolfgang Borchert: Generation ohne Abschied. In: Wolfgang Borchert, Das Gesamtwerk. Hamburg 1975. S. 60
[50] ebenda S. 56
[51] http://www.schulberatungsservice.de/kindergarten.htm, zugegriffen am 23. April 2010

Gegenwart aufzubauen und die Weichen für eine neue Zukunft zu stellen.

Jetzt ist die Zeit der Ankunft gekommen, der Ankunft in die Selbstständigkeit. Jetzt haben wir die Kräfte für die Herausforderungen des Lebens geweckt. Die Jugendlichen haben den Umgang mit sich selbst und mit ihrer Umwelt gelernt. Wir haben sie ausgestattet mit einer Schatzkiste an guten Erfahrungen.

☆

Brief an eine Jugendliche, die auf dem Weg nach draußen ist:

Jetzt hängen Frieden und ungestörte Träume nicht mehr von einer Zeit ab, die weit zurückliegt – von deiner Kindheit. Du bist mit mir einen Weg voller Unwägbarkeiten und Schwierigkeiten gegangen. Du hast gekämpft und du hast gesiegt. Ich bewundere deinen Mut. Mut ist auch weiterhin der Preis, den das Leben fordert, um dir das Erreichen deiner Ziele zu gewähren.

Du bist wie mein eigenes Kind! Ich kann dich jetzt nicht mehr beschützen, wie ich dich als Kind schützen konnte. Du stellst dich der Welt und damit wirst du Fehler machen. Niemand ist perfekt. Vielleicht fühlst du dich nicht kompetent, schwierige Aufgaben zu erfüllen. Doch! Niemand wird sie so gut erfüllen können, wie du! Liebe, Lachen und Freude mögen die Erfahrungen sein, die überwiegen. Denke immer daran, du wirst geliebt.

☆

„Was immer du tun willst, fang damit an."[52]

„Fang damit an! Wir wünschen eine gute Ankunft! Träume schön!" „Man" möchte noch so viel sagen und doch, es ist alles gesagt. Unsere Gedanken begleiten die jungen Menschen auf ih-

[52] Tanja Kinkel: Säulen der Ewigkeit. München 2008

rem Weg. Sie ziehen weg und sind immer noch da. Wir haben zusammen gelacht, geweint, gesungen, gespielt, geredet, gegessen, gefeiert, gestritten, getanzt, gelebt – wir gehören zusammen.

Für unsere Jugendlichen bedeuten Selbstständigkeit und Erwachsen sein auch: Außerhalb des Erich Kästner Kinderdorfes zu leben. Es bedeutet, Vertrautes und Sicheres zu verlassen und verantwortlich für das eigene Handeln und Tun zu sein.

Für uns, die dableiben, die Kleinen und die Großen, bedeutet es: Abgeben und Loslassen. Vertrautheiten verlassen und im Herzen wieder Platz machen für einen Neuankömmling.

Trotzdem: Die Menschen sind nicht auswechselbar. Niemand ist wie DU. Jedes Kind hinterlässt eine Spur. Niemand gleicht dem anderen Kind. Die Beziehung zueinander ist gewachsen, intensiv und tief und berührend. Durch Höhen und Tiefen sind wir gemeinsam gegangen. Jetzt können die Jugendlichen Abschied nehmen und sich verselbstständigen, denn sie haben Beziehung kennengelernt und sie kennen die Bedeutung von Heimat. Jetzt sind diese wundervollen jungen Menschen auf dem Weg, erwachsen zu werden oder zu sein. Ich hoffe, dass sie zufrieden sind und ihre Zufriedenheit leben können.

Unsere Kinder brauchen bis zu ihrem Auszug mehr von allem, mehr als Kinder aus den „normalen" Familien. Sie müssen wesentlich stabiler sein. Wie erleichternd ist der Gedanke für ein junges Menschenkind, das zu Hause bei seinen Eltern lebt: „ Ich kann es ja draußen probieren und wenn es nicht klappt, dann kann ich auf meine Familie zählen." Auch hier erleben unsere Kinder in der Jugendhilfe Ecken und scharfe Kanten. Der Wind weht ganz schön um ihre Nase: In meinem Zimmer lebt ab morgen jemand anders. Bin ich auswechselbar? Was ist mit der Einmaligkeit?

Kinder hinterlassen eine Lücke, wie zum Beispiel du, Arnulf. Diese Lücke wird nicht gefüllt. Niemand wird jemals so sein wie du! Viele Dinge erinnern mich an dich. Es gibt viele Geschichten, die wir von dir erzählen. Oder von dir, Volker. Du warst sehr sportlich und spieltest Eishockey in Würzburg. So führtest du mich über die Eisbahn und ich kam mir vor wie eine junge Göttin. Auch ich habe viel von euch gelernt. Von dir, Dieter, Philipp, Alexander, Mirjam, Michael, Tanja, Marco, Ludwig, Gabi, Jürgen, Rainer, Benjamin, Julia, Yani, Donald, Franz, Peter, Elmar, Eberhard, Martin, Robert, Eduard, Markus, Thomas, Tommy, Joshua, Mark, Benedikt, Tobias, Klaus, Beate, Steven, Arthur, Silvia, Helmut, Kathrin, Heiko, Walter, Brigitte, Teneka, von euch allen. Ich danke euch allen. Und ihr geht zwar fort, doch unsere Verbindung zueinander bleibt. Es ist schön und aufregend, wenn Volker anruft: „Bin grad am Flughafen. Meine Maschine geht gleich. Freue mich auf den Flug, aber weißt du was? Ich habe Heimweh!"

Jeder Sonnenaufgang ist anders. So gibt es einen Platz bei uns für ein Kind und wenn es wieder geht, dann ist daraus ein anderer Platz geworden. Die äußeren Umstände lassen es vielleicht so erscheinen, als wäre alles gleich, aber es gibt immer wieder andere Kinder, Kinder mit anderen Träumen, anderen Eigenschaften. Sie bewohnen dasselbe Zimmer, aber sie bewohnen es anders.

Lebensräume, Lebensträume

Lebensräume, Lebensträume,
wir zusammen, du und ich.
Träume leben, Räume geben,
für die andern und für sich.

Türen öffnen, Türen schließen,
mal allein und mal zu zweit,
Schritte gehen, Vorwärts sehen,
scheint das Ziel auch fern und noch so weit.

Lebensräume, Lebensträume,
wir zusammen, du und ich.
Träume leben, Räume geben,
für die andern und für sich.

Offne Augen, offne Ohren,
offnes Herz in Freud und Leid,
Freundschaft leben, Freiheit geben,
jederzeit zum großen Sprung bereit.

Lebensräume, Lebensträume,
wir zusammen, du und ich.
Träume leben, Räume geben,
für die andern und für sich.[53]

© MUSIK FÜR DICH Rolf Zuckowski OHG, Hamburg

[53] Rolf Zuckowski schrieb uns dieses Lied zu unserem 35-jährigen Jubiläum

III.

Am Anfang war eine Idee

Das Erich Kästner Kinderdorf mit seinen Kindern und seinen Mitarbeitern und noch ein Stückchen mehr.

Wer an die Zukunft glaubt,
glaubt an die Jugend.
Wer an die Jugend glaubt,
glaubt an Erziehung.
Wer an die Erziehung glaubt,
glaubt an Sinn und Wert
der Vorbilder.[54]

[54] Erich Kästner: Von der deutschen Vergeßlichkeit, Rede zur Erinnerung an den 20. Juli 1944. In: Erich Kästner Gesammelte Schriften in sieben Bänden. Atrium Verlag, Cecilie Dressler Verlag, Kiepenheuer & Witsch 1959. S. 518

1. Warum Erich Kästner?

Erich Kästner ist ein Schriftsteller, der vor allem als Kinderbuch-autor bekannt ist. Mit seiner Liebe zu den Kindern und seiner Wertschätzung für sie eroberte er die Herzen vieler Heranwach-sender. Kästners Gedichte sind oft treffend überspitzt, ironisch, espritvoll und haben bis heute ihre Gültigkeit bewahrt, manch-mal eine erschreckende Gültigkeit.

Und ich liebe Erich Kästner! Ihn, der so unglaublich ansprechende Gedichte geschrieben hat. Ich, eine Jugendliche in der Nachkriegszeit, die an seine Werke nur schwer herankam, die vor allem Vorbilder im Denken brauchte.

Erich Kästner gab am 26. Mai 1974 seine Zustimmung, unser Kinderdorf nach ihm benennen zu dürfen. Vorausgegangen war ein langer Brief an ihn, in dem ich ihm von unseren Ideen schrieb und wie wir sie ausführen wollen. Kurz und bündig antwortete er mit einem Telegramm: „Bin mit Kinderdorfbenennung ein-

Erich Kästner Bibliothek, Oberschwarzach

Arbeitstisch von Erich Kästner in der Erich Kästner Bibliothek, Oberschwarzach

verstanden. Erich Kästner". Seitdem finden bei uns heimatlose große und kleine Lottes und Emils eine neue Heimat.

„Der Jugend kann, in unserer desolaten Welt, nur helfen, wer an die Menschen glaubt. (...) Doch er muß einen gelungenen Entwurf vom Menschen vor Augen haben. (...) Und er weiß, daß es, wenn auch nicht dort und nicht da, doch noch ein paar echte Werte gibt: das Gewissen, die Vorbilder, die Heimat, die Ferne, die Freundschaft, die Freiheit, die Erinnerung, die Phantasie, das Glück und den Humor. Diese Fixsterne leuchten noch immer über uns und in uns. Und wer sie der Jugend weist und deutet, zeigt ihr den Weg (...).“[55]

Erich Kästner leistete aus unserer Sicht einen großen Beitrag für Humanität und Menschenwürde. Er sah Freiheit und Überle-

[55] Erich Kästner: Jugend, Literatur und Jugendliteratur. Rede 1953 anlässlich der Internationalen Tagung für das Jugendbuch in Zürich. In: Erich Kästner Gesammelte Schriften in sieben Bänden. Atrium Verlag, Cecilie Dressler Verlag, Kiepenheuer & Witsch 1959. S. 512

benswillen als große Verantwortung an. Erich Kästner war eine Persönlichkeit mit all den Verhaltensweisen und Eigenschaften, die den Menschen und das Menschliche ausmachen. Kästner lehrt uns Respekt vor den anderen Menschen und Respekt vor sich selbst. Er zeigt uns hier im Erich Kästner Kinderdorf die Verantwortung des einzelnen Menschen für den einzelnen Menschen auf. Er liebte den Humor und das Lachen. Seine Haltung Kindern gegenüber, die bestimmt wird von Liebe, Wertschätzung, Mitgefühl und Respekt, ist ein tragendes Element unseres pädagogischen Alltags.

Erziehung ist eine Generationenverpflichtung in Achtung vor der Würde des Kindes. Das oft beschworene Kindeswohl ist in körperlicher, intellektueller, emotionaler und sozialer Weise zu sichern. Erich Kästner hat für sich und für uns ein Lebensbild gezeichnet:

Kopernikanische Charaktere gesucht

Wenn der Mensch aufrichtig bedächte:
daß sich die Erde atemlos dreht;
daß er die Tage, daß er die Nächte
auf einer tanzenden Kugel steht;
daß er die Hälfte des Lebens gar
mit dem Kopf nach unten im Weltall hängt,
indes sich der Globus, berechenbar,
in den ewigen Reigen der Sterne mengt, –
wenn das der Mensch von Herzen bedächte,
dann würd' er so, wie Kästner werden möchte.[56]

---

[56] Erich Kästner: Kopernikanische Charaktere gesucht. In: Kurz und Bündig. Atrium Verlag 1950. S. 112

An allem Unfug, der passiert,
sind nicht etwa nur die schuld,
die ihn tun, sondern auch die,
die ihn nicht verhindern.[57]

[57] Erich Kästner: Das fliegende Klassenzimmer. Atrium Verlag. S. 103

2. Das Erich Kästner Kinderdorf

Wir geben den Kindern und Jugendlichen eine Heimat, die, bei entsprechender Problematik, langfristig einen Platz zum Leben benötigen. Unsere Aufgabe sehen wir darin, Kindern und Jugendlichen mit leidvoller Vergangenheit eine Chance zum Ankommen, zur Entwicklung, zur Entfaltung und zur selbstständigen Lebensbewältigung zu geben.

Familie bedeutet für uns: „Hausgemeinschaft" (lat. familia) und „Mittelpunkt einer kleinen Welt". In ihr leben Kinder gemeinsam mit einem Elternpaar zusammen unter einem Dach, wie in einer

Logo des Erich Kästner Kinderdorfes

187

natürlichen Familie. Wie die Natur es so einrichtet, meldet sich bei unseren Eltern auch manchmal der Storch und so leben wir alle gemeinsam, bunt gemischt und miteinander. Jeder Einzelne findet in dieser Familie Schutz, Geborgenheit, Liebe, Wärme, Aufmerksamkeit, Halt, Verständnis, Wohlwollen, Freude, Zuneigung, Verlässlichkeit, Kontinuität, Rücksicht, Nächstenliebe, Herzlichkeit, Geduld, Hilfsbereitschaft, Gefühl – und damit die Grundvoraussetzung für jede weitere Entwicklung. Familie bedeutet, sich gemeinsam stark fühlen, sich gegenseitig unterstützen. Sie bedeutet auch Streit und Auseinandersetzung sowie Traurigsein und Grenzen spüren. Trotzdem bedeutet Familie: Wissen, wohin man gehört! Wissen, wohin man später gehen kann, wenn man Sorgen hat oder eine große Freude, die sonst das Herz sprengt, auch dann, wenn man längst erwachsen ist. Unsere konzeptionelle Besonderheit liegt darin, dass wir jede Art von Schichtdienst vermeiden. Unsere Eltern sind für die Kinder erreichbar wie in einer „normalen" Familie und das sind 365 Tage im Jahr und vor allem 365 Nächte im Jahr. Damit ist eine außergewöhnliche Intensität und Konstanz der Beziehung gewährleistet. So ist in den vergangenen Jahren schrittweise ein dezentraler Verbund heilpädagogischer Familiengruppen entstanden.

Jedes Haus unseres Kinderdorfes bildet wieder eine kleine überschaubare Einheit und befindet sich, nein, nicht nebeneinander – wie in einer Dorfgemeinschaft – sondern jedes Kinderdorfhaus ist von jedem anderen Kinderdorfhaus ein Stückchen entfernt. Nein, wir können uns nicht gegenseitig in die Suppe spucken, sind jedoch füreinander und miteinander eng verwoben.

Aufgaben schweißen Menschen zusammen – aber gemeinsame Träume wecken ihre Hoffnung.

Unsere Häuser liegen im ländlichen Gebiet. Am Anfang war die Idee, dass Kinder mit einer schwierigen Situation gut untergebracht sein müssten, damit es ihnen eines Tages wieder gut geht. Dann merkten wir, dass sich besonders bei den hektischen,

den aufgedrehten Kindern, in der Begegnung mit der Natur Veränderungen einstellten. Es war, als ob sich ihre Welt entschleunigte. Das Kind muss wissen, dass es sicher und geborgen ist. Nach dem Herausführen der Kinder aus der gefährlichen Situation benötigen sie Schutz. Diesen Schutz müssen sie fühlen und spüren können.

Unsere Steinmühle, von großen Bäumen umgeben, vollbringt da wahre Wunder. Es bedarf vieler Voraussetzungen, damit die Kinder diese notwendige Sicherheit in ihrem Leben spüren können. Eine dieser Voraussetzungen scheint die heilende Wirkung der Natur zu sein, eine andere heilende Wirkung üben Menschen aus, die bereit sind, ihre Zeit zu verschenken, die zuhören und lieben. Die Kinder müssen wissen, dass sie sich auf uns einlassen können und dürfen. In dieser Einheit entsteht etwas, das nicht mit Gold zu bezahlen ist, eine Beziehung zum anderen. Ein gutes Gefühl. Heimeligkeit. Lebensraum. Lebensperspektiven.

Auch sehr behütete Kinder haben Lebensträume, wie Filippa es in ihrem Tagebuch ausdrückte: „Kindheit, ungetrübte Freude, Glück, Herausforderungen, Geborgenheit, Sicherheit, Sorglosigkeit, den Geruch, ah, guuht!!"[58] Lebensräume, die es für den größten Teil unserer Kinder so nicht gegeben hat.

Ein Kind, das vor Angst mit offenen Augen schläft, muss das Gefühl dafür bekommen, dass es sich zur Ruhe, zum ungestörten Schlafen legen kann und es passiert nichts.

Einige der bei uns aufgenommenen Kinder haben in ihrer Vergangenheit Erfahrungen gemacht, von denen ich nicht einmal lesen möchte. Ich habe erlebt, wie ein sonst eher ruhiger und besonnener Diplompsychologe die Akte eines zur Aufnahme anstehenden Mädchens (vier Jahre alt) an die Wand warf. Er konnte das Leid nicht fassen, das aus den Zeilen sprach. Es scheint, als ob unser Vorstellungsvermögen nicht ausreicht, um die furchtbaren Erlebnisse zu begreifen, die Kindern passieren.

„Wenn Sie die tiefe Wunde eines sexuellen Traumas nicht selbst erlebt haben, können Sie sich vielleicht schwer vorstellen, wie komplex, verwirrend und unterschiedlich die Langzeitwirkungen sein können. Das gilt vor allem, wenn der Missbrauch von jemandem verübt wurde, dem das Kind vertraute oder den es sogar geliebt hat. Wird einem Kind die Unschuld geraubt, so werden dadurch Selbstwertgefühl, Persönlichkeitsentwicklung, Sozialisation und Leistungsvermögen in Mitleidenschaft gezogen sowie später im Jugend- und Erwachsenenalter die Intimität seiner Beziehungen."[59]

Wir können die traurigen Erfahrungen unserer Kinder nicht aus der Welt schaffen. Unser Bestreben aber ist es, mit ganzem Herzen dafür zu sorgen, dass neue Erlebnisse prägend werden und für gute, neue, lebensbejahende Erinnerungen stehen.

Im Verlauf der Jahre, seit der Gründung des Erich Kästner Kinderdorfes, wurden die Ängste, die Traurigkeiten, die Verlet-

---

[58] Filippa Sayn-Wittgenstein: Filippas Engel. Don Bosco. München 2005. S. 166
[59] Peter A. Levine und Maggie Kline: Verwundete Kinderseelen heilen. Kösel Verlag 2007. S. 277

zungen bei den Kindern immer mehr und immer nachhaltiger. Wir antworteten mit einer Atmosphäre erhöhter Sensibilität für die Belange unserer Kinder und noch mehr Aufmerksamkeit.

Doch eines Tages reichte unser Wissen nicht mehr. Wir mussten uns eingestehen, dass wir den Kindern und ihren Problemen nicht mehr gerecht wurden. Eine Erweiterung der eigenen Möglichkeiten war wichtig. Nach vielen Kämpfen innen und außen fand ich mich in Agra in der Schweiz auf dem Areal der einstigen Lungenheilanstalt wieder und machte als Teilnehmer in einer Gruppe von zukünftigen Heilpädagogen unter der Leitung von Dr. Peter Flosdorf philosophische Studien. Die besondere Atmosphäre der Umwelt dort und die angebotenen Themen sorgten für eine Form der Aufmerksamkeit und der Achtsamkeit, die mich weiter beschäftigte. Es war eine einzige Abfolge von spannenden Vorträgen, wilden Diskussionen und der Suche nach der richtigen Antwort. Eine bestimmte Form der Präsenz und Wahrnehmung lebt seit diesen Tagen von Agra in mir fort. Die Ausbildung zum Heilpädagogen in Würzburg hat mich sehr bereichert. Ich erwarb berufsspezifische Kompetenzen und Fähigkeiten, die mir den Umgang mit schwerwiegenden Problemen leichter machten. Viel von dem, was ich dort lernte, ging mir in Fleisch und Blut über. Meine Wahrnehmung war plötzlich von anderer, von intensiverer Qualität. Vor allem der spannende Umgang mit dem Element Beziehung hat mich sehr beeinflusst. Noch mehr Verlässlichkeit und Sicherheit für das Kind und der respektvolle Umgang mit dem Kind wurden einmal mehr zu meinen eigenen Zielen.

☆

Angefüllt auch mit der Sprache der Heilpädagogen wurde ich von meinen Kindern sehr schnell auf den Boden der Wirklichkeit geholt. Sie meinten, dass ich jetzt doch die Ausbildung beendet habe und wieder normal sprechen sollte.

☆

Das Arbeitsfeld Erich Kästner Kinderdorf erfordert individuelle Lösungen und umfassende Kompetenzen. Neben einem hohen Maß an Flexibilität erfordert unsere Tätigkeit Behutsamkeit und das sich Einlassen auf immer neue Situationen. Die Arbeit mit und an dem Kind ist für jeden Mitarbeiter wichtig und wesentlich. Sie dient auch dazu, die Kinder zu verstehen, und so besser für sie und mit ihnen zu handeln. Deshalb gibt es bei uns im Erich Kästner Kinderdorf nur Menschen, die alle auch Aufgaben mit den Kindern und um die Kinder herum wahrnehmen. „Wie, du wäschst als Leitung des Kinderdorfes Wäsche?", wurde ich einmal gerügt. „Ja, ich wasche Wäsche und koche manchmal mit den Kindern und ich mache Kinder und ihre vollen Hosen sauber." Wie sollte ich sonst Vorbild sein? Ein „Vor–Bild". So ist es wichtig, nicht nur den Alltag der Kinder zu verstehen, sondern in ihm ein wichtiger Teil zu sein.

„Neuere biologische Erkenntnisse bestätigen alte erzieherische (...) Grundsätze. Mit modernen bildgebenden Verfahren schaut der Neurobiologe dem Gehirn bei der Arbeit zu und kommt zu folgenden Ergebnissen: Damit ein Kind sein Gehirn gut nutzen kann, d.h. optimiert lernen kann, müssen zwischen den Milliarden Nervenzellen möglichst viele Verbindungen gebahnt und stabilisiert werden. Um diese Verschaltungen ausbilden zu können, müssen Kinder möglichst viele und eigene Erfahrungen machen. Dabei brauchen sie Orientierungshilfe, also äußere Vorbilder und innere Leitbilder, die ihnen Halt geben und an denen sie ihre Entscheidungen ausrichten. Kinder und Jugendliche lernen vor allem dadurch, dass sie etwas tun, immer wieder in unterschiedlichen Zusammenhängen und mit verschiedenen Menschen. Durch die neuere Hirnforschung wird eindrucksvoll bestätigt: Lebewesen lernen am besten, wenn sie selbst tätig sind. Bloßes Zuschauen oder Zuhören genügt nicht: Wir müssen schon in einen aktiven Dialog mit der Umwelt eintreten, wenn wir lernen wollen."[60]

---

[60] Martina Kriener: Partizipation als Balanceakt. In: Thema Jugend – Auf Augenhöhe, Zeitschrift für Jugendschutz und Erziehung, Nr. 1/2006, S. 9

Die Kinder verändern sich und manchmal sind wir für die „neuen" Herausforderungen nicht gerüstet. Wir müssen uns anderen Störungsbildern stellen. Über Fortbildungen erweitern wir unsere Möglichkeiten. Dabei war es uns wichtig, Therapieansätze selbst zu erfahren und zu spüren, bevor wir sie an unsere Kinder weitergeben. Die therapeutischen Inhalte fließen in den Alltag hinein und vieles wird immer wieder geübt, benannt, erklärt, erfahren.

Trotzdem gerieten wir erneut an unsere Grenzen. Das Ausmaß der Traumatisierungen der Kinder und Jugendlichen und die Widrigkeiten mancher Lebensumstände forderten uns erneut heraus. Wir hatten das Gefühl, dass wir sie nicht genug bei der Bewältigung ihrer beeinträchtigenden Erfahrungen unterstützen konnten. Dazu kamen junge Menschen mit psychischen Störungen in das Erich Kästner Kinderdorf. Wir intensivierten die Zusammenarbeit mit dem klinischen Fachbereich. Leider mussten wir feststellen, dass die Kinder- und Jugendpsychiatrie lange Wartezeiten hat. Das führte bei uns zu großen Unsicherheiten, besonders bei der Betreuung von Jugendlichen mit Borderline-Störungen oder aktuellen Schüben anderer psychischer Erkrankungen. Machen wir alles richtig oder müssen wir den jungen Menschen in die Klinik einweisen? Schaffen wir es noch? Sind wir genügend ausgebildet? Ist es richtig, was wir denken? Wo steht gerade die Forschung, welche Ergebnisse sind da, gibt es entsprechende Fachliteratur? Wer kann uns helfen?

Die professionelle Hilfe kam durch einen Kinder- und Jugendpsychiater, der bereit war, uns vor Ort aufzusuchen. Er erklärte uns die klinischen Zusammenhänge, er beriet uns in Fragen der therapeutischen Maßnahmen, er machte uns mit den verschriebenen Medikamenten vertraut und vor allem: Er ist für uns auch nachts und an Wochenenden erreichbar – er ist für uns auch ein stiller Engel. Ohne seine ständige Bereitschaft hätten wir oft die Sicherheit des Handelns nicht.

Unsere Fallkonferenzen wurden intensiver und damit auch länger. Wir achten darauf, dass wir selbst handlungsfähig bleiben und bei Gefahr Hilfe in Anspruch nehmen. Außerdem machten wir eine zweijährige Fortbildung zu dem Thema „Das Schwere leichter machen – Ressourcenorientierte Stabilisierungsarbeit bei Traumafolgestörungen im pädagogischen Kontext" nach Luise Reddemann.

So ausgestattet können wir den beeinträchtigenden Erfahrungen unserer Kinder und Jugendlichen besser begegnen und sind mit einem großen Maß an Handlungskompetenz ausgestattet.

Seit 35 Jahren schlägt mein Herz für die Heimerziehung und ganz besonders für das Erich Kästner Kinderdorf, das ich mit gründen durfte. Das Erich Kästner Kinderdorf wird getragen von Menschen, die Höhen und Tiefen gemeinsam erleben. Von einem Tag im Kinderdorf möchte ich erzählen:

✳

Die Sonne ist gerade aufgegangen. Gedankenverloren liege ich im Bett. Ein neuer Tag. Da, Kinderstimmen! Ja, sie sind früh wach, unsere Kleinen!

Also, Beine raus aus den Federn und los geht's! Das herzliche Lachen von Markus begrüßt mich unten in der Mühle. Tina mustert mich misstrauisch, schenkt mir jedoch ihre ganze Aufmerksamkeit: „Ein heißer Tee?" Dann müssen wir die anderen wecken.

Unser Kleinster will heute überhaupt nicht aufstehen. Er konnte gestern Abend lange nicht einschlafen. Jetzt tut ihm alles „weh". Er hat Bauchschmerzen und Kopfschmerzen und Beinschmerzen. Er kann heute einfach nicht in den Kindergarten, erklärt er mir sehr ernsthaft und überzeugend. Nur mit vereinten Kräften und Überredungskünsten – wer gewinnt diesen Machtkampf? – bekommen wir ihn in seine Kleider. Als wir wieder unten sind, kommt Michael um die Ecke gewitscht. Er will gerade im T-Shirt in die Schule gehen. „Michael, es ist November. Im Winter zieht man einen Pulli und eine Jacke an!" – „Aber mir ist ganz warm, alle anderen in der Klasse haben auch nur T-Shirts an!" – „Michael bitte, draußen sind Null Grad. Guck selbst auf das Thermometer. Du wirst krank, wenn du dich nicht richtig kleidest!" – „Ich finde aber meine Jacke nicht!" – „Dann gehst du jetzt suchen, auf, so lasse ich dich nicht gehen!" Brummelnd zieht er von dannen. Plötzlich ertönt von oben lautes Getöse. Tina und Jeanette streiten sich. Tina hat angeblich Jeanettes neuen Pullover an. Sie behauptet, dass sie so einen bekommen hat. Wenn etwas in ihrem Schrank liegt, kann sie das auch anziehen. Die beiden werden richtig laut, die Fetzen fliegen. Mische ich mich jetzt ein oder nicht? Eigentlich schaffen es die beiden immer ganz gut, sich auseinanderzusetzen, das müssen sie auch beide üben. Wenn ich mich einmische, müssen beide ihr Gesicht wahren können. Ich warte einfach noch ein wenig.

„Ich brauche noch zwei Euro Kopiergeld. Kannst du mir die bitte geben?" – „Michael, hatten wir nicht ausgemacht, dass ihr Geld und Unterschriften am Nachmittag zur Hausaufgabenzeit erledigt?" – „Ja ja, ich weiß, aber ich habe es gestern Nachmittag vergessen. Und wenn ich die zwei Euro heute nicht mitbringe, dann gibt es Ärger, hat Herr Müller gesagt, ich bin eh schon der letzte in der Klasse, weil ich es so oft vergessen habe." – „Oh Michael, du vergisst noch einmal deinen Kopf. Komm, setz dich hin und frühstücke."

„So, jetzt aber los ins Auto. Es ist 7.38 Uhr. Wir müssen los, damit wir nicht wieder zu spät kommen. Beeilt Euch!"

Wie schön waren die Zeiten, als die Kinder noch mit dem Schulbus fahren konnten. Jeanette kann einfach nicht mit dem Schulbus fahren. Sie reagierte mit Panik, als wir es versuchten: „…aber er hat wie Papa ausgesehen!"

Auf dem Rückweg hole ich noch schnell in der Apotheke die bestellten Medikamente ab.

Zu Hause begrüßt mich das Surren des Staubsaugers. Unsere gute Fee wirbelt schon durch die Zimmer. Jetzt schnell einen Kaffee, um 9.00 ist ein Hilfeplangespräch. Den Entwicklungsbericht müssen wir noch Korrektur lesen, die eine Stelle gefällt mir noch nicht richtig. Die Beschreibung von Markus' Verhalten in Stress-Situationen ist nicht ausführlich genug geschildert.

Das Telefon klingelt. Die Lehrerin von Tina. Sie macht sich große Sorgen um das Mädchen, weil sie den Eindruck hat, dass sie sich total isoliert. Sie bittet um unser Erscheinen in der nächsten Sprechstunde. Dann ist unsere Verwaltung in der Leitung. Mehrere Pflegesätze sind für diesen Monat noch nicht eingetroffen. Können wir schon Mahnungen schreiben?

Das Hilfeplangespräch, für das Markus vom Schulunterricht befreit wurde, war intensiv und hatte ein gutes Ergebnis. Erneut bin ich froh, dass wir diese Termine immer auf einen Vormittag legen. Für die meisten Kinder sind diese Gespräche leichter, wenn die anderen in der Schule sind. Gemeinsam mit Markus räume ich den Kaffeetisch ab. Im Aneinandervorbeigehen flüstert er leise: „Danke!" Ich streichle ihn über die Wange und er grinst mich an wie ein Honigkuchenpferd. Danach hilft er mir, zwei Pakete auszupacken, die der Postbote vorhin gebracht hat. Dem Himmel sei Dank, sie sind gekommen! Sie enthalten die Geburtstagsgeschenke für Mia. Ich dachte schon, heute Nachmittag müsse einer zum Noteinkauf losstarten.

Wumms, fliegt die Tür auf. Mit Karacho stürmt Oliver ins Haus. Ist es etwa schon 12.30 Uhr? „Mama, ich will Fahrradfahren! Mama, ich habe Hunger! Mama, ich will spielen!" – „Erst einmal guten Tag, mein Schatz. Zuallererst will ich einen Kuss haben! Und dann räumen wir deine Jacke und deine Tasche auf und du ziehst dir andere Schuhe an? Und dann – dann gehen wir in die Küche und schauen, was das Mittagessen macht."

Wieder klingelt das Telefon. Ein Jugendamt fragt an, ob wir einen Platz frei haben. Neben mir quengelt ein kleiner Mann. Dann geht er jedoch mit Dani in die Küche. Als ich das Schicksal des Kindes höre, das untergebracht werden soll, läuft es mir eiskalt den Rücken hinunter. In welcher Welt leben wir eigentlich? Und wir haben keinen Platz frei! Was können wir nur für dieses kleine Menschenwesen tun? Ich gebe dem Mitarbeiter des Jugendamtes die Telefonnummer eines befreundeten Heimes. Innerlich drücke ich alle Daumen, dass dort ein Platz frei ist.

Mittagessen. „Yeah, heute gibt es Lasagne", freuen sich die Kleinen. „Aber erst einen Apfel essen, oder?" Da Lisa unverhältnismäßig schnell und viel isst, beginnt sie jedes Essen mit Obst.

Michael kommt weinend an den Tisch. „Was ist denn los?" – „Keiner kann mich mehr leiden, die behaupten alle, ich würde die ganze Zeit nur noch rumnerven. Dabei stimmt das gar nicht, ich weiß überhaupt nicht mehr, was ich machen soll. Im Schulbus ging die Streiterei auch noch weiter. Ich meine, vorgestern habe ich mich ja wirklich mit dem Peter angelegt, es ärgert mich nämlich, dass er mich immer so doof angrinst, wenn ich nicht schnell genug bin. Da hab ich ihm angedroht, dass ich ihn verhaue. Aber er hat alle auf seine Seite gebracht und jetzt sind alle gegen mich und meinen, ich sei ein blödes stinkendes Heimkind."

„Wer hat eine Idee dazu?", frag ich in die versammelte Runde. Mia sagt: „Als es mir so schlecht ging in dem einen Jahr, habt ihr die Klasse und die Lehrerin eingeladen. Und als die dann gesehen haben, wie es hier ist, ist es echt besser geworden. Ich glaube, die checken immer noch nicht, dass wir eine große Familie sind."

„Lisa, wie isst eine Prinzessin?" – „Gibst du mir mal bitte den Tee runter?" – „Früher hat man noch einen Kuss bekommen, wenn ihr nach Hause gekommen seid." – „Hey, hast du Mathe rausbekommen. Wenn du noch eine gute Note hast, können wir endlich ins Kino am Wochenende." – „Lässt mal jemand den Hund raus, der muss mal."

Die Gläser klirren, die Löffeln klappern und ein buntes Stimmengewirr und viel Gelächter begleitet unser gemeinsames Essen. „So, wer ist heute dran mit Spülen? Tina, du räumst bitte den Tisch ab! Markus, holst du Holz, es ist kein einziges Scheit mehr in der Holzkiste? Wo ist Michael?" – „Der sitzt schon wieder auf der Toilette, der will sich bestimmt wieder drücken vor der Küche. Voll unfair, der verschwindet immer." – „Na, dann lassen wir ihm einfach eine Arbeit übrig."

Telefon! Eine Schulklasse will uns im Rahmen eines Projektes ihrer Schule besuchen. Sehr gerne. Kaum habe ich aufgelegt, klingelt das Telefon schon wieder. Der Firmunterricht fällt diese Woche aus, wir mögen doch bitte Jeanette Bescheid sagen.

Hausaufgabenzeit. Michael ist nicht da! „Sitzt er etwa immer noch auf der Toilette?" – „Nein, er kam zurück und als er hörte, dass er den Rest noch abtrocknen solle, hat er sofort losgetobt und geschimpft, wie doof wir doch alle seien." – „Und wo ist er jetzt?" – „Raus gerannt!" Ich mache mich auf den Weg – und entdecke ihn hinten im Garten wütend vor sich hin brummelnd. Langsam pirsche ich mich an. „Na, du! War nicht so gut, gerade eben, oder?" Er schaut mich an und heult unvermittelt richtig los! „Was ist denn eigentlich?", frage ich ihn sanft. – „Es ist einfach zum Kotzen, alle hacken nur noch auf mir herum! Ich habe die Schnauze so gestrichen voll." Er schluchzt und schluchzt. „Wer hackt auf dir herum?" – „Einfach alle, ich kann doch machen, was ich will, es interessiert doch eh keinen." – „Wie, es interessiert doch eh keinen?" – „Na, wer kriegt es denn mit, wenn ich mich mal anstrenge?" – „Ich sehe das!" – „ Ja du, Gunda, aber sonst niemand, weder in der Schule noch hier, keiner!", platzt es aus ihm heraus. „Hallo, ist da wieder der alte Vulkan?", lege ich einen Finger auf eine alte Wunde. – „Hm!", grummelt er unbestimmt. „Schau, es gab Zeiten, da war es für dich schwer. Da hat niemand auf dich geguckt und da hat auch niemand gemerkt, wenn du dir Mühe gegeben hast. Da war so ein Wutausbruch richtig und wichtig. Jetzt hast du solche Ausbrüche gar nicht mehr nötig. Weißt du, wenn du jetzt so plötzlich explodierst, kann ja niemand verstehen, was los ist." – „Na ja, schon! Aber manchmal kocht das richtig in mir über und ich hatte heute Morgen schon in der Schule so eine Situation. Herr Schmidt hat mich so böse angemacht, er hat behauptet, dass ich abgeschrieben hätte und dass ich gar nicht in der Lage sei, die Matheaufgabe alleine zu machen. Aber ich wollte ja nicht, dass es schon wieder Ärger gibt in der Schule, deswegen habe ich ganz arg versucht, mich zu beherrschen. Ich bin aber fast geplatzt, dass kann ich dir sagen. Es war so ungerecht, er kann mich einfach nicht leiden, dieser Idiot!", bricht alles aus ihm heraus. „Mensch Michael, und du hast es geschafft, ruhig zu bleiben. Super! Schau, da hast du deinen Vulkan schon gut kontrolliert?" – „Ja, schon. Ich bin auch ein bisschen stolz darauf, dass ich es geschafft habe", überlegt er, und sein Gesichtsausdruck ist schon verändert. „Und so schaffst du es weiter, Schritt für Schritt. Wenn du traurig bist oder dich ungerecht behandelt fühlst, rede!" – „O.K., Gunda!" Er kann wieder lachen. „So, und jetzt gehen wir den Rest in der Küche machen. Wir beeilen uns ein bisschen, dann können wir nachher miteinander spielen!"

Später geht es in der Küche wieder rund. Die Küche ist bei uns das Herz des Hauses. Hier wird alles geübt und das macht auch noch Spaß: richtig abmessen, zählen, Arbeitsgeräte und Utensilien holen, rühren, kneten, ausschneiden und ausstechen, schlecken, kosten, zwischendurch über den Hof flitzen und Milch aus dem Kühlhaus holen, riechen, Quatsch machen, Lieder singen, die schon fertigen Muffins gegen „Diebe" verteidigen, probieren, Schokoguss aufträufeln, Bilder mit Zuckerperlen malen, spülen, mit Wasser panschen, Witze erzählen, Spaß machen, lachen, sich unter dem Tisch verstecken, bis die Muffins fertig gebacken sind, rumhüpfen auf einem Bein oder sich räkeln wie eine Katze. Herrlich – es duftet so gut! „Los, deckt doch schon einmal den Tisch. „Kaba – Time!!!"

Rums – die Türe wird zugeknallt! Fieni segelt mit einem furchtbar finsteren Gesicht herein und stürmt nach oben. Ob da heute alles gut gelaufen ist?

Dani steht auf. „Macht ihr euch bitte fertig, wir fahren gleich zum heilpädagogischen Reiten!"

„Michael, Markus ... wie wäre es mit uns? Eine Partie Wizzard, bevor wir mit den Vorbereitungen zum Abendessen anfangen?"

Fieni kommt, sie wirkt wieder etwas ausgeglichener. Sie setzt sich zu uns. „Na, junge Maid, was war denn vorhin los?" – „Frau Meier hat mich heute total angemacht, weil ich vergessen hatte, das Regal mit den Gewürzen sauber zu machen. Sie meint, ich kann mir immer nur einen Auftrag merken und ihr sei das zu blöd, mir alles fünfmal zu sagen." – „Fieni, was hältst du davon, wenn ich morgen mal deine Lehrerin anrufe. Vielleicht sollten wir uns einfach einmal wieder gemeinsam mit ihr hinsetzen und uns darüber unterhalten, ob sie zufrieden mit dir ist oder ob es noch etwas gibt, was du noch verbessern könntest", schlage ich vor. Fieni überlegt. „Fände ich schon gut, denn alleine finde ich das so schwer, da traue ich mich nicht wirklich, zu fragen." Ich nicke. „Abgemacht, ich rufe morgen mal an! – Fängst du jetzt bitte an mit den Vorbereitungen zum Abendessen, wir helfen dir auch gleich."

„Essen. Der Letzte muss spülen!", schallt es quer über den Hof. Dani und ich waren gerade einmal zehn Minuten im Separée, denn manchmal haben Kinderdorfwände ja Ohren. Ich hatte sie nämlich gefragt, was denn mit ihr los sei, sie wirke so schrecklich angestrengt und schlecht gelaunt heute. Sie erzählte mir, dass sie einfach furchtbar schlecht schläft derzeit. Die gemeinsamen Minuten in der Stille taten uns beiden gut, eine kleine Krafttankstelle.

„Essen. Der Letzte muss wirklich spülen!", schallt es wieder lauter über den Hof. Das wollen wir natürlich nicht riskieren und sputen uns im Wettrennen mit Oliver, Lisa und André, die gerade eben vom Heilpädagogischen Reiten zurückkommen.

Schallendes Gelächter begrüßt uns am Abendbrottisch. Kerzen

leuchten, alle sprechen laut und quer durcheinander. „Liest du uns heute Abend eine Geschichte vor? Ich möchte so gerne wissen, wie der Indianerjunge es schafft, alleine und ohne Stamm weiterzukommen." – „Wir wollten auch noch eine Runde Gokart fahren!" – „Lisa und André – ihr geht schon einmal nach oben? Während die Großen und ich die Küche machen, macht ihr euch schon einmal bettfein." – „Ohhhh neeee", heult André ohrenbetäubend. „Das ist unfair, immer müssen wir schon hoch und baden und duschen. Die anderen müssen noch gar nicht ins Bett." – „Ich mach das schon", sagt Steffi und geht mit den Kindern nach oben. Dani ist mit Oliver ebenfalls nach oben gegangen und überzeugt ihn davon, dass Wasser und Seife gut für Reitkinder sind.

Plötzlich sitzen gut duftende, blank geputzte Kinder in mollig kuschelig warmen Schlafanzügen um mich herum auf dem Sofa. Ich lese und lese und lese – und immer, wenn ich aufhören will, ertönt ein bunter Stimmenchor: „Bitte noch ein Stückchen, wir wollen doch unbedingt wissen, wie es weitergeht!"

„So, jetzt ist aber endgültig Feierabend. Gute-Nacht-Küsschen auf die Nasenspitze und auf die blank geputzten Ohren, Elfenzauberstaub für schöne Träume, ja, du darfst noch eine Kassette anhören, kuschel dich schön ein, warte, ich hole dir noch deine warme Wolldecke und deinen Löwen." – „Wenn du meinen Rücken krabbelst, dann kann ich viiiiieeeel besser einschlafen! Das tut gut!"

Friede senkt sich über unser Haus! Jetzt kommt die blaue Stunde. Unsere Jugendlichen pirschen sich an, sie haben in der Zwischenzeit die Küche fertig gemacht und ihre Dienste erledigt, geduscht und ihre Sachen vorbereitet für den nächsten Tag. Hoffe ich zumindest!

Wir plaudern und plaudern. Ich mag diese Zeit des Austausches, der Nähe, der Geborgenheit. Was ist heute passiert, was gestern und was morgen? Im gemeinsamen Gespräch kann ich einordnen, lenken, Orientierung vorgeben – aber auch lernen, staunen und mich freuen über den Einfallsreichtum und die Kreativität meiner großen Kinder. Manchmal führen wir auch noch „Krisengespräche", wie vorgestern zum Beispiel. Michael wurde in der Schule beim Rauchen erwischt und wir waren furchtbar enttäuscht über sein Verhalten. Ich arbeite seit Wochen intensiv mit ihm, gerade weil das Lügen und das Stehlen bei ihm schon ganz verinnerlicht zu sein scheinen. Sein Bedürfnis ist so unersättlich, dass ich manchmal gar nicht mehr weiß, wie wir dieses „Loch" in seinem Inneren je füllen sollen.

Tina gähnt herzhaft und schaut auf die Uhr: „Was, so spät ist es schon? Jetzt haben wir uns aber schön verbabbelt. Ich geh dann mal ins Bett, sonst komm ich morgen früh nicht raus und wir schreiben Mathe, da will ich fit sein. Schlaf gut!"

Auch ich gehe langsam nach oben. Ich sehe noch einmal in jedes Zimmer, mache hier die Heizung aus, decke dort einen kleinen Träumer, der sich frei gestrampelt hat, zu und bitte unseren Ältesten seine Musik leiser zu machen.

Als auch ich endlich wohlig eingepackt in meinem Bett liege, geht mir vieles durch den Kopf. Wir haben so ein buntes, lebendiges, intensives und vielfältiges Leben in der großen Kinderdorffamilie, dass es manchmal gar nicht so einfach ist, zur Ruhe zu kommen. Plötzlich höre ich Mia noch einmal auf die Toilette trapsen, hoffentlich wird das nicht wieder eine Toilettennacht. Wenn sie sehr belastet und unsicher ist, geht sie immer wieder ins Bad, und jedes Mal vergewissert sie sich, dass ich noch da bin.

Und trotz alledem. All die Menschenkinder, die bei uns leben, sind etwas ganz Besonderes und Einmaliges. Sie wurden in ein Leben mit den schwierigsten Startbedingungen hineingeboren. Im täglichen Zusammenleben erleben wir ihre Anstrengungen und ihre Mühe und werden unendlich belohnt mit ihren Erfolgen und ihren Siegen. Mit dem Gedanken daran schlafe ich ein.

☆

So ein Tag mit den großen und den kleinen Sorgen lässt sich nur gemeinsam bewältigen. Das gemeinsame Tun führt zu einem besonderen Zusammenleben und jeder hat seinen Anteil daran: Lachen, toben, spielen und so voneinander lernen und reifen. Dieses Geben und Nehmen bedeutet Zufriedenheit, und Zufriedenheit ist nur möglich im Austausch zwischen Verstehen und Verstanden werden. Wir sind Partner im erzieherischen Prozess und im Prozess des Miteinanders, bei den Sonnenstunden im Erich Kästner Kinderdorf und auch, wenn dunkle Stunden kommen und wir manchmal verzweifeln könnten. „Und morgen ist ein neuer Tag", mit neuer Hoffnung, neuem Leben, neuen Chancen. Immer und immer wieder, besonders in den Nächten mit ihren Qualen, sage ich mir das vor und vertrete es auch so.

In die Jugendhilfe ist ein hohes Maß an Professionalität eingezogen, und dort, wo es auf Pädagogen trifft, die das Herz auf dem rechten Fleck haben, ist eine fruchtbare Symbiose entstanden.

In unserer Gesellschaft ist das neue Bild von Heimerziehung noch nicht angekommen. Viele Menschen denken noch an Kinderbewahranstalten mit großen Schlafräumen. Angekommen sind auch nicht die Probleme, die Kinder haben können. Die meisten Menschen denken noch, dass unsere Kinder keine Eltern haben oder dass ihre Verhaltensauffälligkeiten der Grund für die Einweisung in ein Heim sind. Teile unserer Gesellschaft haben sich an Teilen der Kinder versündigt und so muss es auch Menschen in dieser Gesellschaft geben, die diesen Kindern wieder einen Grund geben, leben zu wollen. Es braucht ein heilendes Umfeld, es braucht dieses hohe Maß an Kompetenz und Liebe – sie sind wichtig für die Entscheidung eines Kindes: „Ich will teilhaben an dieser Gesellschaft!"

Manchmal werden wir gefragt, warum wir unsere Häuser so schön ausstatten. Bei jedem unserer Kinderfamilienhäuser wurde Wert auf Wohlbehagen und Wärme und Freundlichkeit gelegt. „Andere Kinder haben auch nicht immer eine so schöne Umgebung und sie entwickeln sich hervorragend." Es geht da-

rum, ein Gegengewicht zu den Schreckenswelten aufzubauen, die ein Teil der Kinder erfahren hat.

Die Besonderheit unseres Konzeptes liegt in seinem Charakter, der Beziehung zum Menschen und der Atmosphäre, die die Anwesen mit ihren vielen liebevollen Details ausstrahlen. Die Umgebung und all unsere Bemühungen sollen mitwirken in dem besonderen therapeutischen Auftrag: Schutz und Geborgenheit geben. Sie sollen helfen, verloren gegangenes Vertrauen wieder aufzubauen, Zärtlichkeit wachsen zu lassen und die Seele und den Geist zu heilen. Es ist für die Kinder von sehr großem Wert, in einer Umgebung leben zu können, die Geborgenheit vermittelt. Sie leben hier geschützt und können zur Ruhe kommen.

Ist es ein Traum? Wir haben den Traum, dass unsere Kinder lernen, wieder an sich selbst zu glauben und damit wieder handlungsfähig werden. Wir träumen von starken, lebendigen Kindern und von Kindern, die vor allem wieder Bindung zulassen.

*Und nun will ich folgendes fragen:
Wer von den Personen hat euch
gefallen, und wer nicht? Wenn ich
mal meine Meinung äußern darf:
Pünktchen gefällt mir ganz gut und
die dicke Berta auch. Über Herrn
Pogge kann ich mir noch kein Urteil
bilden. Aber Pünktchens Mutter, die
kann ich für den Tod nicht leiden.
An der Frau stört mich was. Sie
kümmert sich nicht um ihren Mann,
warum hat sie ihn dann geheiratet?
Sie kümmert sich nicht um ihr Kind,
warum hat sie es dann zur Welt
gebracht? Die Frau vernachlässigt
ihre Pflicht, habe ich recht? Niemand wird etwas dabei finden, daß
sie gern ins Theater geht oder ins
Kino oder meinetwegen auch zum
Sechstagerennen. Aber zunächst
einmal ist sie Pünktchens Mutter
und Herrn Pogges Frau. Und wenn
sie das vergißt, kann sie uns gern
haben. Stimmt's?*[61]

[61] Erich Kästner: Pünktchen und Anton. Atrium Verlag 1985. S. 130

3. Welche Kinder kommen zu uns?

Wir träumen von starken und lebendigen Kindern, und dann kommt ein Bündel Mensch bei uns an und manchmal wenden wir uns ab und können nicht glauben, was wir da gesehen haben. Was kann der Mensch aushalten? Wie kann ein kleiner Mensch so unglaublich viel erleben?

Was ist mit diesem Kind passiert? Gab es keine Nachbarn, keine Verwandten, die sich um dieses Kind gesorgt haben?

Glücklicherweise gibt es auch die anderen Kinder, sonst würden wir verzagen. Kinder, deren Eltern sich um sie sorgen und die das Beste für ihre Kinder tun. Aus Sorge und mit viel Liebe geben sie die Kinder in professionelle Hände und sie freuen sich mit uns, wenn wir gemeinsam wieder einen Schritt weiter gekommen sind. „Danke für alle Liebe, die Sie Ihrem Kind geben und das Vertrauen, dass Sie uns schenken", möchte ich diesen Eltern sagen. Ich stelle es mir unendlich schwer vor, geliebte Kinder in fremde Hände zu geben und zu vertrauen, dass sie Hilfe bekommen.

Das Erich Kästner Kinderdorf ist ein privater Träger der Jugendhilfe und hat eine Leistungsbeschreibung, die den Jugendämtern vorliegt. Das Erich Kästner Kinderdorf hat also eine schriftliche, umfassende Beschreibung aller Tätigkeiten und aller Hilfen erstellt. Diese Beschreibung ist Grundlage der Vereinbarungen zwischen dem Jugendamt und uns. Das liest sich jetzt so trocken und bürokratisch und doch verbergen sich dahinter die Merkmale einer guten erzieherischen Beziehung. Es verbergen sich Liebe und Wärme und eine ständige und verantwortliche Präsenz.

Die Menschen, die mit den Kindern im erzieherischen Prozess stehen, sie sind eigentlich immer „angeschaltet". Sie bemerken den Gang von Tina, hat Michael wieder ein spitzes Kinn, ist die

Stimme von Markus hoch und schrill, hat René beim Sprechen den Kopf gesenkt, wie sind die Augen von Julian, kann Oliver ruhig sitzen, riecht Markus unangenehm, wie ist die Hautfarbe von Lisa, hat Mia wieder ein weißes Dreieck um den Mund, stößt Lisa sich wieder, hat Fieni wieder Tränen in den Augen, hat André kathetert, hat er gespült, war die Windel von Michael nass, hat er seine Wäsche weggebracht, hat Lisa im Schlaf geweint, sind ihre Haare farblos und wirken stumpf, hat sie heute Schlitzaugen, ist sie heute unsicher, knibbelt sie an Wunden...

Und doch, trotz intensivem Beobachten sind sie für uns vor allem Kinder, mit allen Wünschen, allen Träumen, mit ihrem

Lachen, ihrem Blödsinn, mit ihrem Raufen, mit ihrem Vertragen, mit ihrer Schlaflosigkeit, mit ihren Geschichten, mit ihren Grimassen, mit ihren Küssen, mit ihrem Strahlen, mit ihrem Hunger auf Süßes, mit ihrem immer höher Wollen, mit ihrer Neugierde, mit ihren Tränen, ihrem Humor, mit ihrer Wut, mit ihrer Liebe.

Wenn feststeht, dass die Schwierigkeiten eines Kindes so groß sind, dass die Herkunftsfamilie für eine lange Zeit oder auf Dauer für die Erziehung eines Kindes nicht mehr zur Verfügung steht, wenn ein Kind vor allem eine Hilfe braucht, in der Emotionalität und Konstanz der Beziehung eine wichtige Rolle spielen, wenn Eltern dem Kind Gewalt angetan haben, wenn Kinder kurz vor ihrem Tode gefunden werden, wenn die Defizite des Kindes erheblich sind, wenn Krankheiten des Kindes das Kind und die Familie so belasten, dass keine Hoffnung mehr besteht, wenn schwere Verhaltensauffälligkeiten vorhanden sind, wenn ein Kind trotz vieler Hilfen die Schule verweigert, wenn Mütter psychisch krank sind und die Kinder nicht versorgen können, wenn Kinder auf der Straße gefunden werden, wenn Kinder in menschenunwürdigen häuslichen Verhältnissen leben, wenn andere Maßnahmen dem Kind nicht geholfen haben – dann wird im Erich Kästner Kinderdorf angefragt, ob wir das Kind aufnehmen können.

Zu uns kommen Kinder, die in Not sind, und Kinder, die schwere traumatische Ereignisse verarbeiten müssen. Der Schwerpunkt unserer Aufgaben hängt zwar von dem einzelnen Kind mit seinen Schwierigkeiten ab. Immer ist das Kind ein neues Familienmitglied, das Geborgenheit braucht. Es ist ein Irrtum anzunehmen, den Stein der Weisen irgendwann gefunden zu haben. Wir müssen im erzieherischen Prozess immer wieder feststellen, dass nicht nur die Lebensgeschichten der Kinder unterschiedlich sind, sondern selbst bei gleicher Störung ist zu beachten: Was bei dem einen Kind richtig ist und große Wirkung zeigt, kann bei einem anderen Kind ohne Erfolg bleiben. Auch in seinen Verletzungen ist jeder Mensch einzigartig. Wie eine Schneeflocke: Keine gleicht der anderen, sie ist schön und einzigartig.

Lebensgeschichtlich belastete Kinder

Viele der aufgenommenen Kinder haben Mangelerlebnisse. Sie wurden nicht versorgt, nicht umsorgt, nicht geliebt. Aus diesem Mangel ist eine Prägung geworden. Diesen jungen Menschen hilft, wenn wir sie annehmen und lieben – wie wir ein neugeborenes Baby lieben, entlastet von allen Forderungen. Eines Tages, es ist noch ganz frisch, konnte Oliver ohne Essen einschlafen. Eine neue Lebenserfahrung war gebahnt: „Essen ist immer für mich da!" Die erlittene schwere Vernachlässigung in früher Kindheit beeinträchtigt sein Leben bis heute, sowohl in der intellektuellen als auch in der psychosozialen Entwicklung nachhaltig.

Ein typisches Zeichen für Kinder mit traumatischen Erlebnissen ist, dass sie im Alter zwischen drei und vier Jahren verharren. Das ist normalerweise die Zeit, in der Kinder das Gefühl haben, dass sich die ganze Welt um sie dreht und sie der Mittelpunkt der Welt sind. Doch für unsere Kinder ist es die Zeit der Hilflosigkeit. Sie sind dem Familiensystem ausgesetzt. Sie sind abhängig von jenen Quellen, die ihnen Liebe versprechen. Sie können den Ort ihres Leids nicht verlassen. Erfahren sie dort Beziehung oder werden sie übersehen? Erleben sie Gewalt und halten sich sogar an dem Täter fest und behaupten, dass es „ein lieber Vater" ist, der sie gerade so geschlagen hat? Schauen sie der Gewalt zwischen Mutter und Vater zu oder weinen und schreien sie, damit der Familienstreit beendet wird? Wie sind die Gefühle eines Mädchens, wenn der Vater oder der Onkel zwischen ihre Beine fasst, ekelt es sich, hat es Angst? Wie schafft es ein Kind in diesem Alter, nicht versorgt zu werden und den wirren Erzählungen einer nervenkranken Mutter zuzuhören? Was merken die Kinder sich, wenn sie angebrüllt, mit schrecklichen Ausdrücken belegt und aggressiv weggestoßen werden? Wie sieht die Welt für diese Kinder in dieser so wichtigen Zeit aus?

„Damit ein Mensch im späteren Leben sein ganzes Potenzial ausschöpfen kann, ist er offenbar auf eine erstklassige Erziehung in den ersten drei Lebensjahren angewiesen."[62]

---

[62] Nach Dr. Burton White, Gründer und Direktor des Harvard Preschool Project

Und was ist mit unseren Kindern?

Ich erinnere mich an die Frage eines Verantwortlichen in der Jugendhilfe, wann die uns anvertrauten Kinder soweit sind, dass wir von einer Heilung sprechen können. Können wir diese Frage beantworten? Jeder „Fall" ist ein ganz eigener und jedes Schicksal unterschiedlich. Angst, Kontaktunfähigkeit, Bindungslosigkeit, geistige und körperliche Verkümmerung – das Ausmaß der persönlichen Störungen und Schwierigkeiten können nachhaltige Persönlichkeitsstörungen nach sich ziehen. Vor allem müssen wir alle, die wir mit diesen Kindern und an diesen Kindern arbeiten, davon ausgehen, dass von all diesen Dingen, die unsere Kinder enorm belasten und die ihnen und uns immer wieder begegnen, nicht alles bekannt ist. Erst im Verlauf des Einlebens bei uns und manchmal auch später werden traumatische Erfahrungen oder Defizite in verschiedenen Bereichen des Lebens erkennbar.

Vor Jahren noch „holten wir die jungen Menschen, die zu uns kamen, da ab wo sie standen", jetzt bekommen wir manchmal Kinder, die noch nicht einmal diese kleine Bewegung aushalten würden. Sie verstecken sich. Sie ertragen nicht, dass wir nur neben ihnen stehen. Sie sind voller Misstrauen und Angst. Sie sind darauf angewiesen, dass wir uns wieder und immer wieder zu ihnen begeben und schauen, ob sie jetzt soweit sind, dass wir in Kontakt treten können.

Die Kinder und wir brauchen vor allen Dingen Zeit. Es ist wesentlich, dass wir nicht unter einen Druck als Reparaturwerkstatt geraten. Wann ist die Option zur Rückkehr? Viele Kinder und Jugendliche sind entwicklungsverzögert, besonders in ihrem sozialen Gefüge liegen erhebliche Defizite vor. Sie haben traurige Erlebnisse gehabt, die sie aus der Bahn geworfen haben. Diese Tatsache können wir nicht aus der Welt schaffen. Wir trauen uns zu, diese Erfahrungen weniger bestimmend für das Leben unserer Kinder zu machen.

Was braucht ein Mädchen, über das vier verschiedene Familienmitglieder zu verschiedenen Zeiten hergefallen sind und es sexuell missbraucht haben? Was braucht ein Mädchen, die bei der Polizei, bei Gutachtern, vor Gericht immer wieder nach diesen „Übergriffen" befragt wurde? Was braucht dieses Mädchen, dem die eigene Mutter nicht zur Seite gestanden hat, sondern die diese Untaten sogar unterstützte? Was bedeutet für dieses Mädchen „Familie"? Was bedeutet für dieses Mädchen, immer wieder an die traumatische Situation erinnert zu werden? „Erinnerungen an Traumata müssen mit allen verfügbaren Möglichkeiten abgewehrt werden, weil mit der Wiederbelebung der traumatischen Szene auch die Ich-Fragmentierung wiederbelebt wird. Erinnerungen an Traumata sind retraumatisierend und nicht kathartisch."[63]

Für dieses Mädchen ist nichts wichtiger als Schutz und immer wieder Schutz!!!

Das Mädchen ist erstarrt. Sie spricht nicht. Sie bewegt sich nicht. Was bedeutet für dieses Mädchen Wurzeln?

Dieses Mädchen braucht angstfreie Kontakte.
Dieses Mädchen braucht Wärme.
Dieses Mädchen braucht Lebendigkeit.
Dieses Mädchen braucht Halt.

Dieses Mädchen braucht unser aller Engagement. Sie braucht ein neues Selbstbild, sie braucht ein verbessertes Selbstwertgefühl. Sie braucht die Fähigkeit der Selbstfürsorge und der Achtsamkeit für sich selbst und sie muss die Fähigkeit erlernen, eigene Grenzen aufzubauen. Sexueller Missbrauch ist nicht nur eine schreckliche Tat. Es passieren wichtige Veränderungen im Gehirn. Es kommt zu Blockaden, zu einer Unterbrechung der Gedächtnisspuren, das Lernen aus Erfahrung wird verhindert.

[63] Ulrich Sachsse: Traumazentrierte Psychotherapie. Stuttgart 2004. S. 101

Manchmal kommt es nach sexuellem Missbrauch auch zu schwierigem und auffälligem Verhalten anderer Art.

Zwei Momentaufnahmen:

Wir feiern ein Fest. Viele nette Gäste und Besucher sind heute bei uns. Die Sonne scheint. An der einen Ecke gibt es Kaffee und Kuchen, vom Fußballplatz hören wir begeistertes Lachen und Klatschen, große wie kleine Menschen unterhalten sich miteinander oder spielen gemeinsam. All unsere Kinder und Jugendlichen sind dabei und genießen die fröhliche Stimmung, den Trubel, die liebevolle Atmosphäre und die anregende Gesellschaft.

☆

Nur Jeanette fällt dabei auf. Sie ist zwölf Jahre alt und lebt noch nicht lange im Erich Kästner Kinderdorf. Sie kommt aus einer leidvollen Vergangenheit. Gewalt, Missbrauch, Vernachlässigung, eine psychische Krankheit der Mutter bestimmten ihr Leben.

Wir beobachten, wie sich im Kontakt mit unseren Besuchern plötzlich das gesamte Auftreten des Mädchens verändert. Sie kokettiert, sie poussiert, ihre Sprache wird lauter und vulgärer. Sie bringt einen jungen Mann in Verlegenheit, weil sie sich immer näher zu ihm setzt und ihm kaum mehr eine Chance lässt, sich auch mit jemand anderem zu unterhalten. Sie wirkt sehr aufdringlich und dominant. Die anderen Kinder in der Gruppe drängt sie völlig zur Seite, sie wirkt älter und härter.

☆

Wir sind im Freizeitpark. Alle freuen sich an einem erfüllten Tag. Die aufgeplusterten Schnee-Eulen aus dem Harry-Potter-Land haben einen Lachsturm entfacht, die Affen winken uns zu, die Papageien erstaunen uns in ihrer Farbenvielfalt. Das Dinosaurierland lässt die Vergangenheit aufleben. Achterbahn, Karussell, immer rundherum und rauf und runter. In den Pausen essen wir ein Eis. Alle vergnügen sich und treffen sich, wie abgemacht, halbstündlich.

☆

Wir sehen Jeanette im Gespräch mit einem unbekannten jungen Mann. Sie wirkt erneut plötzlich älter und härter. Ihre Sprache ist auffallend geworden, ihre Hüften schwingen, sie reckt den Oberkörper. Ein schrilles Lachen ertönt. Das vereinbarte halbstündige Zusammentreffen hat sie völlig vergessen. Als sie ein anderes Kind daran erinnern will, reagiert sie widerspenstig, zornig und wird sehr ausfällig.

☆

Zwei Beispiele aus einer Vielzahl von Alltagssituationen, die immer wieder auftreten. In beiden Situationen konnten wir mit Jeanette nicht über ihr unangebrachtes Verhalten sprechen. Es schien, als ob sie gar nicht begriff, wovon wir reden, als ob sie die Veränderung in ihrem Verhalten nicht wahrnimmt und damit auch nicht reflektieren kann. In dieser Situation setzten wir ihr die Grenze: „Du bleibst jetzt neben mir!" Ihre Grenzenlosigkeit zwingt uns zur Grenzsetzung. Ihre Grenzenlosigkeit zwingt uns zum Handeln. Wir setzen für sie Grenzen, die sie noch nicht setzen kann. Jeanette sendet Signale aus, die zu Übergriffen auffordern. Die darin liegende Gefährdung versteht sie noch nicht.

Neben der massiv auffälligen Distanzlosigkeit zeigt Jeanette oft einen großen versteckten Zorn, der sich gegen jeden entlädt, der ihr in die Quere kommt. Sie manipuliert, sie intrigiert, sie wertet andere ab und stiftet viel Unruhe innerhalb der Kinderdorffamilie. Sie wird übermannt von diesem Zorn und weiß scheinbar gar nicht, wie sie damit fertig werden soll. Diese Phase kann mehrere Tage dauern, in denen Jeanette mit jedem streitet, keine Regeln mehr anerkennen will, alles in Frage stellt und immer wieder aus den nichtigsten Anlässen heraus die Konfrontation sucht. Dann wirkt sie auf uns wie ein brodelnder Vulkan, dessen Ausbruch kurz bevor steht. Das Zusammenleben mit ihr wird schwierig und destruktiv.

Auch in der Schule kommt es in diesen Zeiten immer wieder zu Schwierigkeiten. Sie streitet sich mit ihren Lehrern, sie streitet sich mit ihren Freundinnen. Die Lehrer berichteten uns von Konflikten, in denen Jeanette massiv verbal ausfällig und manchmal auch tätlich wird.

Sprechen wir sie auf ihren Zorn und ihr destruktives Verhalten an, zeigt sich Jeanette traurig, aber auch verständnislos. Es scheint so, als habe sie zu dieser Seite ihres Wesens kaum einen Zugang. Sie beschreibt, dass es ihr in solchen Zeiten nicht gut gehe, sie könne nicht erkennen, woran es liegt, oder was sie antreibt. Sie kann nicht kontrollieren, was da über sie kommt. Sie ist ihrer Wut ausgeliefert.

Wir kennen solche Verhaltensweisen von traumatisierten Kindern. Sie wirken wie gefangen in einem Kerker unbändigen und unterdrückten Zorns als Konsequenz der Grenzüberschreitungen in ihrer Kindheit. Der Zorn macht sich nicht permanent bemerkbar, doch er bestimmt das Leben. Er raubt Energie und zerstört alles Aufkeimende, Zarte, Neue und Hoffnungsvolle.

„Wir wissen, dass traumatische Verletzungen körperlicher Art so schnell wie möglich in der Intensivstation behandelt werden müssen, um den Zusammenbruch weiterer, bisher noch unbeteiligter Organe und Systeme zu verhindern. Je eher die Wunden verarztet werden, desto rascher erholt sich der Patient. Dasselbe gilt für die traumatischen Erschütterungen. In welchem Zustand würden wir uns befinden, wenn ein in der Kindheit gebrochenes Bein dreißig Jahre später noch immer nicht gerichtet worden wäre? Der Beinbruch würde uns auf allen erdenklichen Ebenen des Daseins behindern. Wie kommen wir auf die Idee, dass es uns bei einem psychologischen Trauma, das aufgrund von Unwissenheit oder Fahrlässigkeit nicht sofort behandelt wird, anders gehen könnte? Man kehrt sozusagen aus dem Krieg zurück, kämpft aber geistig und körperlich unentwegt weiter. Anstatt mit dem Nebenprodukt des Traumas, dem Zorn, auf konkrete Weise umzugehen, also nach den Gründen zu forschen und nach Möglichkeiten, ihn zu besänftigen, sperren wir uns für den Rest unseres Lebens in einen versiegelten Raum voll schwärender Rachegedanken. So kann man nicht leben, weder zeitweilig noch überhaupt."[64]

Was bedeutet dies für unsere tägliche Arbeit mit Jeanette?

In unserem Alltag erlebt Jeanette, dass wir sie als Mensch schätzen und dass wir ihre Grenzen und ihre Würde achten. Sie erlebt Unbeschwertheit, Lachen und Liebe in der Kinderdorffamilie. Sie darf Kind sein, sie wird anerkannt, sie wird geliebt um ihrer selbst willen. Sie wird gehalten und geschützt, sie kann im freien Spiel die Welt mit ihren vielen Facetten und ihre eigenen Gestaltungsmöglichkeiten entdecken. Wir ermutigen sie dazu, ihre Gefühle wahrzunehmen. Wir zeigen ihr im täglichen Miteinander die positiven Seiten der Welt und des Lebens. Jeanette braucht Struktur und ein festes Regelwerk als Halt um sich herum. Sie braucht verlässliche und berechenbare Klarheit um sich und sie braucht konstante Bezugspersonen, die sie annehmen und begleiten und mit ihr gemeinsam die Facetten ihrer Möglichkeiten erkunden.

Auch in der Therapie nähert sich Jeanette der aufgestauten ohnmächtigen Wut und ihren Verletzungen durch Gewalt. Der Heilungsprozess ist sehr vielschichtig und dauert seine eigene Zeit. Pädagogik und Therapie ergänzen sich gegenseitig, mit dem Ziel einer neuen Lebensperspektive und der Bewältigung der traumatischen Ereignisse. Die neuen Inhalte des Alltags integrieren sich nur, wenn der tiefe Zorn, die Wut, die Rachegedanken und die Schuldgefühle das Dasein verlassen. Der tiefe Zorn wird nur

---

[64] Clarissa Pinkola Estés: Die Wolfsfrau. Die Kraft der weiblichen Urinstinkte. Wilhelm Heyne Verlag, München 1993. S. 426

gehen, wenn er durch neue lichtvolle Aspekte des Lebens ersetzt werden kann.

Im familiären Miteinander erleben wir immer wieder neue Herausforderungen.

Mit Kindern wie Jeanette ist das Zusammenleben aufregend und „die Liebe allein genügt nicht". Um auf die dramatischen Auffälligkeiten angemessen und positiv reagieren zu können, brauchen wir Handwerkszeug.

Wilma Weiß fordert in ihrem Buch „Philipp"[65] Grundwissen für den Umgang mit traumatisierten jungen Menschen:

- Basiswissen der Psychotraumatologie, z.B. die unterschiedlichen Sichtweisen und die Forschungsergebnisse über Traumatisierung von Kindern
- Grundwissen über Entwicklungsrisiken, Entwicklungschancen und unterstützende Faktoren
- Basiswissen über Ausmaß, Dynamik, Folgen und Täterstrategien bei sexueller Gewalt
- Grundkenntnisse der Übertragungs- und Gegenübertragungsphänomene
- Methodentraining, z.B. in Biografiearbeit, Genogrammarbeit, Aufklärungsarbeit, die Enttabuisierung von sexueller Gewalt, den Umgang mit der Geschlechterdifferenz, das praxisorientiert auf den Heimalltag vorbereitet
- Grundwissen über Beziehung und Bindung, Reflexionsmöglichkeiten, die die Gestaltung des eigenen Beziehungsangebotes zum Thema zumindest der Ausbildung der Heimerzieher machen
- Grundwissen über die Pflege der eigenen Psychohygiene incl. Forschungsergebnisse über Burnout und Wissen über Auswirkungen im Umgang mit traumatisierten Menschen

---

[65] Wilma Weiß: Philipp sucht sein Ich – Zum pädagogischen Umgang mit Traumata in den Erziehungshilfen. Juventa 2009. S. 198

Wir, die wir mit den Kindern leben und arbeiten, brauchen Basiswissen und Handlungskompetenz. Wir brauchen Reflexionsmöglichkeiten und vor allem auch die Gewissheit: „Ich darf Schwächen zeigen. Das Team ist da und trägt mich und hilft mir!" Kinder wiederum brauchen neugierige und offene Erwachsene, die beruhigenderweise auch einmal Fehler machen und nicht weiter wissen.

☆

Christoph ist der jüngste von drei Geschwistern. Die Mutter psychisch krank, alleinerziehend. Verwahrlosung und gestörtes Sozialverhalten bei den Kindern führte zur Unterbringung der beiden älteren Brüder bei uns. Christoph verblieb bei seiner Mutter, die mit einem Kind nicht so überfordert schien. Um den Kontakt der Brüder zueinander zu erhalten, verbrachte Christoph über die Jahre fast alle Ferien mit uns. Mehr und mehr erschien die Entwicklung von Christoph gefährdet. Die Fähigkeiten im Alltag, die den anderen Kindern immer wieder gezeigt wurden, konnte Christoph nicht entwickeln. Er wurde immer ruhiger und zurückgezogener, es schien, als gäbe er sich auf. Die Mutter drohte mit Selbstmord, wenn Christoph die häusliche Umgebung ebenfalls verlassen müsse. Es schien, als habe Christoph keine Chance. Mutlos kehrte er nach Ferienaufenthalten nach Hause zurück. Der inzwischen jugendliche Christoph verweigerte den Schulbesuch. Er trieb sich mit anderen schwierigen Jugendlichen herum und ließ sich von seiner Mutter nichts mehr sagen. Er kam immer später nach Hause. Christoph drohte dissozial zu werden. Wir machten uns große Sorgen um ihn.

Eines Abends klingelte mein Telefon. Christoph war am Apparat. Er sprach schnell und aufgeregt: „Kann ich zu euch?" Ich bat ihn, sich an sein Jugendamt zu wenden und dort seine Bitte vorzutragen. In der nächsten Woche wurde bei uns um einen Platz für Christoph angefragt. Bei der Aufnahme war es der dringende Wunsch von Christoph Hilfe bei seinen schulischen Belangen zu bekommen. „Ich möchte so gut werden wie meine Brüder und so viele Chancen haben!" Die Brüder waren begeistert und freuten sich, Christoph die Welt des Kinderdorfes zu zeigen. Später erzählte mir Christoph, dass er diesen Wunsch zu uns zu kommen schon lange hatte und sich lange überlegt hat, was er sagen muss.

Christoph besuchte die letzte Klasse der Hauptschule. Christoph war fleißig und übte jeden Nachmittag. Trotzdem kamen aus der Schule schwierige Nachrichten. Christoph beteilige sich nicht am Unterrichtsgeschehen. Auch seine Leistungen seien sehr mangelhaft. Außerdem nehme er zu seinen Mitschülern keinen Kontakt auf. Im gemeinsamen Gespräch aller Beteiligten wurde beschlossen, Christoph eine Klasse zurückzustufen, damit sich die Lücken besser schließen können und Christoph zum Nachlernen mehr Zeit erhält. Nicht nur in der Schule hatte Christoph Probleme. Seine Alltagskompetenz war wenig entwickelt. Selbst wenn er etwas dringend brauchte, konnte er nicht danach fragen. Immer wieder hatte er Schulmaterial nicht, weil er nicht sagte, was er brauchte. Er konnte die Klassenfahrt beinahe nicht mitmachen, weil er den Brief mit den Informationen über die Reise nicht abgegeben hatte. Wir mussten ihm alles aus „der Nase ziehen". Christoph hatte Entwicklungsrückstände von der Hygiene bis zu lebenspraktischen Fähigkeiten. Kleinste Irritationen zogen ihm den Boden unter den Füßen weg. Große Sorge machte uns aber vor allem seine Traurigkeit, zwar gelang es seinen Brüdern immer wieder, ihn zum Lachen zu bringen, aber er wirkte weiterhin verschlossen und einsam. Christoph zu stabilisieren und ihm das Gefühl von Zugehörigkeit zu vermitteln, wurde eine gemeinschaftliche Aufgabe der gesamten Kinderdorffamilie. „Heute hat er gelacht!" war ein Erfolg für alle.

Feinfühlig, achtsam und vorsichtig versuchten wir Christoph aus seiner Hoffnungslosigkeit zu lösen. Wir suchten nach Interessen und Stärken, wie Sport, Musik, Spielen. Es schien alles verbuddelt oder nicht entwickelt. Wir hangelten uns an seinem Willen: „Ich will Chancen haben und lernen!" entlang. Seine frühere Alltagswirklichkeit, seine Einsamkeit, seine Ängste und schwierigen Erfahrungen hatten vor allem zu einer Schwächung seines Selbstwerts geführt.

Lebensfreude vermitteln, Hoffnung geben, Zuneigung geben, Christoph vor allem auch mit seiner Schwäche annehmen und ihn immer wieder ermutigen – das sahen wir als wichtigstes aufbauendes Element. „Es ist schön, dass es dich gibt!" Gemeinsam mit Christoph suchten wir nach Menschen, die ihn unterstützt hatten, die ihm das Gefühl gegeben hatten: „So wie ich bin, ist es gut!" Christoph reagierte sehr erstaunt, er fand tatsächlich Situationen und Beispiele. Wir legten eine Schatzkiste mit diesen guten Erinnerungen an. Dazu packten wir mit Christoph neue gute Erlebnisse, seine liebenswerten Seiten, seine Fähigkeiten, die ihn wertvoll und einzigartig machten.

„Wohin will ich, was kann ich tun?" war Christophs nächster Schritt. Das Trainingsprogramm für sozial unsichere Jugendliche von Petermann[66] half Christoph, sich besser in sozialen Gefügen zu bewegen. Mit sehr viel Energie arbeitete er an seinen schulischen Erfolgen. Wir freuten uns mit ihm über jeden kleinen und großen Erfolg. Immer wieder erfreute er uns mit guten Nachrichten aus der Schule, mit für ihn guten Nachrichten. Nach dem Abschluss seiner Schulzeit hatte Christoph eine Lehrstelle gefunden. Der Lehrherr berichtete uns davon, dass Christoph versuche, die geforderte Leistung zu bringen, dass er Schwächen habe, aber vor allem störe, dass „der Kerl nicht redet!"

☆

Andere Kinder – andere Probleme?
Hat sich Kindheit verändert oder haben sich die Kinder verändert, die in unserem Kinderdorf aufgenommen werden? Oder haben sich unsere Aufnahmekriterien verändert? Ich möchte keinen wehmütigen Blick auf alte Zeiten werfen, doch müssen

---

[66] vgl. Ulrike Petermann und Franz Petermann: Training mit sozial unsicheren Kindern. Beltz Verlag 2000

wir uns den veränderten Bedingungen um unsere Kinder stellen. Die heute aufgenommenen Kinder sind mit ihren Schwierigkeiten und ihren Problemen nicht mehr vergleichbar mit den ehemaligen Kindern. Die Veränderung ist sehr facettenreich und manchmal scheint es, als müssen die Kinder einen hohen Preis für den Fortschritt in unserer Gesellschaft tragen. Schreiten wir Erwachsenen den Kindern davon? Stehen wir nicht mehr zur Verfügung? Schreiten wir zu schnell? Verlangen wir dieses schnelle Schreiten auch von unseren Kindern? Wie hat sich Kindheit verändert und welche Einflüsse waren und sind bestimmend dafür?

Wir wissen heute, dass sich die Struktur der Großhirnrinde verändert, wenn die psychosoziale Entwicklung eines Kindes schwierigen Einflüssen ausgesetzt ist. Wie waren diese Einflüsse? Wozu haben sie geführt? Welche Entwicklungsschritte wurden nicht gegangen? Hat das Kind ausreichend Impulse für seine Entwicklung bekommen? Haben Nöte, Ängste und traurige Erlebnisse die Lebensbahn dieses Kindes verändert? Durfte dieses Kind in seiner wichtigen Phase Kind sein?

In ihrem „KinderBuch" drückt es die schwedische Schriftstellerin Anna Wahlgren so aus: „Und wie das Kind selbst, muss auch die Welt erst klein sein, bevor sie groß werden kann."[67] Müssen unsere Kinder heute zu schnell groß werden? Ist das auch ein Grund für mehr schwierige Kinder in der Heimerziehung? Und was müssen wir dieser Entwicklung entgegenstellen?

Unsere Kinder hier im Kinderdorf brauchen reale Erfahrungsräume, um individuelle Kompetenzen entwickeln zu können. Sie brauchen Bewegung und eigene Erfahrungen in der Welt. Sie brauchen bunte Musik und klingende Farbtöne und übermütiges Tanzen. Sie brauchen liebevolle Gespräche. Sie brauchen Neugierde und Ausprobieren und Suchen und Finden. Sie brauchen Träume und sie brauchen ihre kindliche, unbeschwerte Zeit. Sie brauchen eine positive Einstellung zur eigenen Person. Und sie brauchen vor allem verlässliche und vertrauensvolle Beziehungen.

Damit Vertrauen aufgebaut und Versäumtes nachgeholt werden kann, brauchen unsere Kinder Sicherheit und die Zeit dazu, Vertrauen zu fühlen. Das Gehirn muss dafür neue Vernetzungen bilden.

„Erkenntnisse der Hirnforschung legen nahe, dass die Genaktivität eines Menschen von den Lebensumständen aktiviert oder

---

[67] vgl. Anna Wahlgren: Das KinderBuch – Wie kleine Menschen groß werden. Weinheim 2004

gehemmt wird. Prinzipiell geht man davon aus, dass Vertrauen zu einem späteren Zeitpunkt noch erworben werden kann, wenn die Person positive Erfahrungen macht. Von der Psychotherapieforschung ist bekannt, dass ihr Einfluss hirnphysiologisch tatsächlich messbar ist. Das Gehirn verändert sich, in dem neue Nervenzentren entstehen, die das Verhalten beeinflussen. Der Erfolg ist umso größer, je früher diese Betreuung einsetzt. Inwieweit frühe Störungen später ausgeglichen werden können, hängt auch davon ab, wie stark die seelische oder körperliche Traumatisierung war und wie lange sie gedauert hat. Wenn beispielsweise Säuglinge von Drogenabhängigen tagelang um Nahrung und nächtelang um Zuwendung geschrieen haben und das viele Monate andauerte, dann wird es mit Sicherheit schwierig werden, weil sich im Unterbewusstsein Angstmuster und Resignation eingeprägt haben. Je früher die Störung eintritt, umso schwieriger ist sie aufzulösen. Hirnforscher weisen nach, dass sich das Gehirn bei Belastungen seelischer oder körperlicher Art anders entwickelt. Cortisol, das Stresshormon, unterdrückt die Vernetzung von Nervenzellen im Gehirn. (...) Wenn wir diese Fragestellung verändern und fragen, unter welchen Umständen Urvertrauen zerstört werden kann, dann ist sie leichter zu beantworten. Traumatisierende Erlebnisse körperlicher oder seelischer Art hinterlassen Spuren im Gehirn. Für Säuglinge sind Verlassenheitsgefühle oder unterlassene Ernährung existenziell bedrohlich und damit traumatisierend. (...) Was passiert in solchen Situationen? Alle Angsterfahrungen werden im Gehirn gespeichert und sind im Unterbewusstsein vorhanden, auch wenn man sich nicht daran erinnert. Dafür ist ein Teil im Gehirn verantwortlich, der als Mandelkern oder Amygdala bezeichnet wird. Er vergisst nichts. Dieser Hirnteil aktiviert immer dann das Alarmsystem des Körpers, wenn er eine Situation mit alten Erfahrungen abgleicht. Dann werden Stresshormone ausgeschüttet, weil dieser Hirnteil einen Notfall zu erkennen glaubt. Diese machen den Körper kampf- und fluchtbereit oder verbreiten Panikgefühle, obwohl sie nicht zugeordnet werden können. Es kommt zu „flash-backs". Das sind Situationen, die eigentlich nicht bedrohlich sind, aber der Körper zeigt dennoch

unkontrollierbar Panikreaktionen. Albträume und Schlaflosigkeit gehören dazu. Der Mensch verliert die Kontrolle über sich und weiß nicht warum. Dabei ist es wichtig mit therapeutischer Hilfe herauszufinden, um welche Erlebnisse es sich handelt, um Verhaltensstrategien zu entwickeln, auf die man sich verlassen kann. So können Selbstkontrolle und Selbstvertrauen wieder aufgebaut werden."[68]

„Es gibt Dinge, die mächtiger sind als Wünsche."[69]

☆

Es ist Heiligabend, kurz vor der Bescherung. Alle Kinder, besonders die Kleinen sind aufgeregt. Es gibt Kaba und Plätzchen.

[68] Maria Hof-Glatz: Wie entsteht Vertrauen. In: http://www.hof-glatz.de/Magazin_motion_09_Hof-Glatz_2.pdf
[69] Erich Kästner: Sechsundvierzig Heiligabende. In: Der tägliche Kram – Chansons und Prosa 1945-1948. In: Erich Kästner Gesammelte Schriften in sieben Bänden. Atrium Verlag, Cecilie Dressler Verlag, Kiepenheuer & Witsch 1959. S. 18

Wir singen gemeinsam. Kira zeigt ein verkniffenes Gesicht. Sie schüttet Kaba aus, schlägt auf den Boden, wirft wieder eine Tasse um, schreit, wütet, schlägt Lena, kratzt sich selbst. Wie eine kleine Wildkatze bockt sie, wehrt sich gegen jede Berührung, gegen jeden Versuch der Beruhigung. Die anderen Kinder sind von diesem Ausbruch betroffen. „Hör doch auf!" Die Situation wird immer schwieriger. Ich spüre die Betroffenheit der anderen Kinder, aber auch das Leid von Kira. „Tief durchatmen und Gelassenheit bewahren." Glücklicherweise bin ich nicht alleine. So kann ich das um sich schlagende Mädchen nehmen und sie aus der Situation führen. Ich stelle sie wieder hin, halte sie an den Schultern fest und mache nichts anderes, als tief und laut zu atmen. Ihr Schreien wird weniger. „Kannst du zuhören?" Sie nickt. Leise erzähle ich ihr von unserem Fest und der Freude, die andere Kinder haben. Über ihre Bäckchen laufen jetzt die Tränen. „Ich bin böse! Ich darf ja nicht mitmachen!" – „Doch!" Ich nehme ihre Hand und wir gehen die Treppen zum Weihnachtszimmer hoch. Sie weint immer noch leise, als sich die Türen öffnen.

✦

Mit der Geburt eines Kindes kommt neben der Freude ein anderes Paket an und das heißt Verantwortung. Für die Mama von Kira ein zu schweres Paket. Sie konnte es nicht tragen. Sie gab Kira mal da und mal dort ab, manchmal waren die eigenen Bedürfnisse so groß, dass sie Kira einfach vergaß abzuholen. Kira wurde in eine Pflegefamilie gegeben. Auch dort konnte Kira keine Heimat finden. Die Kinder- und Jugendpsychiatrie diagnostizierte: „Desolate Bindungsentwicklung bei früher Störung."

✦

„Es gibt Dinge, die mächtiger sind als Wünsche."[70]

Ich sitze im Auto und fahre die Kinder in ihre verschiedenen Schulen. Wir hören wie ein kleines Ritual jeden Morgen die Radiosendung: „Unglaublich, aber wahr!" Alle lauschen gebannt. Wir erreichen die erste Schule, ein Kind steigt aus. Ich fahre weiter zur nächsten Schule. Zeitgleich wird ein Lied anmoderiert. Kira beginnt zu wimmern. Sie wimmert einfach vor sich hin.

Wofür steht dieses Lied? Welches Leid ist jetzt wieder aktiviert worden?

☆

[70] Erich Kästner: Sechsundvierzig Heiligabende. In: Der tägliche Kram – Chansons und Prosa 1945-1948. In: Erich Kästner: Gesammelte Schriften in sieben Bänden. Atrium Verlag, Cecilie Dressler Verlag, Kiepenheuer & Witsch 1959. S. 18

*Resignation ist kein
Gesichtspunkt.*[71]

[71] Kästner, Erich. Resignation ist kein Gesichtspunkt. Ansprache in der
Internationalen Jugendbibliothek, München . In: Erich Kästner Gesammelte
Schriften in sieben Bänden. Atrium Verlag, Cecilie Dressler Verlag,
Kiepenheuer & Witsch 1959. S. 499

4. Manchmal müssen wir Berge erklimmen

Kinder brauchen für ihre Veränderung Sicherheit. Was brauchen sie für dieses Gefühl der Sicherheit? Sie müssen wissen, dass sie einen Ort haben, an dem sie sicher und geborgen sind. Sie brauchen eine Perspektive. Sie brauchen eine äußere und innere Ordnung. Sie brauchen Menschen, die für diese Sicherheit stehen. Die Kinder haben das Recht auf eine ungestörte Entwicklung und auf eine Verbesserung oder eine Heilung ihrer Beeinträchtigungen. Jede Chance zu einer gesunden Entwicklung und eine Verbesserung der Lebensqualität sollte genutzt werden. Oder wie Mia sagt: „Wir brauchen Liebe und zur Liebe gehört alles dazu!" Und doch scheint es manchmal, als fehle das Recht auf diese Qualität in ihrem Leben.

☆

Ein furchtbares Gewitter tobt über der Steinmühle.

Es blitzt und donnert und kracht an diesem Abend, die Kinder der Steinmühle sind alle wach. Sie haben sich in meiner Wohnung mitsamt ihrem Bettzeug eingefunden. Die Kleinen lassen ihre Angst zu und schreien, wenn wieder eine schnelle Folge von Blitz und Donnerschlägen die Steinmühle erzittern lässt. Die Großen sind aufgeregt und unruhig, wie auf dem Sprung. Ich verteile Getränke und Plätzchen. Dabei fällt mir auf, dass Lisa wie versteinert vor sich hinstarrt. Sie merkt auch nicht, dass ich ihr eine Limonade geben möchte. „He, hallo, wo bist du? Limonade, magst du?" Es folgt keine Antwort. Ich berühre sie und bin irritiert von ihrer Reaktion. Sie verzieht das Gesicht ganz merkwürdig, lässt ein schiefes Lächeln sehen. Die Augen sind leer. Sie nimmt die Flasche entgegen, trinkt aber nicht.

Leises Gemurmel und ein helles Lachen dazwischen zeigen an, dass die „Limonaden-Plätzchen-Therapie" erfolgreich angekommen ist. Vorwitzig wie immer will Paul sogar in unseren

See zum Schwimmen gehen. „Nach so einem Gewitter, geil!", tönt er herum und natürlich findet er gleich einen Mitstreiter.

„Halt, Baderegeln! Noch ist das Gewitter nicht abgezogen und außerdem, morgen haben wir Schule!" Ich find mich ja selber langweilig. Doch was sein muss, muss sein.

Langsam kehrt Ruhe ein. Wir hören gemeinsam eine Geschichte: „Die Reise mit dem Luftballon" entführt uns in die Ferne. Die Wirkung lässt nicht lange auf sich warten. Paul schnarcht als Erster. Jetzt kann ich auch in mein wohlverdientes Bett, denke ich. Über die „Nachtlager von Granada" steigend gelange ich in mein Bett. Es ist alles still. Morpheus hat mich schon in seinen Armen, als ich ein leises Weinen höre. „Oliver, Mia, ist was?" Es kommt keine Antwort, das Weinen wird aber lauter. Wie war das mit Schlafen? Lisa setzt sich auf und dann kommt ein Sturzbach an Tränen. Ich bin angesprochen, so ganz tief in mir. Lisa weint und weint. Ihr ganzer Körper wird erschüttert. Es sieht so aus, als weine sie sich alle Lasten von der Seele. Ich halte ihre Hand und streichele sie. Mehr traue ich mich nicht. Die Minuten vergehen. Lisa weint. Beruhigend rede ich auf sie ein. Lisa weint. Plötzlich atmet sie tief durch und lehnt sich an mich. Ich nehme sie fest in meine Arme. Sie weint jetzt nicht mehr. Nur noch einmal kommt ein tiefer Schluchzer und es scheint, als habe sich ein Knoten aufgelöst. Lisa lächelt.

Das Lächeln gibt Mut, nach der Ursache zu fragen. „War es das Gewitter, hat es dir so Angst gemacht?" Lisa schüttelt vehement den Kopf. „Hat dich jemand geärgert?" Wieder fliegen ihre langen Haare. „Nein!" – „Mittwoch?" Sie nickt. „Soll ich dir helfen?" Sie nickt! „Samstag?" Sie nickt. Ich verspreche, ihr zu helfen. Sie schmiegt sich noch einmal an mich und dann legt sie sich hin. Es verwundert mich, wie schnell sie schläft. Nur ich kann noch nicht schlafen. Mir geht das eben Erlebte noch lange nach.

Lisa ist jetzt zwei Jahre bei uns. Ihre Mutter ist psychisch krank und kann Lisa nicht betreuen, konnte sie auch nicht vor Übergriffen ihrer jeweiligen Partner schützen. Lisa hatte große Schwierigkeiten. Mehrere Pflegeverhältnisse scheiterten. Für Lisa war eine „Reaktive Bindungsstörung" diagnostiziert worden. Familiäre Vernachlässigung und mangelnde Versorgung führten außerdem zu einer tief greifenden emotionalen Störung. Die eigene Mutter stand nicht als Schutz und Vorbild zur Verfügung. Diese lang andauernde Existenzbedrohung löste bei Lisa massiven Stress aus. In Gefahrensituationen haben Menschen nur begrenzte Möglichkeiten um zu überleben: Kampf, Flucht, Erstarrung oder Totstellreflex. Lisa wählte für sich die dritte Möglichkeit und reagierte mit einer übermäßigen Körperfülle und Unbeweglichkeit darauf. Sie nahm keine Impulse aus der Umwelt auf und zeigte weder Schmerz noch positive Emotionen. Nur die Grundbedürfnisse wie Essen, Ausscheidung, Schlafen und Schutz suchen durch das Zeigen einer lächelnden Fassade waren an ihr zu beobachten. Sie wirkte fast wie ein autistisches Mädchen. Langsam, ganz langsam war es gelungen, Lisas Rückzug zu stoppen und sie vorsichtig für Wahrnehmungsprozesse zu öffnen. Nach langer Abwehr gelang es Lisa nun, die Beziehungsblockade zu durchbrechen. Wir erlebten in allen Bereichen Ansätze zu einer fruchtbaren und positiven Entwicklung. In den letzten Monaten kamen erste Bedürfnisäußerungen von Lisa, über die wir uns unendlich freuten.

Mit Lisas Mutter bestand ein monatlicher Kontakt. Auch hier gab es das gleiche Bild. Wir konnten nicht erkennen, ob Lisa sich freute oder nicht. Sie nahm den Termin mit ihrer Mutter wahr. Seit einigen Monaten hatte die Mutter einen neuen Freund bei diesen Treffen dabei. Erst dachten wir, dass Lisa ausgerechnet vor dem Besuchstag immer Mückenstiche im Gesicht erhielt. Dann merkten wir, dass Lisa kurz vor den Besuchen mit Ausschlägen im Gesicht reagierte, die nach den Besuchen wieder verschwunden waren. Sie nahm auch wieder Riesenportionen auf ihren Teller und verspeiste sie mit großen Bissen und sehr schnell. Außerdem sprach sie sehr wenig. Wir hatten beim letzten Hilfeplangespräch ausgemacht, dass Lisas Mutter die Termine alleine wahrnehmen soll und hatten aber, um den Wünschen der Mutter entgegenzukommen, einen telefonischen Kontakt zwischen Mutter und Tochter vereinbart. Der erste Telefonkontakt hatte zwei Tage vorher, am Mittwoch, stattgefunden und am Samstag sollte die Mutter zum Elternbesuch kommen. Lisa hatte seitdem nicht gesprochen, sondern immer nur genickt.

Spürt Lisa noch Sicherheit? Jetzt hatten wir die Antwort erhalten!

☆

Was sollen wir tun, nach einem Besuch der Mutter oder auch nach einem Telefongespräch, wenn Lisa nachts Schutz bei mir sucht und ich merke, dass sie nicht schlafen kann. Ich mache ihr ein Bett in meiner Nähe. Sie dreht sich von einer Seite zur anderen. Sie schreit! Ich setze mich an das Bett, ich streichele sie, ich rede leise mit ihr, ich mache Musik an. Ich erzähle eine Geschichte. Wir umhüllen das Kind am Tage, das ganze Team hilft mit. Wir bieten ein sicheres soziales Umfeld. Wir wissen, dass Traumatisierung, die durch die nächste Bezugsperson, nämlich die Mutter, zugefügt wurde, besonders schwerwiegende Effekte hat. Wir arbeiten die Schwierigkeiten am Tage auf, mit der ganzen Skala unserer Möglichkeiten. Und trotzdem kommen wir nicht so schnell an diese elementare Angst. Ja, und so geht es jede Nacht, eine ganze Zeit lang. Irgendwann erreichen wir, dass unser Mädchen am Tage wieder lacht und in der Nacht den Schutz nicht braucht. Und während wir die ersten unbeschwerten Stunden erleben, hat die Mutter Sehnsucht nach ihrer Tochter. Wer von uns, der selber Mutter ist, kann diese Sehnsucht nicht verstehen? Doch versteht die Mutter, die selbst eine schwierige Kindheit hatte und psychisch krank ist, die Probleme und die drohenden Folgen bei der Tochter?

Wie oft erleben wir, dass Kinder, bitte beileibe nicht alle, nach Elternbesuchen oder anderen Kontakten mit Vater oder Mutter dramatisch in ihrer Entwicklung zurückfallen. Manchmal fallen sie in Verhaltensmuster und Krisen zurück, die den Krisen vor Aufnahme ins Kinderdorf ähneln. Diese Einbrüche wirken wie eine Retraumatisierung, die Kinder verlieren ihr neu aufgebautes Vertrauen in unsere Fähigkeit, sie zu schützen. Unsere Aufgabe ist es aber, die Vergangenheit unserer Kinder mit all ihren Schmerzen und Übergriffen zu beenden und ihnen den Schutz und die Sicherheit, die sie für eine gesunde Entwicklung brauchen, zur Verfügung zu stellen.

Wie bei Lisa sind Eltern und die Erfahrungen mit den Eltern bei unseren Bemühungen um die Kinder präsent. Längst vergessen geglaubte Erlebnisse werden bei Kontakten wieder hochgespült. Hoffnungsvolle Verläufe brechen zusammen. Alte Ängste und Unsicherheiten treten wieder auf. Wir sind traurig, wir sind wütend, wir wissen manchmal nicht weiter. Wie gehen wir mit den Eltern unserer Kinder um? Wie erklären wir unseren Kindern, was mit ihnen geschehen ist in ihrer Kindheit? Wie erklären wir den Eltern, dass wir ihre Bedürfnisse verstehen? Wir sind parteilich zu Gunsten der Kinder und wir wissen darum, auch wenn wir die Eltern verstehen! Unsere Herzensaufgabe aber sind die Kinder, dafür sind wir angetreten! Die Kinder sind im Fokus unserer Bemühungen, die Kinder und ihre Schwierigkeiten. Dieses Kind wurde so oft verlassen, aus dem Kindsein herausgerissen, in seinem Schmerz und seinem Elend nicht wahrgenommen. Es hat eine Mauer aus Abwehr errichtet. Was kann diesem Kind wieder Lebensmut und Lebenswillen geben?

„Wär's nicht am End gerechter,
man schaut auf unser Herz,
es ist auch nicht viel schlechter
als Herzen anderwärts."[72]

Unterschiedliche Erwartungen an die Erziehung im Heim, unterschiedliche Erwartungen der Eltern tragen dazu bei, dass

[72] Erich Kästner: Deutsches Ringelspiel 1947. In: Der tägliche Kram – Chansons und Prosa 1945-1948. In: Erich Kästner Gesammelte Schriften in sieben Bänden. Atrium Verlag, Cecilie Dressler Verlag, Kiepenheuer & Witsch 1959. S. 102

manchmal Rückfälle programmiert sind. Anforderungen, die von Außen kommen, Rechte, die nicht die Rechte unserer Kinder auf Unversehrtheit sind, in wiederkehrenden Forderungen der Eltern auf Kontakt, in ihrem Recht auf Kontakt zum Kind. Dieses Recht ist Elternrecht! Was hilft es dem Kind, wenn es die schwere Zeit in seinem Leben noch nicht bewältigt hat? Was hilft es also, wenn auf die Eltern und nicht auf das Opfer geschaut wird?? Manchmal wären einfühlsame Entscheidungen für ein Kind der bessere Weg. Kann es ein Kind begreifen, wenn Erzieher im Heim die Eltern bei einem Hilfeplangespräch freundlich empfangen und mit ihnen Kaffee trinken oder fühlt es sich verraten?

Es geht mir nicht um Schelte, ich bin Mitglied dieser unserer Gesellschaft und ich bin mir sehr bewusst, dass ich ein Teil dieser Gesellschaft mit all ihren Bedingungen und Ergebnissen bin. Erinnern möchte ich auch immer an die Eltern, die mit uns zusammenarbeiten und ihr Bestes zum Wohl ihrer Kinder geben. So geht es uns auch mit den Mitarbeitern vieler Jugendämter und Kommunen. Wir können von vertrauensvoller Zusammenarbeit zum Wohl der Kinder und Jugendlichen berichten. Sie tun ihr Bestes, um zu helfen, die Kinder und unsere Arbeit zu unterstützen. Leider gibt es auch Erfahrungen, die belastend sind. Und weil sie uns belasten, möchte ich davon berichten.

Der Heimaufenthalt kostet die Kommunen Geld und „Heime sind teuer". Ja, ich traue mich, es zu schreiben. Es ist nicht immer das Wohlergehen der Kinder, das an erster Stelle steht. Leider! Es heißt auch Abschiednehmen von der liebgewordenen Behauptung, dass Heimerziehung zu teuer ist. Diese Fundamentalkritik hält der Entwicklung um unsere Kinder nicht stand und wird dem Recht dieser Kinder auf Unversehrtheit und Leben nicht gerecht.

Ein Ausschuss tagt. Ich bin Mitglied in diesem Ausschuss. Immer wieder höre ich dort, wenn es um die Heimerziehung geht, dass diese Form der Erziehung zu teuer ist. Meine Antwort: Wir laden den Ausschuss ein. Wir erleben bei diesem Besuch viel Aufmerksamkeit und Verständnis für die Belange der Kinder. Der Ausschuss tagt und wieder werden die Kosten der Heimerziehung an den Pranger gestellt. Für mich, die ich mit Leib und Seele der Heimerziehung verpflichtet bin, eine unbefriedigende Situation. „Heimerziehung ist teuer" zum wiederholten Male als entsprechende Information in der Presse.

✫

„Wo soll ich denn hin? Meine Alten haben mich verkloppt, die Pflegefamilien wieder rausgeschmissen, in der Klapse war ich auch schon. Hier darf ich nicht sein, weil ich zu teuer bin?" Ein Jugendlicher nach dem Lesen der Tageszeitung.

✫

Wie wollen wir aus der Heimerziehung dem begegnen? Ich komme mir vor wie ein sprechendes Stehaufmännchen: „Aber für unsere Leistungen…"! Möchte die Gesellschaft von diesen Leistungen wissen, möchten sie das hören? Kann sich jemand vorstellen, wie diese intensive Arbeit mit den Kindern aussieht? Was kann ich dazu beitragen, dass für die Kinder und Jugendlichen in der Heimerziehung das Adjektiv „zu teuer" ausgewechselt wird in „zu diesem Zeitpunkt sinnvoll und richtig und wesentlich". Kinder kommen heute nicht in die Heimerziehung, bevor in der Regel viele Maßnahmen vorgeschaltet wurden, oder bevor ihr Schicksal so schwierig ist, dass es dieser besonderen Form bedarf. Bedarf – Bedürftigkeit! Wir sind verantwortlich, dass es allen Kindern gut geht. Sie leisten unendlich viel und viele werden sich zu wertvollen Mitgliedern unserer Gesellschaft entwickeln, Menschen, die ihre Ressourcen mitbringen und einbringen.

„Die Verteidigung der Menschenrechte hat ihren Preis!"[73]

✫

[73] Angela Merkel im Zusammenhang mit Afghanistan

Wir haben ein Kind bei uns, dessen Eltern immer wieder umgezogen sind. Neben vielen anderen traumatischen Erlebnissen, neben mangelnder Unterstützung in allen Bereichen des täglichen Lebens wurden die sozialen Kontakte, die dieses Kind versuchte aufzubauen, immer wieder durchtrennt und vor allem nicht beachtet. Endlich gelang es einem Jugendamt, in die Familie zu kommen. Was sie dort sahen und erlebten, zeigte dringenden Handlungsbedarf. Das Kind kam zu uns. Vom ängstlichen Anklammern bis zu beeinträchtigten Fähigkeiten bei der Ausführung einfachster lebenspraktischer Fähigkeiten zeigte dieses Kind ein hohes Maß der Verwahrlosung auf. Das Kind entspannte sich. Es konnte die ersten kleinen Annehmlichkeiten genießen. Es lachte, zaghaft zwar, doch die Freude war deutlich zu erleben. Nachdem die Eltern kürzlich wieder umzogen, beharrt nun das neue Jugendamt, als Träger der Maßnahme federführend, dass das Kind in die Wohnortnähe der Mutter verlegt werden solle. Die Begründung lautet: Das Kind soll in die Heimatnähe verlegt werden, damit seine Kaufkraft in der Region bleibt!

☆

Es ist richtig, wir leben im 21. Jahrhundert, und wir streben ein vereintes Europa an!

So wie in diesem Beispiel wird nicht selten der junge Mensch aus den Augen verloren, der junge Mensch und sein Leid, das ihm in der Vergangenheit zugefügt wurde. Die emotionale Distanz zu den „Fällen" sorgt dafür, dass es um Beredbarkeiten geht, um Reparatur, um wirtschaftliches Vorgehen. Es geht um berechenbare Programme und kalkulierbare Strategien. Wer schützt die Kinder, die kleinen Menschen, deren Würde ebenfalls unantastbar sein sollte, deren Achtung und Schutz Verpflichtung aller staatlichen Gewalt sein sollte, so wie es Artikel 1 des Grundgesetzes sagt? Wie lange gelingt es, immer wieder neue Hoffnung zu entwickeln, Sicherheit zu spüren? Wer entscheidet, ob ein Kind bei der Rückkehr in die Herkunftsfamilie gefährdet ist? Wer trägt die Verantwortung?

Manchmal ist es so wenig, was wir entgegensetzen können, es ist nur eine mühevolle Arbeit mit nicht berechenbaren Menschen und dabei geht es um Beziehung, Beziehung, Beziehung!

Eine erfolgreiche Heimerziehung wird auch daran gemessen, ob eine Reintegration in die Herkunftsfamilie erfolgt. Für uns, die wir mit den Kindern arbeiten und leben, ist eine Rückkehr in die Familie des Kindes ein wichtiger Gesichtspunkt. Wichtig ist aber vor allen Dingen, ist die Familie fähig, dieses Kind wieder aufzunehmen? Ist das Kind in der Lage in dieser Familie zu leben? Wie waren die Gründe, das Kind aus der Familie herauszunehmen? Droht wieder Gefahr für das Kind? Es gibt jedoch auch Familien, die sich nicht verändern können oder wollen, und dann braucht das Kind einen guten und sicheren Platz, eine neue Lebensperspektive.

Mit unendlicher Sorgfalt geben wir den Kindern einen Teil ihres Lebens zurück, den Teile dieser unserer Gesellschaft ihnen vorher genommen haben. Viele unserer Kinder haben beim Start in ihr Leben schon keine Chancen, wir alle haben die Aufgabe, diesen Kindern zu helfen. Besorgt sehe ich eine deutliche Zunahme unterschiedlicher Störungen bei den aufzunehmenden Kindern mit Verhaltensweisen, die chaotisch bis bizarr sind. Manchmal wünschen wir uns die ehemaligen Kinder zurück, die verwahrlosten, lügenden, stehlenden. Wir würden gerne wieder stundenlang Pudding kochen und Kuchen backen und sie mit schönem Essen verwöhnen. Es ist schwer, die traumatisierten, traurigen, seelisch verletzten Kinder auszuhalten, und es bedarf unser aller Kraft, diesen Kindern zu helfen. Wir fragen: Kann den Kindern noch mehr Leid geschehen? Wer übernimmt die Verantwortung?

Aus unseren Erfahrungen können wir berichten, dass sich die meisten unserer Kinder und Jugendlichen, die in krankmachenden Familiensystemen aufgewachsen sind oder die Gewalt, Missbrauch und andere Demütigungen erfahren haben, die also traumatische Bedingungen auf ihrem Lebensweg hatten, wieder erheben, erholen und Stärke zeigen.

Diese jungen Menschen werden manchmal auch völlig unbewusst ins Wanken gebracht.

☆

Michael ist ein schwieriger, liebenswerter, unbekümmerter, trauriger, fleißiger, rastloser, charmanter, neugieriger, interessanter, muffiger, treuer, freundlicher, unberechenbarer Jugendlicher. Schwere traumatische Erlebnisse in seiner frühen Kindheit haben ihm nicht gerade geholfen, bisher einen erfolgreichen Lebensweg zu gehen.

Um den Jungen herum ist ein umfassendes Hilfswerk aufgebaut worden. Immer wieder scheiterte er an Herausforderungen. Immer mehr und intensiver wurden unsere Hilfen. Immer wieder hatte es Rückschläge gegeben. Immer wieder musste er, Michael, neu aufstehen, mutig sein und weitermachen.

Das Arbeitsamt diagnostizierte in seinem letzten Schuljahr aufgrund von Tests, dass Michael keine Berufsreife habe. Michael erlangte einen Teilqualifizierenden Hauptschulabschluss und beendete seine allgemeine Schulpflicht mit ausreichenden Noten.

Während seiner Schulzeit ging er zwei Jahre lang jeden Samstag zu einem befreundeten Schreiner und half dort in der Werkstatt. Aufgrund dieser Beziehung erhielt er von dem Betrieb die Chance eine Fachwerkerausbildung zu machen. In enger Kooperation zwischen seinem Betrieb und uns konnte er bisher seine Chance auf eine erfolgreiche Ausbildung nutzen. Der gemeinsame Weg war besonders schwer. Immer wieder arbeiteten wir gemeinsam an seinen diffusen Ängsten. Angst vor der Dunkelheit, Angst ins Bett zu machen, Angst, etwas nicht zu schaffen, Angst nicht geliebt zu werden, Angst nicht gesehen zu werden, Angst nicht wichtig zu sein.

Die Zwischenprüfung zum Fachwerker legte Michael erfolgreich ab. Damit ist das Ziel einer erfolgreichen Ausbildung wieder ein Stück näher gerückt.

In einem Hilfeplangespräch kurz vor seinem 18. Geburtstag freute sich der Mitarbeiter seines Jugendamtes über das bisher Erreichte. Er lobte den Jugendlichen und wünschte ihm weiterhin sehr viel Erfolg. Michael strahlte.

Der Jugendamtsmitarbeiter führte weiter aus, dass Michael sich überlegen müsste, was wäre, wenn er seine Ausbildung nicht schaffen würde. Für den weiteren Verlauf der Maßnahme ist diese Überlegung wichtig. Wir hatten mit Michael selbst Gespräche darüber geführt. Völlig irritierend war das weitere Verhalten von Michael. Er beteiligte sich immer weniger am weiteren Gespräch, ließ sich alles aus der Nase ziehen und es sah aus, als ob er alle Flügel hängen ließe.

☆

Es war für uns ein mühevoller Weg, Michael aus seiner depressiven Stimmung wieder herauszuführen. Was ist da passiert? Wovor hattest du Angst? Weshalb kam diese Reaktion? Es ist wichtig, dass Michael sich selbst verstehen lernt. Es ist wichtig, dass Michael lernt, mit solchen Ängsten umzugehen. Aus deiner Geschichte heraus hattest du Angst. Was meinst du, wie sieht die Geschichte des Mitarbeiters deines Jugendamtes aus. Kann er so etwas voraussehen? Was kannst du für dich lernen?

Das Empfinden unserer Kinder hat auf ihr Verhalten einen übermächtigen Einfluss. Ihre Erfahrungen sind oft so schwerwiegend, dass sie resistent sind gegen alle Versuche, mit Liebe und Konsequenz Änderungen herbeizuführen.

Michael braucht derzeit noch viel Vertrauen aus der Außenwelt und er braucht Vertrauen in das, was er schaffen kann. Ist es immer wieder der alte Mangel „Ich bin nichts wert"? Ein unter guten Bedingungen aufgewachsener Mensch hat Vertrauen, er weiß, was er leisten kann, er glaubt an sich. Michael hat dieses Vertrauen nicht. Es wird noch viele gute Erfahrungen brauchen, bis er endlich an sich glauben kann!

Was wünschen wir uns?
Wir wünschen uns eine Lobby für unsere Kinder. Menschen, die bereit sind, aufeinander zu schauen. Wir wünschen uns Mutmacher! Menschen, die unsere Kinder durch ihr Vorbild anregen, einen guten Weg zu gehen. Wir wünschen uns Menschen, die Achtsamkeit zeigen, Menschen, die einander behutsam begegnen, die sich berühren lassen. Wir wünschen uns Menschen, die auf die Seele der Kinder schauen.

„Außer ein paar handfesten Lebensregeln sind gute Erinnerungen das Beste, was man Kindern mitgeben kann."[74]

---

[74] Nach Sidney J. Harris, aus dem Manuskript Ulrike Reddemann Inhouse Fortbildung im Erich Kästner Kinderdorf

*Nur wer erwachsen wird
und ein Kind bleibt, ist ein
Mensch!*[75]

[75] Erich Kästner: Ansprache zum Schulbeginn. In: Erich Kästner Gesammelte
Schriften in sieben Bänden. Atrium Verlag, Cecilie Dressler Verlag,
Kiepenheuer & Witsch 1959. S. 181

5. Ver – rück – te, die sich getroffen haben

„Was ist das Besondere an uns Erwachsenen?", fragte ich unsere Jugendlichen.

Tanja: „Sie sind immer für uns da, behandeln uns wie ihre Kinder, was man auch angestellt hat. Immer ist auch die Hand da, die einen hält und die sich entgegenstreckt."

Alexander: „Sie sind hilfsbereit und helfen uns in schweren Situationen. Sie haben immer ein offenes Ohr für uns."

Julian: „Sie bereiten uns auf das spätere Leben vor, geben einem immer wieder die Hand und sind nicht nachtragend. Trotzdem ist das Motto: Vertrauen ist gut, Kontrolle ist besser. Ehrlich? Ich brauch's auch!"

Was also ist das Besondere an unseren Mitarbeitern? Sind sie Mitarbeiter? Mitfühler? Mitdenker? Mithelfer? Mitstreiter? Sie stehen für die Konstanz der Beziehungen. Mit ihrem großen Maß an persönlichem Engagement, mit ihrer Menschlichkeit, ihrer Leistungsbereitschaft, mit ihrer Emotionalität und Kreativität sorgen sie für die vielfältigen Entwicklungsmöglichkeiten unserer Kinder. Sie alle arbeiten nach dem Grundsatz, dass die jungen Menschen und deren Bedürfnisse in unserer Einrichtung an erster Stelle stehen und dass gerade die Konstanz der Bezugspersonen einer der wichtigsten Faktoren für die gestellte Aufgabe ist.

In der Sprache des Kleinen Prinzen lautet dieser Grundsatz so:

„Die Zeit, die du für deine Rose verloren hast, sie macht deine Rose so wichtig." „Die Zeit, die ich für meine Rose verloren habe…", sagte der kleine Prinz, um es sich zu merken. „Die Menschen haben diese Wahrheit vergessen", sagte der Fuchs, „aber du darfst sie nicht vergessen. Du bist zeitlebens verantwortlich für das, was du dir vertraut gemacht hast. Du bist für deine Rose verantwortlich ..."[76]

Wir „Erwachsene" sind eine Gruppe Menschen, in der alle ihre Kraft bündeln, ihre psychische und physische Kraft, um in Krisensituationen und auch im Alltag für jedes einzelne Kind da zu sein. Wir schaffen es! Das Zusammengehörigkeitsgespür ist unser Reichtum ganz tief im Inneren. Wir tragen das Mitgefühl in uns und die unbedingte Vision, jedem Kind einen neuen Ansporn zum Leben zu geben. Gelassenheit und Mut und Zuversicht sind unverzichtbare Eigenschaften. Die Mitarbeiter im Erich Kästner Kinderdorf tragen in sich: Verlässlichkeit zueinander und Loyalität und vor allen Dingen Respekt vor dem anderen.

Eines unserer wichtigsten Merkmale besteht in der Präsenz der Betreuung, aber dadurch auch zu einer Überschneidung des beruflichen und privaten Lebens. Bei unserer Form der Tätigkeit sind wir in Wirklichkeit nur eine einzige Seite des Selbst, das sich seine Zeit zwischen Arbeit und Heim aufteilt. Häufig ist das miteinander Leben verbunden mit einer erhöhten physischen, psychischen und sozialen Sonderbelastung. Besonders zu Beginn einer Maßnahme ist die aktuelle psychosoziale Störung eines Kindes sehr schwerwiegend, denn es müssen schwerwiegende Gründe sein, die zu einer Heimeinweisung führen. Die lebensbiographischen Belastungen führen zu traumatischen Erlebnissen und damit zu auffälligem Verhalten und damit wiederum zu schwierigen Bedingungen des Miteinanderlebens. Manchmal umgibt die Kinder eine gnadenlose Einsamkeit, die durchbrochen werden muss. Schwer wird es auch bei uns, wenn mehrere Kinder gleichzeitig durch ihr schwieriges Verhalten die Familiengruppe belasten.

Was braucht es? Eine Profession! Die Liebe als unser Handwerkszeug. In dieser unserer Gesellschaft leben und einen Teil dazu beisteuern, dass es menschelt bei den Menschen. Uns ver-

---

[76] Antoine de Saint-Exupéry: Der kleine Prinz. Düsseldorf 2008, S. 93-95

bindet im Erich Kästner Kinderdorf die gemeinsame Verantwortung für die Kinder und Jugendlichen in unseren Häusern. Diese Verantwortung erfordert eine auf Vertrauen basierende Zusammenarbeit. Wir arbeiten gerne mit unseren Kindern. Zugegeben, der immer mehr werdende Schreibkram belastet auch und wir würden manchmal lieber mit unseren Kindern spielen statt wieder einen Bericht zu schreiben, der allen Kriterien einer Überprüfung standhält, und wir hoffen, dass sich der Anteil der schriftlichen Arbeiten nicht erhöht zu Lasten der Arbeit mit und an dem Kind.

Die Liebe lässt uns unser Bestes geben, sie führt unsere Hand, wenn ein Kind unsere Hilfe braucht. Sie lässt uns in dunklen Stunden nicht verzweifeln, sie gibt uns Kraft, auch die schwierigste Situation zum Guten zu bringen. Es ist die Liebe, die uns immer wieder Wege zum Kind zeigt. Es ist die Liebe, die wir zurückbekommen, wenn uns die „ganz Großen" besuchen und zum Beispiel voller Stolz „ihre" Steinmühle einem Lebenspartner zeigen, den Ort, an dem sie ihre Kindheit verbracht haben. Es ist ein wunderbares Gefühl, mit „was meinst du" nach meiner Meinung gefragt zu werden beim Kauf eines eigenen zukünftigen Hauses. Es ist ein Gefühl der Zärtlichkeit, das einfach nur froh macht. Es macht glücklich nach einem gemeinsamen Kartenabend gefragt zu werden. Es macht stolz zu erleben, dass viel von unserem gemeinsamen Alltag in eine neue Lebenssituation übernommen wird.

Mitarbeiterin gesucht!
Auch Mitarbeiter einer anderen Fakultät werden gerne genommen!

Neben den Standardvoraussetzungen wie Warmherzigkeit, Spontaneität und Flexibilität sind erwünscht:

- Pflegeleichtigkeit, aber nicht aus Plastik
- Nerven wie Drahtseile
- einen Schoß besitzen, auf dem mindestens fünf Kinder gleichzeitig Platz haben
- einen Rücken haben, auf dem sich alles abladen lässt
- in überwiegend gebückter Haltung leben können
- mehrere paar Hände, die alle anfallenden Arbeiten nahezu zeitgleich erledigen können
- drei Paar Augen:
  das erste Paar, um durch geschlossene Türen sehen zu können,
  das zweite Paar am Hinterkopf, um zu sehen, was sie nicht sehen soll, aber wissen muss,
  das dritte Paar, aus dem sie ein Kind ansehen kann, das sich unmöglich benimmt und ihre Augen trotzdem sagen: ich verstehe dich und hab' dich lieb
- sich augenblicklich selbst heilen können, wenn sie krank ist
- nicht nur denken, sondern auch urteilen, Kompromisse schließen und vergessen können
- ein verstecktes Überlaufventil haben für Tränen bei Freude, Trauer, Enttäuschung und Schmerz

Mein Lebensweg in den vielen Jahren gemeinsam mit den Kindern und Jugendlichen und den Mitarbeitern des Erich Kästner Kinderdorfes ist ein besonders bunter und vielfältiger. Zu vielen Entscheidungen brauchte ich Mut und immer auch das Stückchen Fortune. An dieser Stelle lächele ich ein wenig und wer mich näher kennt, der weiß, warum.

Was habe ich erhalten? Was habe ich mehr bekommen? Weshalb macht es mir heute noch Freude, diese Tätigkeit auszufüllen?

Ich fühle in mir eine unbändige Lebendigkeit und Liebe, ich spüre Verantwortung und Hoffnung, ich liebe den ersten Frühlingstag und eine Tasse Kaffee im Hof mit netten Menschen. Wer kann eine Schneeballschlacht im gesetzten Alter machen ohne aufzufallen, wer nächtigt mit einer Horde Kinder auf einer unbewohnten Insel? Ich!

Das Leben im Kinderdorf ist: spannend, abwechslungsreich, voller Lachen, zu manchen Zeiten überraschend und rasant, ein Geschenk, Rührung, Stolz, Stärke, ausgefallen, eine Herausforderung, pure Lebendigkeit, Emotionalität, Verbundenheit, ein Miteinander. Und es windet manchmal ganz schön um unsere Ohren. Trotzdem: Das Leben ist schön! Und ich? Ich möchte kein anderes leben!

Das Haus Erinnerung

Das Haus Erinnerung hat
tausend Türen.
Und du hast doch den Weg
umsonst gemacht.
Du weißt nicht mehr, wohin
die Türen führen.
Und in den Korridoren
lehnt die Nacht.

Was einmal war, hier lebt
es fort für immer,
auch wenn du selbst es lang
vergessen hast.
Das Haus der Erinnerungen
hat tausend Zimmer.
Und du kommst doch als
ungebetner Gast.

Das Haus Erinnerung hat
tausend Stufen,
waagerechte Säulen der
Vergangenheit.
Geh fort von hier. Man hat
dich nicht gerufen.
Dien du nur deinem Herrn
und Knecht: der Zeit![77]

---

[77] Erich Kästner: Das Haus Erinnerung. Epigramme aus dem Nachlass. Hanser Verlag 1998. S. 362

6. Brief an uns selber

Oberschwarzach
Steinmühle, ein sonniger Tag

Sehr geehrtes Erich Kästner Kinderdorf,

hoffentlich wird mich niemand schelten, wenn Du diesen Brief hier erhältst.

Herr Dr. Erich Kästner, der von Dir geliebte Schriftsteller, Namensgeber und Wegweiser, hat sich 1940 auch einmal selbst einen Brief geschrieben. Wenn ich mich heute in meinem Vorgehen und meinen Zeilen an seinem Vorbild orientiere, so mögest Du und möge man mir dies bitte verzeihen. Es ist nicht die schlechteste Angewohnheit, innezuhalten und mit sich selbst zu reden.

Herr Kästner schrieb sich selber, um sich wieder mit sich selbst zu befreunden. Ich habe heute einen anderen Beweggrund, Dir liebes Erich Kästner Kinderdorf, einen Brief zu schreiben. Du bist mehr als 35 Jahre alt. Das ist ein triftiger Grund, mich mit Dir einmal in aller Ausführlichkeit auseinanderzusetzen, wie ich meine. Und Kästner schreibt: „Es tut wohl, von jemandem, dem man nahesteht, Briefe zu erhalten."

Mehr als 35 Jahre Kinder, mehr als 35 Jahre Leben, mehr als 35 Jahre Wachstum und Entwicklung. Begann es nicht erst vorgestern? Wer Dich noch nicht lange kennt, ist sicher tief beeindruckt von Deiner Atmosphäre, Deinen Kinderfamilienhäusern, Deiner Ausstattung.

Doch mit Verlaub, ich weiß noch genau, wie alles begann. Am 13. Mai 1974 klingelte der Postbote und brachte Erich Kästners Telegramm: „Bin mit Kinderdorfbenennung einverstanden."

Am 1. Juli 1974 entstand somit nach Gründung des Erich Kästner Kinderdorf Vereins das erste Haus in Mainbernheim an der Bahnschranke. Zwölf Kinder und Jugendliche zogen ein und erfüllten das alte Haus mit Leben. „Kinderheime ähneln einander wie Vierpfundbrote oder Hundsveilchen; wer eines kennt, kennt sie alle. Und wer an ihnen vorüberspaziert könnte denken, es seien riesengroße Bienenstöcke. Es summt von Gelächter, Geschrei, Getuschel und Gekicher", meinte Herr Kästner – und er hat beileibe nicht Unrecht. Jahrelang summte und brummte es in den Mauern dieses ersten Hauses und nicht nur dort. Auch im Garten, im angrenzenden Wald und in den Mauern des Städtchens Mainbernheim schlug das Leben Purzelbäume. Erinnere Dich doch oft an diese herrliche Zeit: Die schon etwas Größeren und Älteren zogen schon 1976 in ein kleines Abnabelungshaus in Mainbernheim an der Stadtmauer.

„Stehlende" Kinder, „lügende" Kinder, „streunende" Kinder, „laute" Kinder, „schlitzohrige" Kinder – sie alle verwandelten sich im Laufe der Zeit in eine kunterbunte Kinderdorffamilie.

Dein Handwerkszeug damals war der Kochlöffel, weißt du es noch? Nie mehr in Deinem Leben hast Du mehr Pudding gekocht, Spiegeleier gebraten und Kuchen gebacken. Liebe geht durch den Magen, heißt ein altes Sprichwort. Und Deine ersten „verwahrlosten" Kinder waren mächtig hungrig! Liebe, Geborgenheit, Wärme, Wurzeln, Sicherheit, Schutz und Bindung machten sie jedoch im Laufe der Zeit satt und sie konnten erfolgreich in ihr Leben ziehen. Verklärt die Erinnerung diese Jahre? Im Rückblick scheint mir Dein Leben damals heute so leicht und licht gewesen zu sein. Die Kinder öffneten sich leicht und schnell, sie konnten Deine Liebe annehmen und für die eigene Entwicklung nutzen. Die Schulklassen waren kleiner, die Zeit war noch gemütlich, es gab noch viele Ausbildungsplätze. Nun, ich weiß schon, Herr Kästner: „Das Haus Erinnerung hat tausend Türen."

1978 wurdest Du jedoch plötzlich aus diesem Idyll gerissen. Das Haus sollte verkauft werden und Du hattest nicht genügend Geld,

um es zu erwerben. So musstest Du umziehen in den Nachbar-
ort Iphofen. Ihr alle habt ordentlich schuften müssen, um es
Euch schön zu machen in dem neuen Haus, das noch im Rohbau
stand. Und es wurde schön im Laufe der Jahre, auch wenn es einen ganz anderen Charakter hatte als das Haus in Mainbernheim
am Waldrand. In den frischen Putz schrieb 1981 Dein erster Vor-
stand Professor Wolfgang Mahlke das Gedicht „Kopernikanische
Charaktere gesucht", in dem Kästner den Menschen als Wachsenden und Werdenden im Spiel des Lebens charakterisiert.

Und fürwahr mein liebes Kinderdorf. Dein Wachsen und Werden
begann. 1982 wurde ein drittes Kinderdorfhaus eröffnet, ebenfalls in Iphofen. 1990 schließlich entstand das vierte Kinderfamilienhaus. Die Kinder jedoch veränderten sich in diesen Jahren.
Verstörter, zerstörter erschienen Dir die kleinen Seelen, wenn
sie in Deinen Häusern ankamen. Sie ließen sich nicht anfassen,
sie weinten, sie wollten nichts essen oder aßen, bis sie erbrechen
mussten. Sie weinten, sie tobten oder sie verhielten sich völlig
apathisch.

Dir wurde schnell klar, dass Du Dir neues Handwerkszeug zule-
gen musst, um diesem Leid begegnen zu können. So begannen
für Dich sehr fruchtbare Jahre der Ausbildung, der Fortbildung
und Weiterbildung, kurzum – der Qualifizierung. Auf der ur-
sprünglichen Basis Deiner Liebe und Mitmenschlichkeit entstand
ein dichtes Netz der Fachlichkeit, das 1991 in Deiner Anerkennung als heilpädagogisches Heim gipfelte.

„Der Mensch soll lernen, nur die Ochsen büffeln", sagt Kästner
in seiner Ansprache zum Schulbeginn, und „Der Kopf ist nicht
der einzige Körperteil." Ich bin ja wirklich ein klein wenig stolz
auf Dich, dass Du seine weisen Worte ernst genommen hast und
immer noch versuchst ernst zu nehmen. Jede noch so kluge
heilpädagogische und therapeutische Methode macht nur Sinn,
wenn der Boden stimmt, auf dem sie steht. Und die Grundes-
senz Deiner Arbeit, wertes Erich Kästner Kinderdorf, ist das gemeinsame Leben in den Großfamilien der einzelnen Kinderdorf-

häuser. Nur dadurch wird das Heim zur Heimat, nur dadurch wird die Bindung zur Basis einer Entwicklung.

Du versuchst in Deinen Häusern, den Alltag heilend zu gestalten und zu leben. Das ist Deine Kunst der Erziehung – und ich nehme mir die Freiheit, das heute auch einmal deutlich zu sagen!!!

Ab 1991 schenkte Dir der Himmel seinen Segen. Luiselotte Enderle, Kästners Lebensgefährtin, hat Dich in ihrem Testament bedacht „zur Pflege des Namen Erich Kästner und der geistigen und körperlichen Pflege der Kinder". Du erhältst das gesamte Inventar des Hauses in der Flemingstraße 52 und bist hingerissen. Ehrfürchtig bestaunen deine großen Menschen all die Dinge, mit denen sich Erich und Luiselotte so liebevoll umgeben haben. Die kleinen Menschen, die in Dir leben, kennen solche Berührungsängste nicht. Pragmatisch verteilen sie Möbel und Bücher und weisen ihnen schnell neue Aufgaben zu: „Das Katzensofa ist aber jetzt für unseren Hund" und „Erichs Kopf passt schon auf mein Heft auf!"

Wieder einmal hast Du in die Hände gespuckt. Es musste doch ein Platz geschaffen werden, um all die wundervollen Bücher und Dinge von Erich und Luiselotte auch richtig zu präsentieren. Und gleichzeitig hast Du 1993 das fünfte Kinderfamilienhaus eröffnet und 1994 die Erich Kästner Bibliothek eingeweiht. Und nun ging es wie im Fluge, fast könnte man sagen, Schlag auf Schlag. 1997 ist das Geburtsjahr des KästnerHofes, dem Projekt für deine schwächeren Jugendlichen. In Landwirtschaft, Bau und Hauswirtschaft lernen sie seitdem, wie die Arbeit schmeckt – und sind stolz auf das, was sie gemeinsam leisten können. 1998 eröffnet deine heilpädagogische Tagesstätte in Kitzingen ihre erste Gruppe. Als wäre das alles schon nicht genug, begründest Du 1999 zwei wunderbare alles verbindende Aktivitäten, die Kästnerwoche im Oktober und den Kästnermarkt im November.

„Je üppiger die Pläne blühen, umso verzwickter wird die Tat. Man nimmt sich vor, sich schrecklich zu bemühen, und schließlich hat man den Salat." Ach ja, Herr Kästner, wohl wahr gedacht! Trotzalledem wagtest Du auch den nächsten Schritt in ein beispielloses Kooperationsprojekt von Kultus- und Sozialministerium. 2001 öffnetest Du Deine Türe für den ersten Schüler des Sternstunden-Schulchens und jetzt beherbergst Du schon zwölfe. 2002 entstand die zweite Gruppe der Heilpädagogischen Tagesstätte und 2003 schließlich der sechste Abkömmling der Kinderfamilienhäuser.

In den vier archimedischen Punkten heißt es bei Kästner: „Jeder ist mitverantwortlich, für das, was geschieht, und für das, was unterbleibt. Und jeder von uns und euch – auch und gerade von euch – muss es spüren, wann die Mitverantwortung neben ihn tritt und schweigend wartet. Wartet, dass er handle, helfe, spreche, sich weigere oder empöre, je nachdem. Fühlt er es nicht, so muss er's fühlen lernen." Du fühltest Deine Mitverantwortung im Jahre 2004, und du durftest erleben, dass unendlich viele Menschen um Dich herum, Freunde wie Fremde, sie ebenso mit Dir getragen haben. Die Gasexplosion im KästnerHof und die vier verletzten Jugendlichen erschütterten Dich in den Grundfesten, sie machte Dir Angst und Sorge, sie machte Dich unsicher und hilflos. Dich und Deine Bewohner, ob groß, ob klein. Du hättest die darauffolgende Zeit nicht bewältigt ohne die urteilsfreie Anteilnahme vieler und noch mehr Menschen, die sich sowohl um Dein körperliches als auch Dein seelisches Wohl kümmerten und mit Dir an diesem Kummer trugen. Hast Du Dich eigentlich bei jedem schon bedankt, der Dir in diesem Jahr freundliche Gedanken, tröstliche Worte, tatkräftige Hilfe zuteil hat werden lassen? Willst Du nicht noch einmal in Deinem Herzen Danke sagen? Ach, Du sagst es oft?

Behutsam hast Du Dich wieder erholt von diesem Schicksalsjahr, behutsam Deine Arbeit fortgeführt. Behutsam und still hast Du Dich wieder aufgerappelt. Dein Blick jedoch ist schärfer geworden, noch genauer versuchst Du in Deinem täglichen Handeln und in Deinen Beziehungen zu sein. So scheint es mir nur folgerichtig, dass Du im Jahr 2005 auch die Anerkennung für eine therapeutische Gruppe erhieltest und seitdem immer klarer wirst in Deinem selbst gewählten Auftrag, den seelisch verletzten Kindern eine neue Heimat und eine neue Lebensperspektive anzubieten. Ich habe mich aus ganzem Herzen für Dich gefreut, wie über vieles andere mehr.

Mein liebes Erich Kästner Kinderdorf, Du hast wundervolle Kinder, die trotz ihrer seelischen Wunden und Verletzungen den Mut zeigen, sich noch einmal neu auf das Leben einzulassen. Du hast Mitarbeiter, die sich beharrlich, humorvoll und ausdauernd ihrer Aufgabe widmen. Und – Du hast viele gute Freunde, Menschen, die gut an Dich denken und für Dich da sind. Sie sind die Schutzengel Deiner Kinder und sie tragen Deine Verantwortung für sie mit. Du hast viele treue und wichtige Kooperationspartner in Behörden und Firmen, die Eure Zusammenarbeit achten und wertschätzen.

So möchte und darf ich Dir heute von ganzem Herzen zu Deinem alljährlichen Jubiläum gratulieren. Du bist nun nicht mehr so ganz jung, ich hoffe nicht, dass Du nun bequemer werden willst! Nein, ich bin gespannt, was Du Dir für die nächsten 35 Jahre einfallen lässt. Ich wünsche Dir, dass Du am Puls der Zeit den Bedarf junger Menschen erahnen und danach handeln wirst. Sei achtsam im Umgang mit ihnen, die Kinder sind unser aller Zukunft!

In herzlicher Verbundenheit,

Dein Erich Kästner Kinderdorf

„Irren ist menschlich, aber das totale Chaos bedarf eines Computers!" Erich Kästner hätte dies offensichtlich für Gunda schreiben können, die sich mit dem Ausschneiden, Kopieren und wieder einfügen beschäftigt. Sie schreit: „Steffi, der Computer mag mich nicht! Er hat schon wieder einen Abschnitt verschluckt!"

Mein Dank geht an all die wunderbaren Menschen, die mir geholfen haben. Die Kinder, die sich immer interessiert haben, die aber auch viele Momente des Tages so lieb waren, dass ich mich dem Buch widmen konnte. Die Mitarbeiter, die mitgemacht und mich mit Ideen versorgt haben, aber auch meine Abwesenheit mit ihrer Leistung überbrückt haben. Steffi, die einfach da war und nie zu ungeduldig, um wieder und wieder die Tücken des Computers in Ordnung zu bringen, aber nur, weil ich trotz des Schreibens mit den Händen wedele. Die Menschen, die das Manuskript gelesen haben, besonders Anne, und mir wertvolle und wichtige Verbesserungen vorgeschlagen haben. Dr. Peter Flosdorf, der das Fachliche durchgeschaut hat und mir ein wunderbarer Lehrer und ein leuchtendes Vorbild war und ist. – Jetzt bin ich sicher, dass ich bestimmt den einen oder anderen vergessen habe. Deshalb Dank, einfach an alle.

Was wäre das Buch ohne die liebenswerte Hilfe wunderbarer Menschen. Wo wäre es jetzt? Wäre es da? Wäre es so, wie es ist?

Nachwort eines wunderbaren Lehrers

„Die Erinn'rung ist eine mysteriöse
Macht und bildet die Menschen um.
Wer das, was schön war, vergisst, wird böse.
Wer das, was schlimm war, vergisst, wird dumm."
ERICH KÄSTNER

Das zum Waisen gewordene Kind war im 19. Jahrhundert bei der durch die Industrialisierung geforderten Fluktuation und Isolation der Kleinstfamilie zu einem immer größeren Problem geworden. Wirtschaftliche Not, Arbeitslosigkeit, Unterernährung, Krankheiten, aber auch häufige Arbeitsunfälle ließen Kinder von heute auf morgen zu Halbwaisen oder Waisen werden, für die dann niemand sorgte. Private Initiativen und deren langfristige Sicherung in Form von Stiftungen suchten diesen Notständen Abhilfe zu schaffen, auch wenn dies in der Regel unter eher ärmlichen Verhältnissen geschehen musste.

Je nach dem örtlichen oder regionalen Bedarf wurden „Waisenhäuser" für 30 bis 100 und mehr Kinder eingerichtet, die im Vorbild preußischer Kadettenerziehung einerseits und traditioneller klösterlicher Internatserziehung andererseits in großen Gruppen pflegerisch versorgt und erzogen wurden. Die Kinder wurden nach Geschlechtern getrennt und in großen Schlafsälen mit oft 20 bis 40 Betten untergebracht. Große Funktionsräume (Waschräume, ein gemeinsamer Speisesaal, Studier- und Arbeitsräume) erleichterten die Aufsicht und erlaubten es, mit sehr wenig Personal auszukommen; bei der minimalen finanziellen Ausstattung unabdingbar mussten für die Betreuung für ein nur geringes Entgelt arbeitende Ordensschwestern oder Mitglieder anderer kirchlicher Organisationen gewonnen werden. Ein in der Regel in die Stiftung mit eingegangenes landwirtschaftliches Anwesen half das tägliche Überleben zu sichern. Die Mithilfe und Mitarbeit der Waisenkinder in der Landwirtschaft oder anderen einfachen Gewinn bringenden Tätigkeiten (z.B. Korbflechten) war selbstverständlich und unterschied sich dabei nicht vom Schicksal der Kinder aus einfachen Arbeiter- oder Bauernfamilien. Das Waisenhaus war, in der Regel noch ohne staatliche Förderung, auf die Hilfen und Unterstützungen angewiesen, die ihm als Almosen, Spenden oder Materialien von Bürgern der Gemeinde und der Pfarrei zuteil wurden.

Die Waisenhäuser waren auf Hilfen zum Überleben und späterer Bewährung im Arbeitsleben als realistische Perspektive der Waisen angelegt. Dem entsprachen die Erziehungsziele und die erzieherischen Methoden. Erziehung zu den bürgerlichen Tugenden der Ordnung, Pünktlichkeit und Sauberkeit, vermittelt in einem autoritär-hierarchischen Erziehungssystem, mit einer festen Tagesordnung: Aufstehen, Waschen, Morgengebet, Schule, Essenszeiten, Studier- und Arbeitszeiten und Freizeiten waren strikt geregelt. Eine einheitliche (und insofern billige) Anstaltskleidung und kurzer (beim Militär üblicher) Haarschnitt prägten das äußere Erscheinungsbild des Waisenkindes. Was aber nicht vergessen werden darf: Die betreuenden Schwestern oder Erzieher teilten den ärmlichen Alltag ihrer Zöglinge. Oft nur durch einen Vorhang getrennt schliefen sie mit ihren Kindern in einem Schlafsaal und aßen mit ihnen, manchmal etwas abgesondert an einem eigenen Tisch, im gleichen Speisesaal. Wenn es dann nach dem Abschluss der Schule gelang, die Jugendlichen in einer Arbeitsstelle oder Lehre unterzubringen, so sahen die Mitarbeiter des Waisenhauses darin die Bestätigung ihres Auftrages, elternlosen Kindern die nötige Pflege und erzieherische Anleitung angedeihen zu lassen, um sie für den Arbeitsalltag draußen zu befähigen.

Darin waren die Erziehungsziele des Waisenhauses gleich mit denen der Arbeiter- und Bauernfamilien, nur dass an Stelle der patriarchalisch-autoritären Erziehungsstruktur der Familie die des Waisenhauses trat. Der Waisenhauserzieher wusste sich mit seinem Anspruch auf Gehorsam und Disziplin getragen und eingebunden in das gesellschaftliche Selbstverständnis und die hierarchischen Ordnungen dieser Zeit, die nicht zufällig die bürgerlichen Tugenden entwickelte. Das Erlernen von Gehorsam, Fleiß und Disziplin bot so die besten Überlebens- und Bewährungschancen in einer Zeit, für die die Bedingungen der Arbeitswelt und die Eigenart und das besonders hohe Ansehen der militärischen Disziplin der Garant für eine bessere Zukunft zu sein schienen. Darauf bereitete die Schule ebenso vor wie die Familie, und dieser gesellschaftlichen Erwartung musste auch die Waisenhauserziehung entsprechen, wenn sie überhaupt eine reelle Chance für ihre Kinder wahrnehmen wollte.

Nach dem politischen und wirtschaftlichen Zusammenbruch mit dem Ende des Zweiten Weltkrieges und den dabei auch erkennbar gewordenen Folgen einer autoritären Zwangserziehung stand die Gesellschaft und damit auch die öffentliche Erziehung vor der Aufgabe einer grundlegenden Neuorientierung, war aber zugleich mit einer neuen aktuell bedrängenden Notlage und Herausforderung konfrontiert. Die durch Vertreibung und Flucht sowie die generellen Folgen des langen Krieges jetzt „auf der Straße stehenden" eltern- und obdachlos gewordenen Kinder und Jugendlichen verlangten Hilfe und neue Lebensperspektive. Der Bedarf zur Unterbringung von elternlosen Kindern nach den Wirren des Krieges war sehr groß. Hinzu kamen noch die vielen „Sozialwaisen", Kinder, deren Eltern aus sozialen Gründen ihren Erziehungspflichten nicht nachkommen konnten.

In Seckach/Odenwald entwickelte sich aus dem von Pfarrer Heinrich Magnani 1946 gegründete Flüchtlingslager das noch heute bestehende Kinderdorf Klinge. Es entstanden ferner die Albert-Schweitzer-Kinderdörfer, die die Kinder durch ein Elternpaar betreuen lassen. Auf dem Hintergrund der Probleme der Nachkriegszeit gründete Hermann Gmeiner 1949, als Kind selbst früh Waise geworden, das von ihm treffend und werbewirksam genannte „SOS-Kinderdorf" in Imst bei Innsbruck. Mit Hilfe einer gerade auf kleine Spenden hin angelegten Werbung gelang es ihm, aus diesem spontanen helfenden Ansatz ein internationales Werk mit heute über 500 Kinderdörfern in ca. 132

Ländern in aller Welt aufzubauen. Andreas Mehringer hat in den Nachkriegsjahren neue Vorstellungen beim Wiederaufbau des städtischen „Münchener Waisenhauses" wegweisend auch für die traditionelle Anstaltserziehung durchsetzen können und konnte sich dabei auf die inzwischen bekannt gewordenen Untersuchungen von René Spitz (1957) u.a. in den USA über die Folgen der Massenpflege und dem von ihm beschriebenen „Hospitalismus" nachhaltig und überzeugend berufen.

Der jetzt auch erfolgende Rekurs auf die Erkenntnisse der Reformpädagogik der Zwanziger Jahre und eine zunehmende Psychologisierung der pädagogischen Konzepte und schließlich ein bewusstes Anknüpfen an die Familienorientierung lieferten neue Elemente pädagogischen Handels. Die Verkleinerung der Gruppen – die Heimrichtlinien der Sechziger Jahre fordern Gruppenstärken von 12 bis 16 Kindern für so genannte Normalheime statt der bisherigen Großgruppen von 24 Kindern und mehr – ist ein wichtiger Schritt. Ferner setzt sich aus den oben genannten Gründen die altersgemischte, schließlich auch die koedukative Gruppenzusammensetzung durch. Damit nähert sich die Heimgruppe mehr und mehr familiären Bedingungen an. Auf dem Hintergrund der epochalen Rückbesinnung auf die scheinbar allein übrig gebliebene Erziehungskraft der Familie lag es nahe, in der Familienorientierung die eigentliche Innovation für die Heimerziehung dieser Zeit zu sehen (vgl. Mehringer 1964/1976).

Nun wurde aber sehr bald deutlich, dass Heime immer stärker mit schwierigen und dann auch seelisch kranken Kindern konfrontiert wurden, für die neue Wege gefunden werden mussten. Die vor allem von Siegmund Freud und Alfred Adler initiierten psychoanalytischen Forschungen und die dabei entwickelten Konzepte zeigten die Fragwürdigkeit der auf Gewaltanwendung und Unterdrückung („Repression") basierenden Erziehungskonzepte. August Aichhorn (1925/1951) war der erste, der diese von der Psychoanalyse her geprägten und begründeten Vorstellungen für die Erziehung schwieriger Kinder und Jugendlicher zu verwirklichen versuchte. In seiner Monographie „Verwahrloste Jugend" (1957) sind diese Vorstellungen und Erfahrungen zum ersten Mal wegweisend dargestellt worden. Darauf aufbauend folgten die Veröffentlichungen von Bettelheim (1978), Redel (1979), Trieschman u.a. (1975) mit ihren nach dem Zweiten Weltkrieg in den USA geförderten Projekten. Während des Dritten Reiches waren diese Ansätze als „Machwerk von Juden" verboten und mussten deshalb für uns neu entdeckt, erprobt und weiterentwickelt werden.

Auf diesem epochalen Hintergrund entscheidet sich Gunda Fleischhauer, selbst persönlich geprägt von Flucht und Trennung in den Kriegs- und Nachkriegswirren, sich der Betreuung von Kindern zur Verfügung zu stellen und fand zunächst eine Anstellung in einem privat geführten Heim. Ihre Erfahrungen – überwiegend negative – waren für sie Impuls, nun selbst initiativ zu werden. Sie qualifizierte sich in einer zweijährigen Aufbauausbildung als Heilpädagogin und gründete, inzwischen selbst Mutter, mit ihrer Familie in Unterfranken, erst in Mainbernheim und dann in Iphofen, ihr erstes „Familienheim".

Ihre warmherzige tragende Mütterlichkeit, von allem Anfang an gepaart mit unerschütterlichem Vertrauen, nachhaltiger Verlässlichkeit und zielstrebigem kreativem Ringen um immer weiter zu verbessernde Rahmenbedingungen waren dabei die Grundlage ihres Wirkens und ihrer bald bei den Jugendbehörden bekannt werdenden Erfolge in der Betreuung auch sehr schwieriger Kinder.

Es ist ihr Verdienst und eine Auswirkung ihres Mut machenden mitreißenden Wirkens, dass sie in den folgenden Jahren einige junge Mitarbeiterinnen aus ihrer Familiengruppe motivieren konnte, jeweils in ihren Familien mit den damit verbundenen individuellen Ausprägungen durch die jeweiligen räumlichen/dörflichen Gegebenheiten und Ressourcen nun selber Kinder aufzuziehen und diesen zusammen mit den eigenen Kindern Geborgenheit, tragende und nachhaltige Bindungen und ein förderndes Miteinander zu stiften. So verwirklichte sich die Idee eines „Kinderdorfes" mit sechs dezentral gelegenen und selbstständig arbeitenden Familienhäusern, die eingebunden sind durch regelmäßige gemeinsame Anleitung, Orientierung, Supervision und Unterstützung des integrierenden Verbundes.

Es war eine aus der Idee sich ergebende Konsequenz, dass Erich Kästner sich einverstanden erklärte, dass diese engagierte Initiative seinen Namen tragen durfte. Nach dem Tod seiner Lebensgefährtin erhielt das Erich Kästner Kinderdorf seinen persönlichen Nachlass, vor allem seine Bibliothek. Diese hat nun in der Steinmühle in Oberschwarzach einen würdigen Rahmen erhalten, der dort behutsam gepflegt wird und Interessierten und Studenten zur Verfügung steht. So hat es seinen Sinn, dass Gedanken von Erich Kästner die Schilderungen und Darstellungen in diesem Buch begleiten.

Ich hatte das Glück, den Weg mit den vielen kleinen Schritten von Gunda Fleischhauer von allem Anfang mitzuerleben und zuletzt über einige Jahre in der Supervision ihr Team begleiten zu können. Die eindrücklich beschriebenen Lebensschicksale von Kindern zeigen, dass im Erich Kästner Kinderdorf auch scheinbar aussichtslose „Fälle", ausgehend von einer vorbehaltlosen Akzeptanz, in einem nicht resignierenden und nachhaltigen Zusammenleben mit immer wieder überraschenden kreativen Impulsen Geborgenheit, Sicherheit und die für eine Verselbstständigung notwendige Förderung erfahren.

So hat sich das Erich Kästner Kinderdorf mit seinen Familiengruppen und Diensten als eine heilpädagogisch-therapeutische Einrichtung qualifiziert und als solche über die staatliche Anerkennung hinaus eine überregionale Anerkennung gefunden.

Es trifft auf die Begründerin und Leiterin des Erich Kästner Kinderdorfes zu, was ihr Namensgeber in seiner prägnant-treffenden Form formuliert: „Es gibt nichts Gutes, außer man tut es."

Würzburg, Juli 2010   *Peter Flosdorf*

Inhalt

I. Es ist mehr als ein Schmerz   9

II. Meine Hand soll führen und begleiten – nicht belasten!   27

1. Eine Tür geht auf...   29

2. Sicherheit und Schutz   32

3. Was braucht dieses Kind?   45
   Sie brauchen Vertrauen und viel Zeit   46
   Sie brauchen Mut und Neugier, um neue
   Erfahrungen zuzulassen   46
   Sie brauchen Anerkennung und Wertschätzung   49
   Sie brauchen Inseln des Vertrauens   50
   Sie brauchen Grenzen   52
   Sie brauchen eine stabile Gemeinschaft um sich   52

4. Wie viel Berührung kann dieses Kind aushalten?   58

5. Wie viel Beziehung kann dieses Kind zulassen?   62

6. Wie können wir dieses Kind be–greifen?   65

7. Kinder brauchen eine Heimat   70

8. Methodisches Wachsen   78
   Schulung der Wahrnehmung   79
   Wir fördern das Vertrauen in sich selbst   90
   Wir fördern die Fähigkeiten der Kinder und
   unterstützen sie in ihrer Einmaligkeit   96
   Kinder brauchen etwas so „Einfaches" wie Spielen   99
   Gemeinsame Erlebnisse schaffen gemeinsame
   Erfahrungen   103
   Handlungsanweisungen bei fehlender Bewältigung
   des Alltags   111
   Bildungschancen   118

9. Therapeutische Momente – therapeutische
   Maßnahmen   134
   Umgang mit belastenden Erlebnissen   135
   Hinführen zu emotionaler, kognitiver und sozialer
   Stabilität   152
   Hilfestellung bei der Entwicklung von eigenen
   Interessen   154

10. Sichere Bindung   161

11. Schritte in neue Herausforderungen   167

12. Ausbildung   170

13. „Generation voller Ankunft"   175

III. Am Anfang war eine Idee   181

1. Warum Erich Kästner?   183

2. Das Erich Kästner Kinderdorf   187

3. Welche Kinder kommen zu uns?   207

4. Manchmal müssen wir Berge erklimmen   228

5. Ver–rück–te, die sich getroffen haben   242

6. Brief an uns selbst   248

Nachwort eines wunderbaren Lehrers   257

Literaturverzeichnis   265

Literaturverzeichnis

Adler, Alfred zitiert. In: http://www.schulberatungsservice.de/kintergarten.htm

Borchert, Wolfgang: Generation ohne Abschied. In: Wolfgang Borchert, Das Gesamtwerk. Hamburg 1975

Conrad, Joseph. In: PM Outdoor

Estés, Clarissa Pinkola: Die Wolfsfrau. Die Kraft der weiblichen Urinstinkte. Wilhelm Heyne Verlag, München 1993

Flosdorf, Peter: Heilpädagogische Beziehungsgestaltung. Freiburg im Breisgau 2009

Hof-Glatz, Maria: Wie entsteht Vertrauen. In: http://www.hof-glatz.de/Magazin_motion_09_Hof-Glatz_2.pdf

Kästner, Erich: Als ich ein kleiner Junge war. Atrium Verlag 1957

Kästner, Erich: Ansprache zum Schulbeginn. In: Erich Kästner Gesammelte Schriften in sieben Bänden. Atrium Verlag, Cecilie Dressler Verlag, Kiepenheuer & Witsch 1959

Kästner, Erich: Bei Durchsicht meiner Bücher. Eine Auswahl aus vier Versbänden. Atrium Verlag 1946

Kästner, Erich: Das doppelte Lottchen, Atrium Verlag 1949

Kästner, Erich: Das Eisenbahngleichnis. In: Lyrische Hausapotheke. Atrium Verlag 1993

Kästner, Erich: Das fliegende Klassenzimmer. Atrium Verlag

Kästner, Erich: Das Haus Erinnerung. Epigramme aus dem Nachlass. Hanser Verlag 1998

Kästner, Erich: Der tägliche Kram – Chansons und Prosa 1945-1948. In: Wir sind so frei. Hanser Verlag 1998

Kästner, Erich: Deutsches Ringelspiel 1947. In: Der tägliche Kram – Chansons und Prosa 1945-1948. In: Erich Kästner Gesammelte Schriften in sieben Bänden. Atrium Verlag, Cecilie Dressler Verlag, Kiepenheuer & Witsch 1959

Kästner, Erich: Die kleine Freiheit. Chansons und Prosa 1949-1952. Atrium Verlag 1952

Kästner, Erich: Doktor Erich Kästners Lyrische Hausapotheke. Vorwort. DTV Verlag München 1996, Atrium Verlag Zürich 1936

Kästner, Erich: Er weiß nicht, ob er sie liebt. In: Ein Mann gibt Auskunft. In: Kästner für Erwachsene. Atrium Verlag 1983

Kästner, Erich: Ferdinand saugt Staub. In: Das verhexte Telefon. Atrium Verlag 1985

Kästner, Erich: Ganz nebenbei. In: Kurz und Bündig. Epigramme. Atrium Verlag 1950

Kästner, Erich: Jugend, Literatur und Jugendliteratur. Rede 1953 anlässlich der Internationalen Tagung für das Jugendbuch in Zürich. In: Erich Kästner Gesammelte Schriften in sieben Bänden. Atrium Verlag, Cecilie Dressler Verlag, Kiepenheuer & Witsch 1959

Kästner, Erich: Kinder lesen anders. Zur Jugendbuchwoche 1956. In: Erich Kästner Gesammelte Schriften in sieben Bänden. Atrium Verlag, Cecilie Dressler Verlag, Kiepenheuer & Witsch 1959

Kästner, Erich: Kopernikanische Charaktere gesucht. In: Kurz und Bündig. Atrium Verlag 1950

Kästner, Erich: Notabene 45. In: Gesammelte Schriften für Erwachsene. Atrium Verlag 1969. Band 6, Vermischte Beiträge 1

Kästner, Erich: Pünktchen und Anton. Atrium Verlag 1985

Kästner, Erich: Pünktchen und Anton. Atrium Verlag 1999

Kästner, Erich: Resignation ist kein Gesichtspunkt. Ansprache in der Internationalen Jugendbibliothek, München. In: Erich Kästner Gesammelte Schriften in sieben Bänden. Atrium Verlag, Cecilie Dressler Verlag, Kiepenheuer & Witsch 1959

Kästner, Erich: Sechsundvierzig Heiligabende. In: Der tägliche Kram – Chansons und Prosa 1945-1948. In: Erich Kästner Gesammelte Schriften in sieben Bänden. Atrium Verlag, Cecilie Dressler Verlag, Kiepenheuer & Witsch 1959

Kästner, Erich: Von der deutschen Vergeßlichkeit, Rede zur Erinnerung an den 20. Juli 1944. In: Erich Kästner Gesammelte Schriften in sieben Bänden. Atrium

Verlag, Cecilie Dressler Verlag, Kiepenheuer & Witsch 1959

Kinkel, Tanja: Säulen der Ewigkeit. München 2008

Kriener, Martina: Partizipation als Balanceakt. In: Thema Jugend – Auf Augenhöhe, Zeitschrift für Jugendschutz und Erziehung, Nr. 1/2006

Lambeck, Susanne: Was ist los im Kopf des Kindes beim Besuchskontakt? In: Paten, Heft 1/1999

Leboyer, Frédérick: Sanfte Hände. Kösel Verlag 2007

Levine, Peter A. & Kline, Maggie: Verwundete Kinderseelen heilen. Kösel Verlag 2007

Nollen, Bernard & von der Heide, Annie: „... und eine kleine Blume muss man haben". Blumenzauber aus der Zeit Hans Christian Andersens. DuMont Buchverlag, Köln 1984

Petermann, Ulrike & Petermann, Franz: Training mit sozial unsicheren Kindern. Beltz Verlag 2000

Sachsse, Ulrich: Traumazentrierte Psychotherapie, Stuttgart 2004

Saint-Exupéry, Antoine de: Der Kleine Prinz. Düsseldorf 2008

Sayn-Wittgenstein, Filippa: Filippas Engel. Don Bosco. München 2005

Schülein, Marianne: Gezeiten der Gefühle. März 2006

Trieschman, A.E.; Whittaker, J.K.; Brendtro, L.K.: Erziehung im therapeutischen Milieu. Ein Modell. Freiburg 1975

Wahlgren, Anna: Das KinderBuch – Wie kleine Menschen groß werden. Weinheim 2004

Weiß, Wilma: Philipp sucht sein Ich – Zum pädagogischen Umgang mit Traumata in den Erziehungshilfen. Juventa Verlag, Weinheim und München 2006

Zuckowski, Rolf: Meine Lieder – meine Freunde. Texte, Begegnungen, Erinnerungen 1974-1994. Hamburg 1994

Zuckowski, Rolf: Leben ist mehr – 5 Jahre Mai – Meine persönlichen Erinnerungen. Hamburg 2007

Weiterführende Literatur

Brisch, K.H.; Grossmann, K.E.; Grossmann, K.; Köhler, L.: Bindung und seelische Entwicklungswege – Grundlagen, Prävention und klinische Praxis. Stuttgart 2006

Brisch, Karl Heinz: Bindungsstörungen – von der Bindungstheorie zur Therapie. Stuttgart 2008

Brisch, Karl Heinz & Hellbrügge, Theodor (Hrsg.): Bindung und Trauma – Risiken und Schutzfaktoren für die Entwicklung von Kindern. Stuttgart 2006

Eckardt, Jo: Kinder und Trauma – Was Kinder brauchen, die einen Unfall, einen Todesfall, eine Katastrophe, Trennung, Missbrauch oder Mobbing erlebt haben. Göttingen 2005

Ellinger, S.; Hoffart, E.-M.; Möhrlein, G. (Hrsg.): Ganztagsschule für traumatisierte Kinder und Jugendliche. Oberhausen 2009

Flosdorf, Peter: Identität und Perspektiven der Schule zur Erziehungshilfe im Verbund stationärer und teilstationärer Erziehungshilfe. Lambertus Verlag 2002

Reddemann, Luise: Psychodynamisch Imaginative Traumatherapie, PITT – Das Manual. Stuttgart 2007

Reddemann, Luise & Krüger, Andreas: Psychodynamisch Imaginative Traumatherapie für Kinder und Jugendliche, PITT-KID – Das Manual. Stuttgart 2007

Reddemann, Luise: Imagination als heilsame Kraft – Zur Behandlung von Traumafolgen mit ressourcenorientierten Verfahren. Stuttgart 2007

Rothschild, Babette: Der Körper erinnert sich – Die Psychophysiologie des Traumas und der Traumabehandlung. Essen 2002